ANAYA ESPAÑOL LENGUA

CURSO INTENSIVO A2

LIBRO DEL ALUMNO

M.ª Ángeles Álvarez Martínez
Ana Blanco Canales
M.ª Jesús Torrens Álvarez
Clara Alarcón Pérez

ANAYA ñ ELE

UNIVERSIDAD DE ALCALÁ

Equipo de la Universidad de Alcalá
Dirección
M.ª Ángeles Álvarez Martínez

Autoras
M.ª Ángeles Álvarez Martínez
Ana Blanco Canales
M.ª Jesús Torrens Álvarez
Clara Alarcón Pérez

Equipo editorial
EDICIÓN: Milagros Bodas, Sonia de Pedro
ILUSTRACIÓN: Jesús Escudero
CUBIERTA: Fernando Chiralt
DISEÑO Y MAQUETACIÓN: J&M Artes Gráficas
EDICIÓN GRÁFICA: Nuria González y J&M Artes Gráficas
GRABACIÓN: Texto-Directo

Fotografías
AGE Fotostock; Agencia EFE; Album; Archivo Anaya (Cosano, P.; Lezama, D.; Martin, J.; Padura, S.; Steel, M.);
Corbis / Cordon Press; 123RF/Quick Images.

Fotografía de cubierta
D. Waters/Iconica/Getty Images.

DEPÓSITO LEGAL: M. 32.872-2010
ISBN: 978-84-667-9363-6
PRINTED IN SPAIN
IMPRIME: Gráficas Muriel, S.A.

presentación

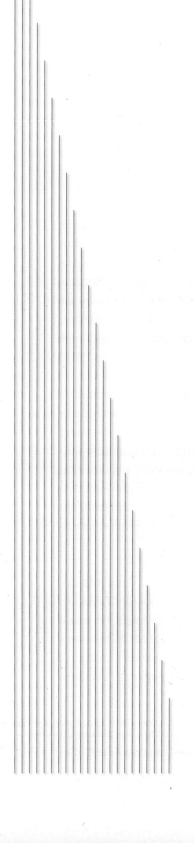

Anaya ELE INTENSIVO es un curso de español destinado a estudiantes jóvenes o adultos que no disponen de tiempo suficiente para seguir un curso regular extensivo y quieren aprender o mejorar el español en un breve espacio de tiempo.

El método ha sido concebido como **verdadero curso intensivo**, diseñado sobre una programación completa y coherente que, a partir de la selección de los contenidos más representativos de cada nivel, garantiza la correcta progresión en el proceso de aprendizaje, sin repeticiones injustificadas ni olvidos. A la misma coherencia y finalidad intensiva responde la estructura de los libros en unidades y lecciones, con secuencias de actividades diseñadas para ser desarrolladas en un corto espacio temporal.

NIVELES DE REFERENCIA

Se han seguido tanto las pautas y recomendaciones del *Marco común europeo de referencia para las lenguas* (MCER) en lo referente a los niveles establecidos, a los ámbitos temáticos, al desarrollo de competencias y a la metodología **orientada a la acción,** como la progresión de contenidos propuesta por el actual *Plan Curricular del Instituto Cervantes.* A su vez, la propuesta metodológica de **Anaya ELE INTENSIVO** refleja las demandas de profesores y alumnos con respecto a lo que estos consideran un material útil para las clases, al haberse elaborado teniendo en consideración sus reflexiones, opiniones y preferencias.

UN MÉTODO FLEXIBLE Y SUFICIENTE

Cada nivel ofrece material para cursos de entre **40 y 60 horas**. El *Libro del Alumno* se compone de 10 unidades didácticas, cada una centrada en un foco temático y dividida, a su vez, en dos lecciones. La lección constituye una unidad de trabajo en sí misma, con principio y fin, pensada para ser desarrollada en una sesión de aproximadamente dos horas de duración, y con secuencias de actividades acotadas mediante **etiquetas temáticas**. Esta secuenciación didáctica unitaria presenta como mayores ventajas la coherencia en el trabajo diario, la perfecta contextualización de las actividades y la sensación real en el alumno de avance en el conocimiento y de superación de objetivos.

A pesar de que la sesión base está pensada para una duración de unas dos horas, si se dispone de más tiempo, las lecciones pueden completarse con la realización en el aula de las actividades del *Cuaderno de*

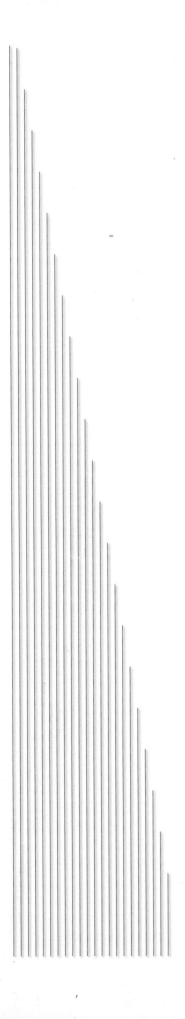

Ejercicios o de las propuestas y sugerencias contenidas en el *Libro del Profesor*. De esta forma, el docente no se ve en la obligación de realizar el esfuerzo de reorganizar los contenidos y su desarrollo para adaptarlos a su situación de enseñanza, ni ha de preparar material auxiliar o complementario. En este sentido, se ofrece un **material flexible y de duración variable** a partir de una estructura didáctica básica, claramente establecida.

ESTRUCTURA

CADA LECCIÓN comienza con una serie de actividades orientadas a situar al estudiante en el marco nocional y temático en el que va a trabajar. Este primer input tiene una gran importancia, ya que permite la contextualización de toda la secuencia. A continuación, se suceden diferentes microsecuencias didácticas interrelacionadas entre sí, identificadas mediante una etiqueta que indica el contenido funcional, lingüístico o temático que se trabaja. El desarrollo de estos bloques se realiza con ejercicios de variada tipología, si bien predominan claramente aquellos orientados a la interacción. La lección termina con una **tarea**, entendida esta como una actividad de **carácter global** e **integrador**, de la que se obtiene un resultado concreto (un plan de viajes, un proyecto medioambiental, una solicitud de matrícula…) y que involucra al alumno en procesos de comunicación verdaderos. Con una lección tan cuidadosamente elaborada, se evita tener que acabar una clase sin concluir una secuencia pedagógica completa, o comenzar una sesión con las actividades inacabadas de la clase anterior.

LOS CONTENIDOS LINGÜÍSTICOS y funcionales se presentan de manera clara y precisa, y cada uno de ellos se practica ampliamente con actividades variadas que siguen, en la mayoría de las ocasiones, el mismo esquema: actividad de presentación y práctica dirigida, práctica semidirigida y práctica libre. El número de actividades para cada caso responde a la dificultad y complejidad de los contenidos. Puesto que se trata de un curso intensivo, se ha hecho un gran esfuerzo por **rentabilizar al máximo el aprendizaje**, de ahí que el desarrollo de cada lección esté firmemente dirigido a trabajar de forma precisa la información de las fichas.

LAS DESTREZAS COMUNICATIVAS están ampliamente desarrolladas, dado que la mayor parte de las actividades y ejercicios del *Libro del Alumno* trabaja los contenidos lingüísticos con la práctica de una o varias destrezas. Asimismo, seguimos la propuesta del MCER en tanto que las actividades de lengua se encuentran contextualizadas en alguno de los cuatro ámbitos fundamentales: el público, el personal, el educativo y el profesional.

La flexibilidad y la diversidad tipológica de actividades que caracteriza a **Anaya ELE INTENSIVO** hacen que también sea un material apropiado para el **aprendizaje autónomo del alumno**.

PARTES DEL LIBRO

El *Libro del Alumno* incluye, además de las 10 unidades didácticas:

- Programación del curso.
- Revisión / Autoevaluación tras las unidades 5 y 10.
- Transcripciones de las audiciones.
- Apéndice gramatical: comprende de forma sistematizada todos los contenidos gramaticales trabajados.
- Glosario: contiene el léxico fundamental y las expresiones estudiadas a lo largo del curso, con su traducción a cinco lenguas.
- CD de los ejercicios audio (se incorpora también en el Libro del Profesor).

El Apéndice gramatical y el Glosario son de gran utilidad para estudiantes y profesores, tanto para la consulta rápida como para la preparación de exámenes y pruebas de nivel.

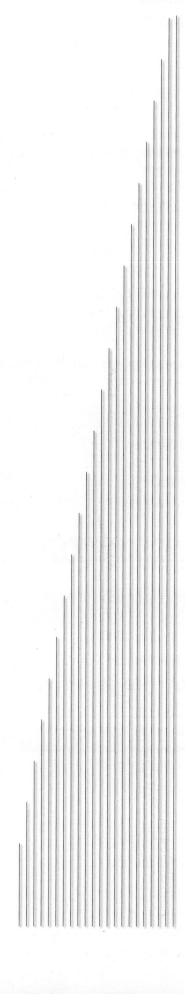

programación

Unidad 1 (pág. 10)	Funciones	Gramática
LECCIÓN 1 (pág. 11) ¿Quién es quién?	• Saludar y despedirse (formal e informal) • Presentar a alguien y reaccionar ante la presentación (formal e informal, *tú / usted*) • Preguntar por la forma de tratamiento adecuada • Hablar de las funciones de un trabajo	• Presente de indicativo • Interrogativos • Demostrativos • Verbos *ocuparse, encargarse*
LECCIÓN 2 (pág. 20) ¿Qué puedo hacer?	• Pedir y ofrecer ayuda • Dar consejos e instrucciones • Expresar condición	• *¿Puede / puedes* + infinitivo? *¿Te importa* + infinitivo? *¿Me dejas / prestas / das…?* *¿Tienes…?* • Imperativo afirmativo y negativo (I) • *Si* + presente + presente / imperativo

Unidad 2 (pág. 28)	Funciones	Gramática
LECCIÓN 3 (pág. 29) La boda de mi prima	• Expresar sorpresa y admiración • Agradecer y elogiar un regalo • Expresar buenos deseos en distintas situaciones sociales	• Pronombres átonos CI + CD • *¡Qué* + adjetivo / sustantivo! • *Que* + subjuntivo en fórmulas de buenos deseos • Presente de subjuntivo
LECCIÓN 4 (pág. 36) Fotos para el recuerdo	• Hablar de acciones habituales • Identificar personas dentro de un grupo • Expresar relaciones personales y sentimientos	• Posesivos (todas las personas) • Comparativos y superlativos (relativo y absoluto) • *Estar* + gerundio • Oraciones de relativo con indicativo • Artículo + *que* relativo + verbo • Artículo + *de* + sustantivo / adverbio • Artículo + adjetivo

Unidad 3 (pág. 44)	Funciones	Gramática
LECCIÓN 5 (pág. 45) De compras en las rebajas	• Pedir en una tienda de ropa o calzado • Describir las características de una prenda o zapato • Valorar ropa o calzado • Expresar contrariedad	• Imperfecto con valor de cortesía (*quería*) • Verbos *quedar* y *probarse* • *Ser* + (*muy*) + adjetivo *¡Qué* + adjetivo! • Interjecciones de contrariedad • *Qué / cuál(es)*
LECCIÓN 6 (pág. 54) Reclamaciones	• Explicar problemas de funcionamiento, de calidad • Expresar voluntad sobre otra persona • Quejarse, reclamar • Expresar consejo y recomendación	• *Querer* y *rogar* o *pedir que* + subjuntivo • Imperativo (II) • *Aconsejar, recomendar* + *que* + subjuntivo • Condicional

Unidad 4 (pág. 62)	Funciones	Gramática
LECCIÓN 7 (pág. 63) Viaje al pasado	• Contar la biografía de alguien • Narrar acontecimientos del pasado sin relación con el presente • Situar acciones en el pasado	• Tiempos pasados: el indefinido. Morfología (verbos regulares e irregulares) y usos • Marcadores temporales de indefinido
LECCIÓN 8 (pág. 70) Cuando salí de Cuba, dejé mi vida, dejé mi amor…	• Contar la biografía de alguien • Narrar acontecimientos del pasado sin relación con el presente • Acciones y acontecimientos importantes en la vida de una persona • Situar acciones en el pasado	• *A los* + años • *Al* + infinitivo = *Cuando* + indefinido • Marcadores discursivos de ordenación temporal

Unidad 5 (pág. 78)	Funciones	Gramática
LECCIÓN 9 (pág. 79) ¡Qué experiencia!	• Hablar de experiencias pasadas más o menos recientes • Valorar acontecimientos • Preguntar por la realización de acciones en el pasado • Escribir un diario	• Pretérito perfecto / indefinido con marcadores temporales • *¿Alguna vez?* + pret. perfecto / *una vez* + indefinido • *Una vez* (indefinido) / *una, dos… veces*
LECCIÓN 10 (pág. 86) ¡No me digas!	• Hablar del pasado más o menos reciente • Expresar y comentar rumores • Expresar sorpresa e incredulidad	• Pretérito perfecto / pretérito indefinido • Marcadores temporales de pretérito perfecto y de indefinido • Expresiones de rumor con verbos de lengua o conocimiento + indicativo (*dicen, he oído, parece, ¿sabes que…?*, etc.) • Interjecciones y frases para mostrar sorpresa e incredulidad

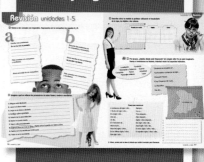

programación

Unidad 6 (pág. 98)	Funciones	Gramática
LECCIÓN 11 (pág. 99) Me duele la cabeza	• Preguntar por la salud • Expresar dolor y malestar • Hablar de síntomas y enfermedades	• Verbo *doler* • *Tener dolor de* + parte del cuerpo
LECCIÓN 12 (pág. 106) En el médico	• Pedir cita para ir a la consulta del médico • Expresar consejos, órdenes y prohibiciones • Hablar de hábitos del pasado que llegan hasta el presente	• Imperativo afirmativo y negativo (III) • *Tener que* / *hay que* • Presente de indicativo con marcadores de frecuencia • *Siempre* / *nunca* + pretérito perfecto • *Es bueno, malo, importante, necesario…* + infinitivo / *que* + subjuntivo

Unidad 7 (pág. 114)	Funciones	Gramática
LECCIÓN 13 (pág. 115) Así éramos entonces	• Describir personas y acciones habituales en el pasado • Contrastar hábitos del pasado y del presente • Hacer comparaciones y establecer diferencias generacionales	• Pretérito imperfecto • Marcadores de frecuencia • Verbo *soler*
LECCIÓN 14 (pág. 122) ¿Qué te parecen los cambios?	• Pedir y expresar opinión • Interaccionar en la conversación	• Oraciones sustantivas con *creer, pensar, opinar, parecer* + *que* + indicativo / subjuntivo • Presencia del pronombre tónico sujeto o de CI para introducir una opinión

Unidad 8 (pág. 128)	Funciones	Gramática
LECCIÓN 15 (pág. 129) De vacaciones a la playa	• Contar un viaje en pasado • Hablar del tiempo meteorológico • Hacer una reserva en un hotel • Expresar condición en el pasado	• Imperfecto para la descripción / indefinido para la narración • *Si* / *cuando* + imperfecto + imperfecto
LECCIÓN 16 (pág. 136) El viaje de mis sueños	• Hablar del futuro • Expresar condiciones futuras • Preparar un viaje	• *Ir a* + infinitivo • Futuro simple • *Si* + presente + futuro

Unidad 9 (pág. 142)	Funciones	Gramática
LECCIÓN 17 (pág. 143) Juntos, pero no revueltos	• Pedir y conceder o denegar permiso (I) • Expresar prohibición y falta de prohibición • Expresar obligación y falta de obligación • Expresar ofrecimiento y rechazarlo • Justificar una negativa	• *Poder* con sus diferentes usos (I) • Impersonal con *se* • El neutro *eso* y la impersonal para prohibir o recriminar • Perífrasis de obligación: *tener* + *que* + infinitivo; *hay* + *que* + infinitivo
LECCIÓN 18 (pág. 150) ¡Solos no, juntos podemos!	• Pedir y conceder o denegar permiso (II) • Expresar obligación • Justificar una negativa • Ofrecer comida y bebida; ofrecer el asiento u ofrecer ayuda • Aceptar o rechazar el ofrecimiento • Recriminar • Contar anécdotas "culturales" en pasado	• *Poder* con sus diferentes usos (II) • Doble imperativo o imperativo más elemento afirmativo para conceder permiso • Pasados de indicativo: contraste • Impersonal con *se* • *Gustar, molestar, odiar* + inf. / *que* + subjuntivo • Colocación de los pronombres átonos con el imperativo

Unidad 10 (pág. 158)	Funciones	Gramática
LECCIÓN 19 (pág. 159) Pintar el mundo	• Hablar de hábitos, gustos y manías • Hablar de cualidades y defectos de las personas y animales	• Verbos de sentimiento + inf. / *que* + subjuntivo • *Ser* / *estar* + adjetivo
LECCIÓN 20 (pág. 166) Un espacio para el arte	• Describir los diferentes tipos de vivienda • Expresar ubicación y distancia • Expresar opinión y argumentar	• *Lo* + adjetivo + *es* + *que* • Indefinidos *unos, -as* • Oraciones de relativo con indicativo y con subjuntivo

Léxico	Escritura/Fonética
• Partes del cuerpo • Síntomas • Enfermedades	
• Remedios	• Prospecto de un medicamento

Léxico	Escritura/Fonética
• Verbos y sustantivos que expresan acciones habituales en una época pasada.	• La descripción • Entrevista
• Temas de actualidad	• La entrevista

Léxico	Escritura/Fonética
• Accidentes geográficos y lugares naturales • Tiempo atmosférico • Vocabulario del hotel • Deportes de riesgo	• Narración y descripción en el pasado
• Lugares y destinos turísticos • Oferta y servicios turísticos	• Folletos turísticos • Consonantes agrupadas

Léxico	Escritura/Fonética
• Situaciones sociales en la mesa, en clase y en una fiesta • Normas de educación • Temas tabú en una cultura	• La entonación del imperativo de orden y de permiso • Escribir un decálogo • Formular normas sociales
• Situaciones sociales en la mesa, en clase y en una fiesta • Normas de educación • Comparar normas sociales en diferentes países • Contraste de anécdotas culturales	• La entonación del imperativo de orden, ofrecimiento y de permiso • Formular normas sociales • Contar anécdotas culturales

Léxico	Escritura/Fonética
• Adjetivos para la descripción física y de carácter • Adjetivos para la descripción de la vivienda (I) • Nombres de animales	• Descripciones: autorretratos
• Adjetivos para la descripción de la vivienda (II)	

Revisión unidades 6-10 pág. 172

• **Transcripciones**

• **Apéndice gramatical**

• **Glosario y expresiones**

unidad 1

Lección 1

¿Quién es quién?

- Saludar y despedirse (formal e informal).
- Presentar a alguien y reaccionar ante la presentación.
- Hablar de las funciones de un trabajo.

Lección 2

¿Qué puedo hacer?

- Pedir y ofrecer ayuda.
- Dar consejos e instrucciones.
- Expresar condición.

¿Quién es quién?

La escuela de español

1 Este es el folleto de la escuela de español Intermundos. Léelo con atención.

ESCUELA DE ESPAÑOL INTERMUNDOS

Es un centro de enseñanza del español y su cultura ubicado en Valencia, en plena costa mediterránea. Te ofrecemos unas magníficas vacaciones mientras mejoras tu nivel de español. Disfruta de una auténtica experiencia de inmersión cultural en España.

- Cursos intensivos
- Cursos trimestrales
- Cursos anuales
- Oferta especial: 20% de descuento en todos los cursos si te matriculas antes de marzo
- Comienzo de las clases: 1 de septiembre
- Aprendizaje dinámico y participativo.
- Metodología centrada en las necesidades comunicativas.
- Profesores muy cualificados y experimentados.
- Cursos personalizados.
- Laboratorio de idiomas.
- Multitud de actividades extraacadémicas.

info@intermundos.com

▌ Ahora, contesta a las siguientes cuestiones.

– ¿Qué es Intermundos? ....

– ¿Dónde está? ....

– ¿Quiénes dan clase? ....

– ¿Cómo enseñan? ....

– ¿Cuándo empiezan las clases? ....

CD1:1

2 La escuela ideal. Escucha las siguientes opiniones y señala el orden en que se dicen.

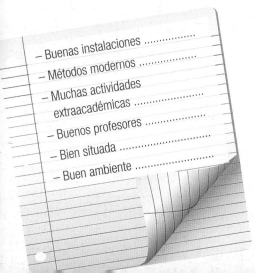

– Buenas instalaciones ....

– Métodos modernos ....

– Muchas actividades extraacadémicas ....

– Buenos profesores ....

– Bien situada ....

– Buen ambiente ....

▌ Y para ti, ¿qué es lo más importante? Ordena las ideas anteriores por importancia. Añade otras que te parezcan necesarias.

3 En la clase de idiomas es necesario trabajar conjuntamente con los compañeros. Observa estos dibujos y descríbelos con tres adjetivos de la lista.

serio, divertido, nervioso, tranquilo, tímido, atrevido, participativo, desordenado, ordenado, trabajador, perezoso, simpático, antipático

▌ ¿Cuál de ellos es para ti el compañero ideal? ¿Por qué?

▌ Y tú, ¿qué características tienes como alumno?

4 Esta es la escuela Intermundos. Escribe cada nombre de la pizarra en el lugar donde corresponda.

aula
secretaría
dirección
recepción
contabilidad
sala de profesores
biblioteca
sala de informática

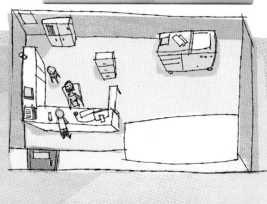

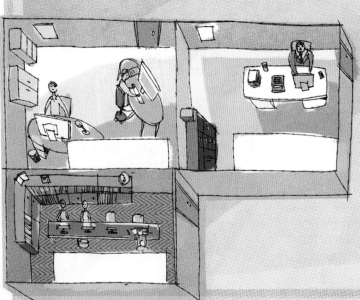

3

4

....
....
....

....
....
....

Relaciones sociales

CD1:2

5 Hoy es tu primer día en la escuela Intermundos. Mar, la secretaria, va a presentarte a las personas que trabajan aquí. Escucha y toma nota de sus nombres y de sus cargos.

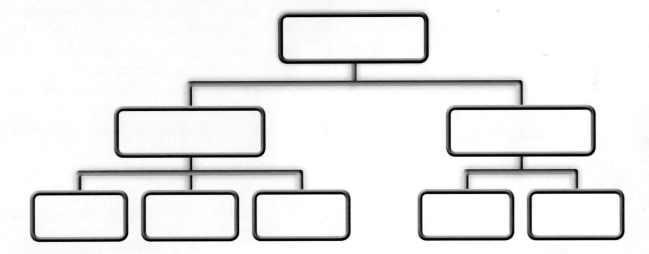

Para presentar a una persona

Te / Le presento a Roberta.
Este es Ismael.

Para reaccionar a una presentación

Encantado.
Mucho gusto.
Es un placer.
Hola, ¿qué tal?

CD1:2

▌ Escucha de nuevo y escribe las distintas formas que utilizan para saludar y despedirse. Después, completa este cuadro. Añade otras que conozcas.

	Formal	Informal
Saludar		
Despedirse		

6 Observa los dibujos y escribe las frases de presentación y saludo adecuadas.

① ....

② ....

7 ¿Sabes cuándo debes utilizar *tú* y cuándo *usted?* Lee el texto; a continuación, señala si las afirmaciones son verdaderas o falsas.

Es difícil explicar a un estudiante extranjero cuándo debe utilizar la forma *tú* y cuándo *usted*, en especial en el caso de España, pues depende de muchos factores, como la edad, el estatus sociocultural, la situación en que tenga lugar la comunicación... Es aconsejable el uso de *usted* con desconocidos, especialmente si son de mayor edad que nosotros y se encuentran jerárquicamente por encima (el profesor, el jefe, etc.). No obstante, lo normal es pasar rápidamente al uso de *tú*, incluso en situaciones formales, salvo que las distancias generacionales o sociales sean muy grandes. Entre personas de edad y estatus semejantes se utiliza casi siempre la forma *tú*.

En Hispanoamérica, la situación es más fácil, pues las normas de buena educación obligan a hacer uso de *usted* y mantener el tratamiento en todos aquellos casos donde no hay mucha familiaridad.

	V	F
– En España, se utiliza más la forma *usted* que en Hispanoamérica.	☐	☐
– En España, podemos tratar de *tú* a nuestro profesor si entre él y yo no hay una gran diferencia de edad.	☐	☐
– En Hispanoamérica, los tratamientos son más familiares.	☐	☐
– Aunque con desconocidos utilicemos *usted,* rápidamente se pasa al *tú.*	☐	☐
– En Hispanoamérica, se utiliza *usted,* incluso entre personas de la misma edad.	☐	☐

Rutinas

8 Este es el horario de la escuela para el mes de julio.

	Lunes	Martes	Miércoles	Jueves	Viernes	Sábado
9:00 - 10:30	Gramática	Gramática	Gramática	Gramática	Gramática	Excursión
10:30 - 11:00	DESCANSO					
11:00 - 13:30	Conversación	Conversación	Prácticas / Fonética	Conversación	Historia	
13:30 - 16:00	COMIDA - DESCANSO					
16:00 - 17:30	Taller de escritura		Taller de literatura		Tutorías	Tarde libre
17:30 - 19:30		Cine		Cine		

Ahora, completa.

1. Todos los días ....
2. Los sábados por las mañanas ....
3. A las 10:30 .... el descanso y a las 11:00 ....

4. Por las tardes ....
5. La comida es ....

9 Haz una tabla con tu horario semanal de actividades.
Después, cuéntaselo a tu compañero.

Lunes	Martes	Miércoles	Jueves	Viernes	Sábado

Recuerda
Presente de indicativo

- Para hablar de acciones presentes
  Hoy empiezo mis clases de español.

- Para expresar acciones habituales
  Por las mañanas voy a clase.

- Para ofrecer, pedir y sugerir
  ¿Buscas un curso de español?

10 ¿Qué crees que hacen estas personas?

1

☞ De lunes a viernes

....

....

....

2

El mes de agosto

....

.... ☞

4

5

6

Durante las vacaciones ☝

....

....

Gerente
María

Contable
Javier

☞ De 9:00 a 14:00

....

....

....

3

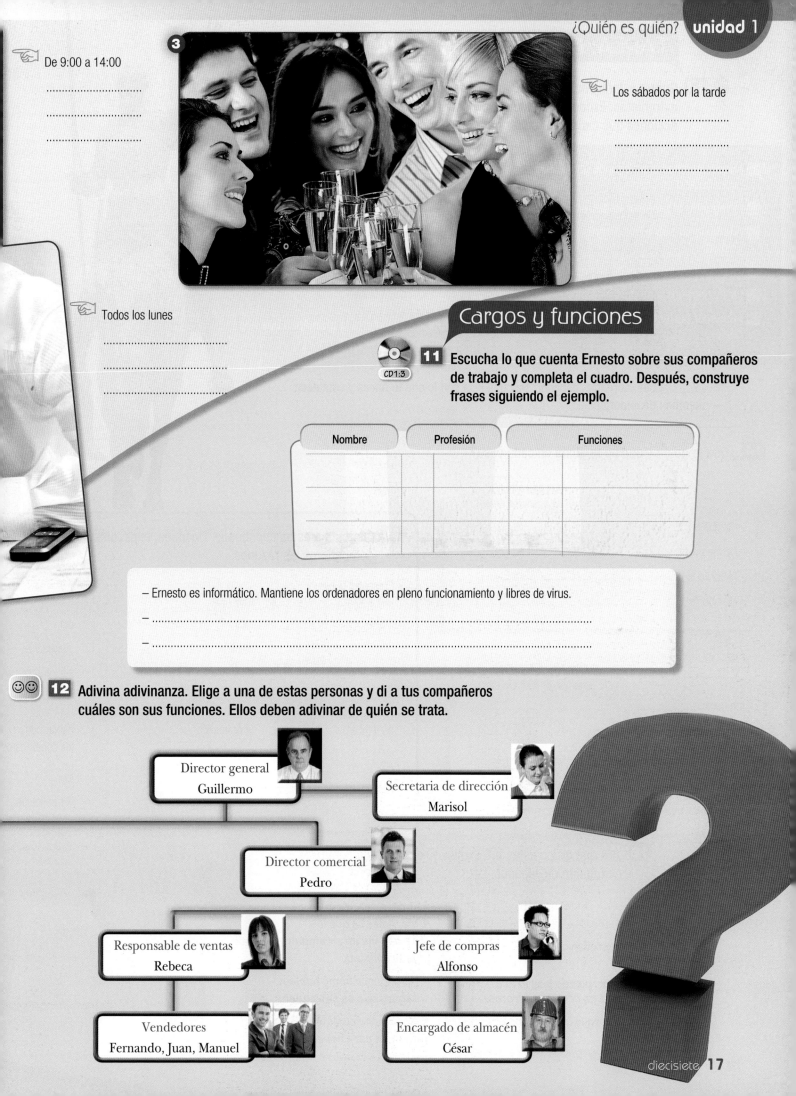

☞ Los sábados por la tarde

....

....

☞ Todos los lunes

....

....

....

Cargos y funciones

CD1:3

11 Escucha lo que cuenta Ernesto sobre sus compañeros de trabajo y completa el cuadro. Después, construye frases siguiendo el ejemplo.

Nombre	Profesión	Funciones

– Ernesto es informático. Mantiene los ordenadores en pleno funcionamiento y libres de virus.

– ....

– ....

☺☺ **12** Adivina adivinanza. Elige a una de estas personas y di a tus compañeros cuáles son sus funciones. Ellos deben adivinar de quién se trata.

Director general
Guillermo

Secretaria de dirección
Marisol

Director comercial
Pedro

Responsable de ventas
Rebeca

Jefe de compras
Alfonso

Vendedores
Fernando, Juan, Manuel

Encargado de almacén
César

TAREA: Mi diario de aprendizaje

13 Gunter y Jenny hablan sobre su experiencia como estudiantes de lenguas extranjeras. Escucha con atención y escribe G (Gunter) o J (Jenny) en las acciones que cada uno realiza para facilitar su aprendizaje.

( ) Hacer muchos ejercicios de gramática y vocabulario en casa.

( ) Preguntar al profesor todas mis dudas.

( ) Reflexionar sobre mis errores y buscar su causa.

( ) Hablar con nativos cada vez que puedo.

( ) Ir los veranos a un país hispano.

( ) Conocer perfectamente las reglas gramaticales.

( ) Buscar en Internet noticias en español.

( ) Aprender listas de palabras y de frases.

( ) Escuchar música en español.

( ) Ver programas de televisión o películas de cine en español.

( ) Leer novelas en español.

( ) Participar en clase.

( ) Estudiar de memoria la gramática que nos recomienda el profesor.

¿Y tú? ¿Cómo aprendes español? Haz una lista con lo que tú haces y establece un orden de importancia.

14 ¿Qué te gusta y qué no te gusta en cada caso?

GRAMÁTICA

– Me gusta ....

– No me gusta ....

– Me divierte ....

– Me aburre ....

CONVERSACIÓN

– Me gusta ....

– No me gusta ....

– Me divierte ....

– Me aburre ....

15 Contesta a estas cuestiones. Después, explícales a tus compañeros las razones.

- El español te parece una lengua…
  - [ ] muy fácil
  - [ ] fácil
  - [ ] difícil
  - [ ] muy difícil
  - [ ] musical
  - [ ] útil
  - [ ] interesante
  - [ ] sin interés

- Lo más difícil para mí es…
  - [ ] la gramática
  - [ ] la pronunciación
  - [ ] el vocabulario
  - [ ] escribir textos
  - [ ] hablar con los compañeros
  - [ ] leer
  - [ ] ver películas

16 ¿En qué grupo estás tú? Explica tu experiencia como estudiante de español.

- Me da mucha vergüenza hablar en público.
- Antes de hablar, pienso bien lo que voy a decir para no cometer errores.
- No hablo más porque creo que me voy a equivocar.

- Me molesta que los demás me interrumpan y me corrijan.
- No importa cómo hables: seguro que te entienden.
- Aprovecho cualquier ocasión para hablar español.

Yo

INFORMACIÓN FUNCIONAL Y GRAMATICAL

→ Interrogativos

- Solicitan información sobre:
  - *Qué:* las acciones o las cosas
    ¿Qué es esto?
  - *Quién:* las personas
    ¿Quién es el director?
  - *Dónde:* el lugar
    ¿Dónde está la secretaría?
  - *Cómo:* la manera, la forma
    ¿Cómo se hace una factura?
  - *Cuánto:* la cantidad
    ¿Cuánto cuesta?
  - *Por qué:* la causa
    ¿Por qué estudias español?

¿Cuánto cuestan?

→ Presentaciones

Formales	Informales
Le presento a Olivia, mi novia.	*Mira, te presento a Olivia, mi novia.*
Encantado.	*Esta es Carmen.*
Mucho gusto.	*Hola, ¿qué tal?*
Es un placer.	

→ Presente de indicativo

- Se utiliza para:
  - Hablar de acciones presentes.
    Hoy empiezo mis clases de español.
  - Expresar acciones habituales.
    Por las mañanas voy a clase.
  - Ofrecer, pedir y sugerir.
    ¿Buscas un curso de español?
  - Verdades absolutas.
    La Tierra gira alrededor del Sol.

- Algunos verbos van siempre acompañados de un pronombre, como los verbos *ocuparse* y *encargarse:*

	OCUPARSE	ENCARGARSE
Yo	me ocupo	me encargo
Tú	te ocupas	te encargas
Él / ella / usted	se ocupa	se encarga
Nosotros /-as	nos ocupamos	nos encargamos
Vosotros /-as	os ocupáis	os encargáis
Ellos /-as / ustedes	se ocupan	se encargan

- Se forma añadiendo estas terminaciones:

	-AR	-ER	-IR
Yo	-o	-o	-o
Tú	-as	-es	-es
Él / ella / usted	-a	-e	-e
Nosotros /-as	-amos	-emos	-imos
Vosotros /-as	-áis	-éis	-ís
Ellos /-as / ustedes	-an	-en	-en

- Recuerda que en español hay muchos verbos que son **irregulares:**

  E > **IE:** *querer, comenzar, encerrar*
  O > **UE:** *poder, aprobar, recordar, volar*
  E > **I:** *pedir, conseguir, corregir, repetir*
  C > **ZC:** *conocer, conducir*
  C > **G:** *hacer*
  N > **NG:** *poner, proponer*
  L > **LG:** *salir, valer*
  A > **AIG:** *traer, caerse*

¿Qué puedo hacer?

Material de oficina

1 Carlos, el contable de la escuela Intermundos, te ha pedido que lo ayudes a comprar material para la escuela. Fíjate en este catálogo y anota el nombre de cada producto.

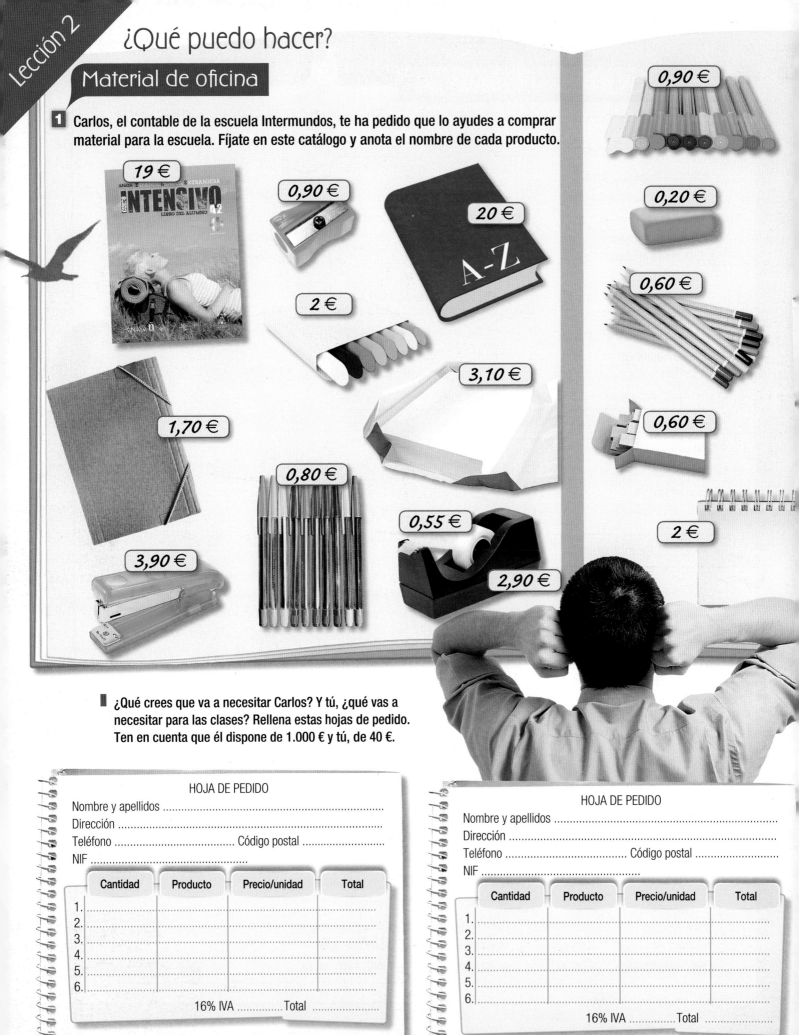

0,90 €

19 €

0,90 €

20 €

0,20 €

2 €

0,60 €

3,10 €

1,70 €

0,60 €

0,80 €

0,55 €

2 €

3,90 €

2,90 €

¿Qué crees que va a necesitar Carlos? Y tú, ¿qué vas a necesitar para las clases? Rellena estas hojas de pedido. Ten en cuenta que él dispone de 1.000 € y tú, de 40 €.

HOJA DE PEDIDO

Nombre y apellidos ....
Dirección ....
Teléfono .... Código postal ....
NIF ....

Cantidad	Producto	Precio/unidad	Total
1.			
2.			
3.			
4.			
5.			
6.			

16% IVA .... Total

HOJA DE PEDIDO

Nombre y apellidos ....
Dirección ....
Teléfono .... Código postal ....
NIF ....

Cantidad	Producto	Precio/unidad	Total
1.			
2.			
3.			
4.			
5.			
6.			

16% IVA .... Total ....

18 €

0,45 €

0,80 €

4 €

9 €

¿Dar o dejar?

CD1:5

2 **Escucha estos diálogos y completa con la palabra que falta.**

1. –He perdido el .... ¿Puedes dejarme uno?

   –Sí, claro, toma.

2. –No entiendo esta palabra. ¿Me dejas tu ....?

   –Lo siento, es que hoy no lo he traído.
   Pero si puedo ayudarte…

3. –¿Te importa darme
   unos ....?
   Se me han acabado los míos.

   –Toma unos cuantos.

4. –¿No tengo ....
   para cortar esto? ¿Tú tienes?

   –Sí, además tengo dos. Toma,
   puedes quedártela.

Pedir ayuda

¿Puede / puedes + infinitivo?
¿Te importa + infinitivo?
¿Me dejas / prestas / das…?
¿Tienes…?

¡Ojo! En todos los casos es conveniente explicar la razón de la petición:
Papá, ¿me prestas tu coche? **Es que**
el mío está en el garaje: no frena bien.

Conceder / denegar ayuda

Sí, claro, toma.
Cómo no.
Lo siento, es que…

3 ***Dar* o *dejar*. Construye frases de petición
para cada uno de los objetos.**

....
....

....
....

....
....

....
....

....
....

....
....

....
....

Diccionario

4 Escucha estos diálogos y completa la tabla.

CD1:6

	¿Qué solicita?	Respuesta	Explicación
1			
2			
3			

5 Dicen que la generosidad es la base de la amistad. ¿Eres un buen amigo? Contesta a este test y lo averiguarás.

1. ¿Cumples con la palabra que le das a los amigos?
2. ¿Si te cuentan algo, guardas el secreto?
3. ¿Prestas dinero a los amigos cuando lo necesitan?
4. ¿Te preocupas por ayudar a los demás?
5. ¿Dejas tu comodidad por dar gusto a tus amigos?
6. ¿Colaboras con los gastos de las fiestas a las que asistes?
7. ¿Elogias a los demás cuando crees que lo merecen?
8. ¿Eres cariñoso con los amigos?
9. ¿Eres rencoroso?
10. ¿Eres tolerante con los demás?
11. ¿Cuándo discutes, intentas ser el primero en disculparte?
12. ¿Pides disculpas si cometes algún error?
13. ¿Te relacionas con la gente solo cuando te interesa?
14. ¿Tratas de ayudar a la gente sin que te lo pidan?
15. ¿Sientes envidia cuando los demás tienen éxito?
16. Si los demás no piensan como tú, ¿dejas de hablarles?
17. ¿Sabes escuchar a la gente?
18. ¿Cambias de opinión con frecuencia?
19. ¿Respetas los secretos de tus amigos sin inmiscuirte en ellos?
20. ¿Te preocupas por lo que pueden necesitar los demás?

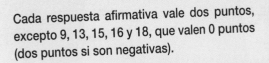

Cada respuesta afirmativa vale dos puntos, excepto 9, 13, 15, 16 y 18, que valen 0 puntos (dos puntos si son negativas).

- **Entre 35 y 40 puntos:** tienes cualidades para llegar a ser un buen amigo. Tu generosidad será apreciada por las personas que traten contigo.
- **Entre 25 y 35 puntos:** tienes cualidades, pero también algunos defectos que dificultarán que entables amistad con ciertas personas. Tus amigos son quienes piensan y sienten igual que tú. Deberías ser más tolerante y olvidarte de ti.
- **Menos de 25 puntos:** vas a tener dificultades para conseguir amigos. Eres poco tolerante y algo egoísta. Ten en cuenta que la amistad implica generosidad.

☺☺ **6** Habla con tu compañero y elaborad entre los dos una lista con lo que estáis dispuestos a dar y a dejar.

Damos

....
....
....
....
....

Dejamos

....
....
....
....
....

7 Inventa diálogos de solicitud de ayuda para estas situaciones.

1

2

¿Te ayudo con el problema?

4

3

8 Lee el correo electrónico que te ha escrito tu amigo Peter.

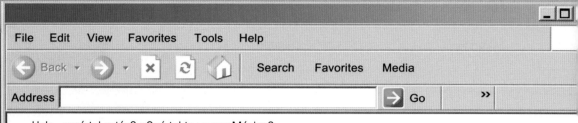

| File | Edit | View | Favorites | Tools | Help |

Back · → · ✕ ⟳ 🏠   Search   Favorites   Media

Address [   ] → Go »

Hola, ¿qué tal estás? ¿Qué tal te va por México?

Por fin he terminado el curso. He tenido suerte y he aprobado todo (la verdad es que he trabajado mucho este año, ha sido muy duro). Pues aquí estoy ahora sin saber qué hacer. Me han ofrecido un trabajo en una editorial como traductor y creo que es una buena oportunidad, pero también me gustaría ir a España a hacer un curso para mejorar mi español y conocer más de cerca su cultura; nunca he estado en España y creo que puede ser muy interesante para mí. También me apetece dedicar este tiempo a colaborar con alguna ONG y ayudar un poco a los demás: es el único momento en que puedo hacerlo y hace falta mucha ayuda y colaboración. Otra opción es, simplemente, tomarme un mes de vacaciones e irme a la playa a descansar y a relajarme, con mi familia o mis amigos, pues hace dos años que no tengo vacaciones de verdad. ¿Qué me aconsejas?

Espero tu respuesta.

PETER

9 Contesta a Peter y dale algunos consejos para el verano.

10 Peter ha decidido viajar a España y hacer un curso de lengua y cultura. Fíjate en estas situaciones y dale consejos e instrucciones.

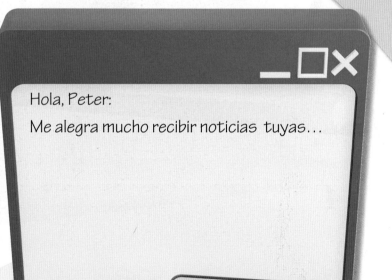

Hola, Peter:

Me alegra mucho recibir noticias tuyas…

Imperativo

Dar consejos
Tómate unas vacaciones y descansa.
Instrucciones
Llama a esta escuela de idiomas y pregunta por Eva.
Tras condición
Si + presente indicativo + imperativo
Si tienes tiempo, visita la Alhambra: es impresionante.

1

4

1. ¿De qué se encarga un traductor?

....

....

2. ¿Qué es una ONG? ¿Has colaborado con alguna?

....

....

....

....

3. Resume las opciones que tiene Peter para el verano.

....

....

....

....

....

....

11 En grupos. Elaborad una lista de consejos e instrucciones para ser un buen estudiante de español.

Cómo ser un buen estudiante de español y no morir en el intento

....

....

Así se pronuncia, así se escribe

12 ¿Recuerdas el nombre de las letras del abecedario?

A^a _____ B^b _____ C^c _____

D^d _____ E^e _____ F^f _____

G^g _____ H^h _____ Iⁱ _____

J^j _____ K^k _____ L^l _____

M^m _____ Nⁿ _____ Ñ^ñ _____

O^o _____ P^p _____ Q^q _____

R^r _____ S^s _____ T^t _____

U^u _____ V^v _____ W^w _____

X^x _____ Y^y _____ Z^z _____

13 CD1:7 En español hay algunos sonidos que se representan con dos o más letras. Escucha estas palabras, escríbelas y, después, completa la ficha.

....
....
....
....
....
....
....

$[\theta]$
c + ...
z + ...

$[x]$
g + e, i ....
j + ...

$[k]$
c + ...
qu + ...
k + i ....

$[b]$
b + ...
v + ...

14 CD1:8 Escucha y clasifica según oigas una *r* suave o una *r* fuerte.

r suave
[r] vibrante simple
....
....
....
....

r fuerte
[r̄] vibrante múltiple
....
....
....
....

INFORMACIÓN FUNCIONAL Y GRAMATICAL

→ Imperativo

Imperativo afirmativo

	-AR	-ER	-IR
Tú	trabaj-**a**	aprend-**e**	escrib-**e**
Vosotros /-as	trabaj-**ad**	aprend-**ed**	escrib-**id**
Usted	trabaj-**e**	aprend-**a**	escrib-**a**
Ustedes	trabaj-**en**	aprend-**an**	escrib-**an**

Imperativo negativo

	-AR	-ER	-IR
Tú	no trabaj-**es**	no aprend-**as**	no escrib-**as**
Vosotros /-as	no trabaj-**éis**	no aprend-**áis**	no escrib-**áis**
Usted	no trabaj-**e**	no aprend-**a**	no escrib-**a**
Ustedes	no trabaj-**en**	no aprend-**an**	no escrib-**an**

Algunos imperativos irregulares

pedir: pide, pedid, pida, pidan

hacer: haz, haced, haga, hagan

poner: pon, poned, ponga, pongan

decir: di, decid, diga, digan

Usos

Dar consejos

Aprende idiomas. Hoy día es necesario.

Instrucciones

Ve a casa de Eva y pídele los apuntes.

Tras condición

Si + presente indicativo + imperativo

Si necesitas ayuda, llámame.

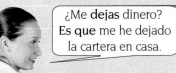

¿Me **dejas** dinero?
Es que me he dejado
la cartera en casa.

→ Pedir ayuda o solicitar un favor

– *¿Puede / puedes* + infinitivo?

¿Puedes abrir la ventana? Yo no alcanzo.

– *¿Te importa* + infinitivo?

¿Te importa pagarme el café? He olvidado la cartera en clase.

– *¿Me dejas / prestas / das…?*

Jaime, ¿me dejas tu diccionario? Es que me he dejado el mío en casa.

– *¿Tienes…?*

¿Tienes una aspirina? Es que me duele mucho la cabeza.

¡Ojo! En todos los casos es conveniente explicar la razón de la petición.

→ Conceder / denegar ayuda

–*Sí, claro, toma.*

–*Cómo no.*

–*Lo siento, es que…*

→ Los sonidos y sus letras

[θ]
- c + **e, i** ⟶ cenicero, celo
- z + **a, o, u** ⟶ tiza, zumo, azotea

[x]
- g + **e, i** ⟶ colegio, gente
- j + **a, e, i, o, u** ⟶ tijeras, dibujo

[k]
- c + **a, o, u** ⟶ cuaderno, carpeta, colegio
- qu + **e, i** ⟶ queja, esquina
- k + **i** ⟶ kilo

[b]
- b + **a, e, i, o, u** ⟶ boli, dibujo
- v + **a, e, i, o, u** ⟶ ventana, vaso

unidad 2

La boda de mi prima

¡Te casas!

1 Lee la tarjeta de invitación que Laura y Ernesto han enviado a todos sus familiares y amigos. Después, contesta a las preguntas.

1. ¿Qué día se casan? ..... sabado
2. ¿En qué ciudad se casan? ..... Marbella
3. ¿Es una boda civil o religiosa? civil
4. ¿Dónde tendrá lugar la cena? ..... La Pesquera
5. Si voy a ir, ¿tengo que avisar? ..... Sí

Enlace de Laura y Ernesto

¡Nos casamos!

Y nos gustaría pasar este día con vosotros.
El enlace tendrá lugar en el Ayuntamiento de Marbella, el sábado 15 de junio, a las 17:00 h.
Después, lo celebraremos todos juntos en el restaurante La Pesquera.
¡No faltéis!

Se ruega confirmar asistencia.

2 Estas son imágenes de diferentes momentos en la vida de Laura y Ernesto.

creativo/a
serio/a
moderno/a
progre
formal
romántico/a
trabajador/a
extrovertido/a

Ahora que ya conoces a Laura y Ernesto, descríbelos mediante los adjetivos que te damos.

1. Yo creo que Laura es ..... creativa, extrovertida, romántica, moderna

2. Ernesto me parece un chico ..... trabajador, formal, serio, progre

Lista de bodas

3 En grupos, ¿qué regalo elegiríais para la feliz pareja con motivo de su boda? Explicad al resto de compañeros vuestra elección.

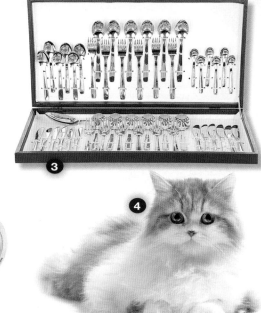

4 Lee el siguiente diálogo.

Ana: ¿Ya habéis comprado el regalo de boda de Laura y Ernesto?

Blanca: Sí, yo ya **lo** he comprado. **Les** he comprado un juego de maletas: ellos viajan mucho.

Carlos: Yo voy a regalar**les** una mesa y unas sillas para el jardín: dicen que no tienen.

Ana: Sí, pero creo que **se las** va a regalar la tía de Laura.

Carlos: ¡Qué fastidio! Pensaré en otra cosa.

Daniel: Nosotros vamos a dar**les** dinero. No **nos** gusta mucho la idea, pero seguro que a ellos **les** viene bien. Ahora tienen muchos gastos.

Carlos: ¿**Os** han dicho que prefieren dinero?

Daniel: No, ellos no **nos** han dicho nada; **me lo** dijo a mí la madre de Ernesto.

Ana: Pues sus hermanos van a regalar**les** un viaje por el Caribe.

Blanca: El primo de Ernesto sí **les** va a dar dinero. **Lo** he visto esta mañana en el banco y estaba ingresándo**lo**.

▌ ¿Qué regalos tienen o van a tener? ¿De quién es cada uno?

Regalos	Persona que hace el regalo
juego de maletas	Blanca
mesa y sillas	Carlos / la tía de Laura

▌ Fíjate en los pronombres marcados en negrita. ¿A qué o a quién se refiere cada uno?

lo ⟶ el regalo de boda.
les (2x) → Laura y Ernesto
se las → mesa para Laura/Ernesto

5 Sustituye las expresiones en negrita por el pronombre correspondiente. Haz los cambios necesarios en las frases.

– La combinación le/les + lo, la, los las = **se** lo, **se** la, **se** los, **se** las.

CD-directo
CI-indirecto

A: Ayer vi a Lola. Estaba con Felipe.

B: ¿Y dónde viste <u>a Lola y a Felipe</u>? *¿Y dónde los viste?*
   CD   *CD*

A: En la cafetería. Felipe le dio a Lola un regalo.

B: ¿Y dónde dio <u>a Lola</u> <u>el regalo</u>? *¿Y dónde se lo dio?*
   CI   *CD*

A: Pues también en la cafetería.

A: Mira, he comprado estos libros a mi novio.

B: ¿Por qué has comprado estos <u>libros</u> <u>a tu novio</u>?
   ¿Es su cumpleaños?   *CD*   *CI*

¿Por qué se los has comprado?
   CI CD

A: No, simplemente quiero regalar <u>los libros</u> <u>a mi novio</u>.
      CD   *CI*

No, simplemente quiero regalárselos
   O → "se los quiere regalar"

A: He visto a Marcos y me ha dicho que se va un año a Finlandia.

B: ¿A Finlandia? ¿Y te ha dicho <u>que se va a Finlandia</u> en serio? .....
   ¿Y te lo ha dicho en serio

A: Sí, claro. Dice que han ofrecido <u>a él</u> un buen trabajo y que no puede rechazar <u>el trabajo</u>. ....

6 ¿Sabes de qué hablan estas personas? Escucha y escribe a qué objetos se refieren.

CD 1:9

1. ....   2. ....   3. ....   4. ....

🙂🙂 ▌ En parejas, elige uno de estos objetos y descríbeselo a tu compañero sin mencionar su nombre. Él tendrá que adivinarlo.

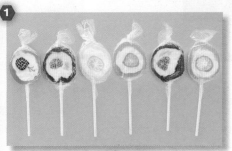

ENTRADA CINE 4151792 4151792

Antología del pop español

¡Sorpresa!

7 Escucha y numera cada dibujo según el orden de las audiciones.

CD 1:10

Vuelve a escuchar las audiciones y toma nota de las reacciones de estas personas al recibir el regalo.

CD 1:10

1. ....

2. ....

3. ....

8 Clasifica las expresiones anteriores en el cuadro correspondiente.

Expresar admiración o sorpresa

....
....
....
....

Agradecer y elogiar

....
....
....
....

9 Hoy es tu cumpleaños. Estos son los regalos que has recibido. Muestra agradecimiento por ellos.

TECHNO

Espero que te guste.
Tu madre

Felicidades
Carlos

• **Tu madre:** ¡Feliz cumpleaños, hijo! Toma, esto es para ti.

Tú: ....

• **Carlos, tu amigo:** ¡Muchas felicidades! Un añito más, ¿eh? Toma, tu regalo.

Tú: ....

• **Tu novia/o:** ¡Felicidades, cariño! Te he comprado esto. Se puede cambiar.

Tú: ....

4. ....

5. ....

6. ....

Que cumplas muchos más.

Tu novia/o

10 ¿Qué dirías en las siguientes situaciones?

1. Tu mejor amigo ha tenido un hijo.
2. Tu profesor se va de viaje.
3. Tu hermano se examina del carné de conducir.
4. Tu novio/a debuta hoy en el teatro.
5. Tus amigos participan hoy en un concurso de televisión.
6. Tus vecinos van a una fiesta.
7. Tus padres celebran sus bodas de plata.

Para expresar buenos deseos se utiliza:

Que + presente de subjuntivo
Espero que / Te deseo que + presente de subjuntivo.

Para felicitar se utiliza:

¡(Muchas) felicidades!
¡Enhorabuena!

TAREA: Compartir tradiciones

11 Lee el texto y completa las frases.

En general, las fiestas tienen sus ritos, sus tradiciones y sus supersticiones, sobre todo las bodas, una de las celebraciones más importantes de nuestra cultura.

Unir la vida de dos personas para siempre es un paso muy importante en nuestra vida, por lo que es necesario que se reflexione y se prepare bien. Por eso, no debemos casarnos en martes y trece, pues da mala suerte. Dicen que si llueve el día de tu boda, eso es augurio de felicidad y de abundante descendencia; así que no te preocupes si se te estropea el peinado. En las tradiciones también participan, por supuesto, los invitados. El lanzamiento del ramo, después de todo lo que ha costado elegirlo, puede predecir la

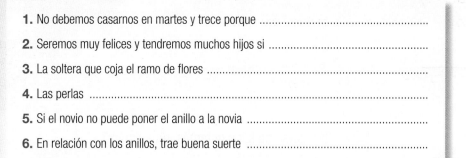

próxima boda de la soltera que lo recoja en el aire. Ya se sabe que el novio no puede ver el vestido de la novia antes de la ceremonia, algo que, seamos supersticiosos o no, solemos cumplir. Dicen también que no es recomendable usar perlas en las joyas porque provocarán lágrimas a la futura esposa, ya que tendrá problemas matrimoniales.

Ya sabemos todos que en el momento del «sí quiero» los nervios a veces nos traicionan. Si el novio no es capaz de colocar el anillo a la novia, será ella quien gobernará la casa. Pero no nos preocupemos si los anillos se nos caen de las manos en el momento clave, porque, sorprendentemente, esto trae buena suerte.

Para celebrar con antelación el acontecimiento, hoy lo habitual es realizar una despedida de solteros una semana antes y, en el caso de que ya vivan juntos, que se separen los novios la noche anterior a la boda.

1. No debemos casarnos en martes y trece porque ....

2. Seremos muy felices y tendremos muchos hijos si ....

3. La soltera que coja el ramo de flores ....

4. Las perlas ....

5. Si el novio no puede poner el anillo a la novia ....

6. En relación con los anillos, trae buena suerte ....

CD 1:11

12 Ahora, escucha estas explicaciones sobre algunos de los ritos más importantes de las bodas y toma nota de lo que significan.

- Color blanco: ....
....

- Algo nuevo: ....

- Algo viejo: ....

- Algo usado o prestado: ....
....

- Algo azul: ....

- Las alianzas: ....

- Las arras: ....
....

- El arroz: ....
....

- El beso de los recién casados: ....
....

Explica a tus compañeros tradiciones y costumbres populares en tu país sobre:

1. La novia

2. El novio

3. El día de la boda

4. Los regalos

5. La buena y la mala suerte

INFORMACIÓN FUNCIONAL Y GRAMATICAL

→ Pronombres personales

CD	CI
me	me
te	te
lo / la	le
nos	nos
os	os
los / las	les

Posición:

– Se colocan delante del verbo, excepto cuando van con imperativo afirmativo, con infinitivo o con gerundio.

*Regála**les** una cámara fotográfica.*

– Cuando aparecen juntos los dos pronombres, se coloca en primer lugar el de CI.

¿Tienes la dirección de Laura?
Me la *da esta tarde Fernando.*

– La combinación *le / les* + *lo, la, los, las* = **se** *lo,* **se** *la,* **se** *los,* **se** *las.*

→ Presente de subjuntivo

Verbos regulares

	-AR	-ER	-IR
Yo	pas-**e**	com-**a**	cumpl-**a**
Tú	pas-**es**	com-**as**	cumpl-**as**
Él / ella / usted	pas-**e**	com-**a**	cumpl-**a**
Nosotros /-as	pas-**emos**	com-**amos**	cumpl-**amos**
Vosotros /-as	pas-**éis**	com-**áis**	cumpl-**áis**
Ellos /-as / ustedes	pas-**en**	com-**an**	cumpl-**an**

Verbos irregulares

	SER	TENER	DORMIR
Yo	sea	tenga	duerma
Tú	seas	tengas	duermas
Él / ella / usted	sea	tenga	duerma
Nosotros /-as	seamos	tengamos	durmamos
Vosotros /-as	seáis	tengáis	durmáis
Ellos /-as / ustedes	sean	tengan	duerman

→ Para expresar buenos deseos

¡Que + presente de subjuntivo!
Espero que / Te deseo que + presente de subjuntivo

→ Para agradecer y elogiar

– Verbo *ser* + *muy* + adjetivo
Es muy bonito.

– Verbo *ser* + adjetivo cuyo significado expresa grado máximo.
Es estupendo / precioso.

Muchas gracias.

Me gusta mucho.

Me encanta.

¡Ojo! El verbo *encantar* no lleva cuantificadores:

* *Me encanta mucho.*

→ Para felicitar

– *¡Muchas felicidades!*
– *¡Enhorabuena!*

→ Para expresar admiración o sorpresa

– *¡Qué* + adjetivo!   – *¡Qué / Vaya* + sustantivo!
¡Qué bonito!   *¡Vaya anillo!*

– *¡Qué sorpresa!*   – *¿Es / Son para mí?*

Fotos para el recuerdo

¡Vamos de boda!

1 ¿Quién crees que es cada uno?
Escribe el parentesco
en cada etiqueta.

padre
madre
suegro/a
hermano/a
cuñado/a
tío/a
sobrino/a
abuelo/a
novio

2 Lee con atención el siguiente texto y
contesta a las preguntas.

GASTOS DE LA BODA

- Invitaciones
- Trajes de los novios
- Flores
- Anillos
- Peluquería y maquillaje
- Banquete
- Recuerdos para los invitados
- Costes de la iglesia
- Alquiler del coche de los novios
- Reportaje fotográfico
- Fiesta por la noche
- Luna de miel

CASARSE SIGUE ESTANDO DE MODA

Un informe reciente confirma que en el último año ha habido un aumento de matrimonios con respecto al pasado año. Se han celebrado 210.155 bodas; es la segunda cifra más alta en los últimos ocho años, tan solo superada por las 216.451 bodas celebradas en 2000.

Todo parece indicar que, a pesar del enorme gasto que supone, el matrimonio sigue en auge año tras año.

Edad media del primer matrimonio

La edad media para casarse ha aumentado considerablemente en los últimos años. Una de las causas principales es el importante gasto que requiere, unido a las dificultades que tienen actualmente los jóvenes para emanciparse del hogar familiar. No quieren casarse sin piso, sin muebles y prácticamente sin todo lo necesario. De acuerdo con los datos del INE, la edad media para contraer matrimonio de los hombres es de 31 años, mientras que la de las mujeres es de 29 años.

¿Cuánto cuesta casarse?

A los españoles nos gusta compartir el día de nuestra boda con familiares, amigos y compañeros de trabajo, lo que supone un gran gasto para las familias. En este sentido, el gasto medio para la celebración de una boda de 150 invitados es de 25.075 €. Claro está, las cifras dependen del lujo que se le quiera dar a la celebración.

- ¿Qué significa "emanciparse"? ....

- ¿Sabes qué es un banquete? ....

- De la lista anterior, ¿qué cinco gastos eliminarías para abaratar la celebración?

....

La familia

3 Vuelve a mirar la "foto" de la boda. Escucha la presentación que hace Laura de su familia y escribe en cada casilla el nombre y el parentesco correspondiente. ¿Has acertado muchos?

■ Escucha de nuevo la locución. Toma nota de la forma que utiliza Laura para identificar a:

> **Identificar personas dentro de un grupo**
>
> • Artículo + *que* (relativo) + verbo
> *Mi madre es la que está sonriendo.*
>
> • Artículo + *de* + sustantivo / adverbio
> *Mi primo Antonio es el del traje negro.*
>
> • Artículo + adjetivo
> *Marta es la pelirroja.*
>
> • *El más / menos* + adjetivo + *de*
> *Mi tío Felipe es el más alto del grupo.*

1 ....

2 ....

3 ....

4 ....

4 Estos son los primos de los novios: Ángel, Fernando, M.ª José, Carmen, Alejandro, Raquel, Javi, Conchi, Mercedes y José. Imagina quién es cada uno e identifícalos usando las expresiones anteriores.

Ej.: *Ángel es el más alto.*

5 Ahora, descríbelos según el ejemplo.

Ej.: *Javi es más bajito que Ángel, pero es el más simpático de todos.*

M.ª José está más delgada que Conchi.

> **Comparativos**
>
> • *Más / menos* + adjetivo + *que*
> • *Tan* + adjetivo + *como*
> • *Igual de* + adjetivo + *que*
>
> **Superlativos**
>
> • *El más / menos* + adjetivo + *de* + sustantivo
> • *El más / menos* + adjetivo

😊😊 **6** Escribe una breve descripción de tu árbol genealógico. Después, habla con tu compañero y explícaselo. Él tendrá que dibujarlo.

Así es mi familia:

....

....

....

....

....

....

....

....

....

ESPAÑA

LIBRO
DE
FAMILIA

Árbol genealógico de mi compañero

7 Completa estas frases con el posesivo y parentesco correspondiente.

El hijo de mi tía es ....

Los hijos de nuestros hermanos son ....

y nuestros hijos son ....

Si tú eres mi sobrino, tu padre es ....

y su mujer es ....

Si ese es mi primo, mis padres son ....

Si vosotros sois mis padres, mis hijos son ....

8 Piensa en los miembros de tu familia y completa.

El más alto es ....

El más simpático es ....

El que siempre está bromeando es ....

Los más serios son ....

Mi .... es tan .... como yo.

El menos hablador es ....

Ahora construye tú otras frases y haz comparaciones entre los miembros de tu familia.

CD 1:13

9 Las relaciones entre los padres y los hijos han sido siempre causa de conflictos familiares.
Escucha esta entrevista y busca ejemplos de conflictos para cada uno de estos grupos.

Costumbres sociales	Responsabilidad	Estudios	Relaciones familiares	Valores morales

☺☺ En parejas, ordenad los siguientes conceptos por su importancia como causa de conflictos.

1 La televisión

2 Las tareas de la casa

3 Las tareas del colegio

4 Tabaco, alcohol, drogas

5 La forma de vestir

6 Los amigos

7 La elección de la pareja

8 Música y otros gustos

9 Hora de llegar a casa

La fiesta

10 Estas son algunas escenas de boda.
¡Qué recuerdos nos traen! ¿Qué está haciendo cada personaje? ¿Cómo está? Intenta imaginar por qué.

> ### Recuerda
>
> • Estar + gerundio: acción en desarrollo
>   Los novios están bailando.
>
> • Estar + adjetivo / participio: resultado de un proceso
>   El padre de la novia está preocupado.

1 Ellos están celebrando despues de la boda

2 Ellos estan sentandose

3 Ellos están sacaado una foto.

11 Así estaban estas personas al final del día. Escúchalas y di cómo están.

CD 1:14

1. ....   3. ....   5. ....

2. ....   4. ....   6. ....

☺☺ ∎ En parejas. ¿Quién creéis que dice cada mensaje?

La amiga

La tía

La cuñada de la novia

La novia

La prima soltera

La madre

4 Ellos están tocando champagne/cava

5 Ellos están bailando en una disco

6 Ellos están cortando la tarta

7 Ellos están echándose una siesta

Historias de amor

12 Grandes parejas de la historia. Relaciona y forma parejas.
¿Qué otros personajes se te ocurren?

Romeo	Yoko Ono
Marco Antonio	Gala
Dalí	Bonnie
Don Quijote	Leticia
Felipe el Hermoso	Dulcinea
John Lennon	Cleopatra
Clyde	Juana la Loca
Felipe	Julieta

TAREA: Teatro amoroso

13 ¿Conoces alguna leyenda o historia de amor famosa? Lee este texto en el que se cuenta la historia de *Los amantes de Teruel*, de Hartzeubusch.

Teruel está vinculada a una tradición medieval de sabor y belleza románticos: la de los amantes. Constituye una de las más bellas páginas de amor del mundo y ha sido constante tema de inspiración para el teatro, la literatura y la pintura.

Vivían en el siglo XIII en Teruel dos familias nobles e influyentes: Segura y Marcilla. La primera tenía una hija que se llamaba Isabel; Diego era descendiente de la segunda familia. Ambos se amaron desde la adolescencia, pero los Marcilla, aunque nobles, eran muy pobres y el enlace no parecía conveniente a los orgullosos Segura. Diego solicitó a don Pedro Segura un plazo para buscar fortuna en lejanas tierras. Este plazo le fue concedido. Transcurrieron los años y Diego conquistó en la guerra la gloria y la fortuna soñadas; pero al pisar de nuevo Teruel, a las puertas de la ciudad, escuchó cómo todas las campanas de la villa repicaban a boda. El plazo acordado para regresar con fortuna (cinco años) había terminado e Isabel era obligada a contraer matrimonio con el rico y poderoso señor de Albarracín, don Pedro de Azagra.

El mismo día de la boda, Diego logra entrevistarse con Isabel. Al despedirse para siempre de ella, le pide un beso, pero Isabel, que es mujer honesta, se lo niega. Diego no puede soportar la angustia y la tensión de aquella despedida y muere de dolor a los pies de ella.

Al siguiente día se celebran en la iglesia de San Pedro los funerales de Diego. Isabel, vestida de boda, el rostro oculto entre sus velos, avanza por la nave central y se acerca para dar al cadáver de Diego el beso que le negó vivo. Isabel muere abrazada al cuerpo de Diego.

 En grupos, vamos a representar la obra. Elegid cada grupo una escena. Imaginad y escribid los diálogos, después representad vuestra parte. Uno de vosotros será el director de la obra.

14 Lee de nuevo el texto anterior y completa esta ficha ortográfica con ejemplos para cada caso.

Se escribe con mayúsculas

– Al comienzo de un texto: *La ciudad…*

– Detrás de punto: *(…) los amantes. Constituye una de las más…*

– Los nombres propios de personas, animales y lugares: *Teruel, Marcilla, Diego,*

– La primera letra de los títulos de las obras literarias, artículos o películas: *Los amantes de Teruel*

....

....

....

Recuerda

No llevan mayúsculas:
– los días de la semana
– los meses del año
– los adjetivos de nacionalidad
– los nombres de los idiomas

INFORMACIÓN FUNCIONAL Y GRAMATICAL

→ Identificar personas dentro de un grupo

– Artículo + *que* (relativo) + verbo
  Mi madre es la que está sonriendo.

– Artículo + *de* + sustantivo / adverbio
  Mi primo Antonio es el del traje negro.

– Artículo + adjetivo
  Marta es la pelirroja.

– *El más / menos* + adjetivo + *de*
  Mi tío Felipe es el más alto del grupo.

→ *estar* + gerundio / participio

– *Estar* + gerundio: acción en desarrollo
  La madre de la novia está llorando.

– *Estar* + participio: resultado de un proceso
  La novia está enfadada.

→ Comparativos

Superioridad

Más +	adjetivo / adverbio / sustantivo	+ *que*	Paco es **más** alto **que** Eva. Paco vive **más** lejos **que** Eva. Paco tiene **más** dinero **que** Eva.

Igualdad

Igual de +	adjetivo / adverbio	+ *que*	Mi abuela es **igual de** alta **que** mi abuelo. Este coche es **igual de** rápido **que** el tuyo.
Tan(to) +	adjetivo / adverbio / sustantivo	+ *como*	Mi tío es **tan** simpático **como** yo. Mi tío habla **tan** deprisa **como** yo. Mi tío ha comprado **tantos** regalos **como** yo.

Inferioridad

Menos +	adjetivo / adverbio / sustantivo	+ *que*	José es **menos** serio **que** su hermano. Su hermano trabaja **menos** rápido **que** Juan. Juan tiene **menos** problemas **que** José.

→ Superlativo

– *El más / menos* + adjetivo: *Es el más simpático.*
– *El más / menos* + adjetivo + *de* + sustantivo / adverbio: *Es el más simpático de la familia.*
– *-ísimo: simpático > simpatiquísimo.*
– *-bilísimo* (para adjetivos que terminan en *-ble): amable > amabilísimo.*

→ Comparativos y superlativos irregulares

	Comparativos	Superlativos
bueno	mejor	óptimo
malo	peor	pésimo
grande	mayor	máximo
pequeño	menor	mínimo

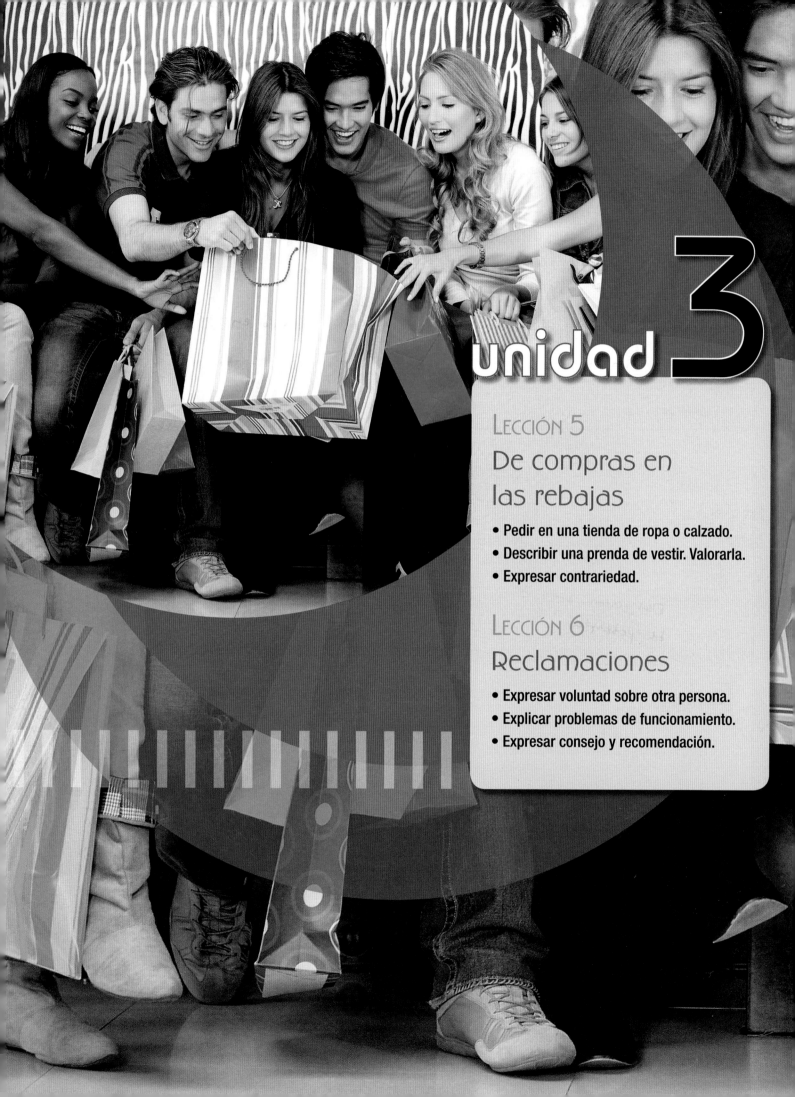

unidad 3

LECCIÓN 5
De compras en las rebajas

- Pedir en una tienda de ropa o calzado.
- Describir una prenda de vestir. Valorarla.
- Expresar contrariedad.

LECCIÓN 6
Reclamaciones

- Expresar voluntad sobre otra persona.
- Explicar problemas de funcionamiento.
- Expresar consejo y recomendación.

De compras en las rebajas

Grandes almacenes

1 Observa las fotografías y contesta a las preguntas.

A

Periodo de rebajas
Del 7 de enero
al 28 de febrero

-10%
-20%
-30%
-40%
30%
-10%
-60%
-60%
-90%
-70%
-80%
-70%
-50%
-50%

B

Antes
1.499 €
Ahora
1.199 €

C

REBAJAS

HASTA EL
50%

A ¿Durante cuánto tiempo el establecimiento está de rebajas? ....

B ¿Qué descuento hacen en los televisores? ....

C ¿Cuál es el descuento máximo que podemos conseguir? ....

☺☺ **2** Fíjate en este plano de un gran centro comercial.
En parejas, anotad qué productos podemos comprar en cada sección.

Calzado

Complementos

Electrónica

Perfumería

Caballeros

Moda Señora

Música y Libros

Moda Joven

REBAJAS

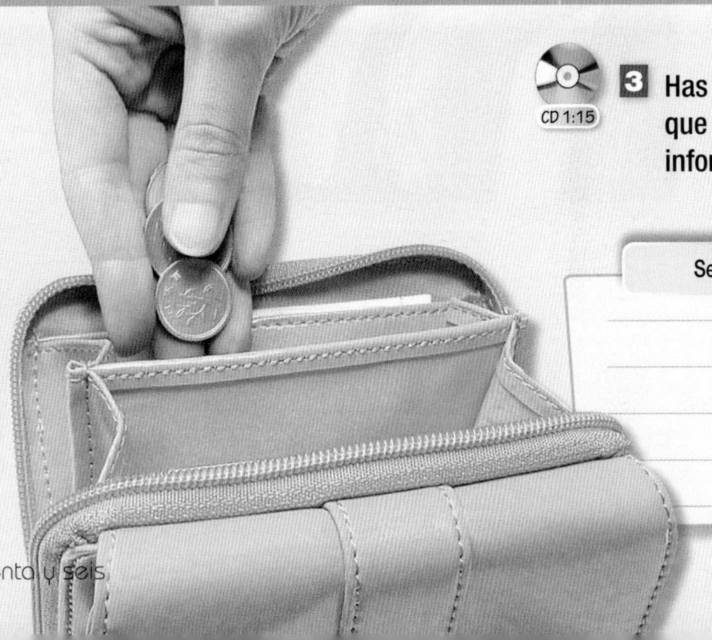

3 Has ido al centro comercial porque quieres aprovechar que es época de rebajas. Escucha los mensajes informativos y completa.

CD 1:15

Sección	Producto	Oferta

¿Cómo me queda?

4 Lee el siguiente diálogo y contesta a las preguntas. Después, fíjate bien en las fotos y señala qué prendas ha comprado Manolo.

Vendedora: Buenos días, ¿puedo ayudarle en algo?

Manolo: Sí, quería unos pantalones.

V: ¿Qué tipo de pantalones?

M: Unos pantalones vaqueros. He visto que tiene unos en oferta.

V: Sí, son estos de aquí. ¿Qué talla usa?

M: La 40. Quería también una camiseta. Me gustan esas de allí. Me gusta la marrón.

V: Sí, esas están muy bien, son muy cómodas. ¿Qué talla le saco?

M: La L.

V: Lo siento, no me queda la L en marrón. Tiene que ser otro color.

M: ¡Qué fastidio! Bueno, pues en amarillo.

V: Aquí está. Si quiere probárselo, allí están los probadores.

M: ¿Cómo me queda?

Javier: Yo creo que el pantalón te queda un poco estrecho. La camiseta te sienta muy bien.

M: Bueno, pues voy a coger una talla más de pantalón.

V: Muy bien. Aquí está: la 42. ¿Algo más?

M: No, nada más. ¿Cuánto es todo?

V: Vamos a ver, 51 € del pantalón y 25,5 € de la camiseta, en total, 76,5 €. Lleva ya el 15% de descuento.

15% dto.

T. 40
60 €

T. 42
70 €

10% dto.

T. 40
60 €

T. 42
60 €

S
25,5 €

15% dto.

10% dto.

L
35 €

L
30 €

M
40 €

15% dto.

¿De qué color quiere la camiseta? ....

¿De qué color se lleva la camiseta? ....

¿Qué talla de pantalón necesita? ....

¿Cuánto cuesta cada prenda sin el descuento? ....
....

5 ¡Qué mala suerte! Has ido de rebajas pero no encuentras lo que quieres. Escucha y reacciona.

CD 1:16

1. En la zapatería: ....

2. En la *sección de ropa*: ....

3. En la *perfumería*: ....

4. En la *sección de regalos*: ....

5. En la *librería*: ....

Para expresar contrariedad

¡Qué fastidio!
¡Qué pena!
¡Qué mala suerte!

6 Fíjate en los dibujos y construye enunciados como en el ejemplo 1.

①

A: ¿Cómo me queda el abrigo?
B: Te queda un poco grande.
A: Sí, voy a pedir una talla menos.

②

③

④

⑤

Para decir cómo nos queda la ropa

Te queda grande / pequeño / estrecho / ancho

Te sienta bien / mal

Te hace más / muy delgado / un poquito gordo.

Productos

7 ¿De qué color son? ¿Qué te parecen? Forma una frase valorando cada uno.

42 €

34 €

30 €

70 €

....

....

....

Rebajas

67 €

35 €

24 €

....

....

....

29 €

75 €

63 €

....

....

....

8 Relaciona las prendas con sus materiales y forma frases sobre ti.

zapatos
jersey
camiseta
pantalón
abrigo
bolso

lana
sintético
cuero
piel
algodón
tela vaquera

Nunca ....

Solo ....

No me gustan ....

Me gustan mucho ....

Prefiero ....

Siempre ....

9 CD 1:17 Escucha los siguientes diálogos y toma nota de los casos en que aparece *qué* y *cuál*. Después, completa el cuadro.

Qué	Cuál

Se utiliza **qué** para pedir información de carácter general.

Se utiliza **cuál** para pedir información sobre algo concreto, cuando hay más de una opción.

¡OJO!: *qué* + sustantivo = *cuál*

En parejas, construid diálogos parecidos a los que habéis escuchado.

1 ....

2 ....

3 ....

En la tienda

 10 En parejas, practicad diálogos en la tienda.
Seguid las instrucciones.
¿Qué habéis comprado cada uno?

Alumno A

ERES EL VENDEDOR

En color granate no quedan trajes de la talla 42, solo en azul.

Tienes trajes de 375 € y de 420 €.

ERES EL CLIENTE

Quieres un pantalón y una camisa de sport. Tienes la talla 40. Te gusta mucho el color azul y el blanco. La talla 42 no te queda bien. No te gustan los cuadros.

Alumno B

ERES EL CLIENTE

Quieres un traje de pantalón y chaqueta, de la talla 42, en granate. No quieres gastarte más de 300 €.

ERES EL VENDEDOR

Tienes unos pantalones en azul muy baratos, rebajados, pero solo te queda la talla 42 (puede probárselos).

Tienes camisas de cuadros en azul y blanco, en todas las tallas. Tienes muchas prendas de una marca muy famosa, pero son un poco caras.

TAREA: Establecimientos, ¿grandes o pequeños?

11 ¿Sabes cómo se llaman estos lugares destinados a la venta de productos? ¿Qué es lo característico de cada uno de ellos?

....

....

....

....

▌ ¿En cuál de ellos compras habitualmente? ¿Por qué? ....

▌ ¿En qué casos utilizas los servicios de los demás? ....

12 Lee este texto y después escucha distintas opiniones al respecto.
Resume los argumentos a favor y en contra.

CD 1:18

HORARIOS COMERCIALES

Los establecimientos comerciales están sujetos a restricciones horarias. La actual propuesta del Gobierno señala al respecto que el horario global semanal máximo de apertura al público es de 72 horas y que el número de domingos y festivos que los comercios pueden abrir es de ocho.

El Gobierno afirma que la liberalización total favorece la concentración de la oferta y genera precios elevados de los productos y, en algunos casos, "reduce la competencia, incrementa los márgenes de comercialización y aumenta el poder de los grandes operadores". Asimismo, señala que esta propuesta de horarios comerciales protege al pequeño y mediano comercio frente a las grandes superficies y beneficia a los consumidores, que de otra manera perderían calidad de vida, ya que la liberalización provocaría la destrucción del comercio de barrio.

ARGUMENTOS A FAVOR ✔

ARGUMENTOS EN CONTRA ✔

INFORMACIÓN FUNCIONAL Y GRAMATICAL

➜ Expresar cómo queda la ropa

– Pronombre CI + *quedar* + (cuantificador) + adjetivo
  Ese vestido te queda muy grande.
– Pronombre CI + *sentar, quedar* + (cuantificador) + adverbio
  Yo creo que el pantalón me sienta bien.
– Pronombre CI + *hacer* + (cuantificador) + adjetivo
  La camiseta roja te hace un poquito gordo.

¡Ojo!
Los verbos *quedar, sentar* y *hacer* no llevan sujeto personal, sino que el sujeto es la prenda de la que se habla:

Los pantalones te quedan estrechos.
La camisa te queda estrecha.

– En la secuencia *quedar* + adjetivo, el adjetivo debe concordar en género y número con el sujeto:
  *Las fald**as** te quedan un poco pequeñ**as** y el vestid**o** te queda anch**o.***
– En la secuencia *hacer* + adjetivo, el adjetivo debe concordar con la persona a la que se refiere, no con el sujeto gramatical.
  Las camisas de rayas te hacen más delgado.

➜ Para valorar ropa y calzado

– Verbo *ser* + *(muy)* + adjetivo
  El traje de chaqueta es muy elegante.
– *¡Qué* + adjetivo…!
  ¡Qué elegante!
– Adjetivos para valorar ropa y calzado:
  cómodo / incómodo
  bonito / precioso / estupendo
  moderno / clásico
  barato / caro
  elegante / juvenil

> La camiseta **te queda** un poco corta, ¿no?

➜ Para expresar contrariedad

¡Qué fastidio!
¡Qué pena!
¡Qué mala suerte!

➜ Qué / Cuál

– *Qué* + verbo: para preguntar por la identidad de cosas en general.
  Buenos días, ¿qué desea?
– *Qué* + sustantivo + verbo: para preguntar por la identidad de personas y cosas de una misma clase; para solicitar información sobre alguien o algo cuando hay varias opciones.
  ¿Qué establecimientos hay en tu barrio?
  ¿Qué falda te gusta más?

– *Cuál / Cuáles* + verbo: para preguntar por la identidad de personas y cosas de una misma clase; para solicitar información sobre alguien o algo cuando hay varias opciones.
  –Vengo de comprar libros.
  –¿Cuáles te has comprado?

Reclamaciones
La Organización de Consumidores

1 Lee con atención este texto de la OCU y contesta a las preguntas.

La Organización de Consumidores y Usuarios (OCU) es una asociación privada, independiente y sin ánimo de lucro que nació en 1975 con un objetivo claro: la información y atención de los consumidores y la defensa de sus intereses. Para ello cuenta con dos instrumentos principales: las publicaciones y la atención a los socios (asesoramiento y servicios exclusivos).

La OCU está integrada en los principales organismos de representación internacional de los consumidores y forma, con las asociaciones hermanas de Bélgica, Italia, Portugal, Francia y Luxemburgo, el grupo EUROCONSUMERS (Consumidores de Europa). Actualmente, la OCU se enfrenta al futuro ampliando su oferta de servicios para los socios con toda una serie de ventajas que

Lo que la OCU ofrece a sus socios

- Información útil y reutilizable.
- Ahorros concretos gracias a sus análisis comparativos.
- Atención personalizada.
- Defensa permanente de sus intereses y de los de todos los consumidores.
- Servicios negociados (ventajas exclusivas para los socios).

refuerzan las propias de pertenecer a esta organización. Para asumir ese reto cuenta con un completo equipo (en la OCU trabajan 140 personas y tiene un centenar de colaboradores) y el apoyo de los consumidores: la OCU tiene más de 220.000 socios en España.

1. ¿Qué es la OCU? ....

2. ¿Cuál es su objetivo? ....

3. ¿Qué es EUROCONSUMERS? ....

4. ¿Por qué es posible ahorrar con la OCU? ....

5. ¿Hay un organismo similar en tu país? ....

2 Escucha los mensajes que han dejado estos consumidores en el contestador automático de la OCU y completa las fichas.

CD 1:19

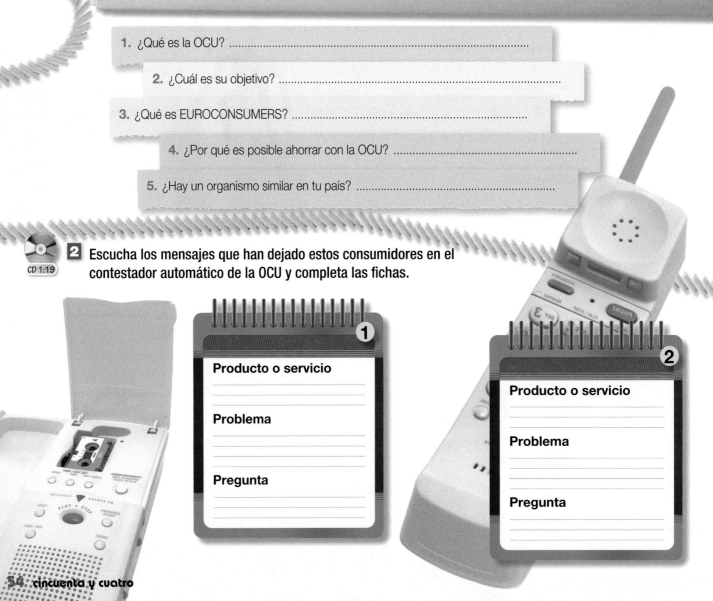

1

Producto o servicio

Problema

Pregunta

2

Producto o servicio

Problema

Pregunta

3 Estas son las respuestas que la OCU ha dado a las preguntas anteriores.
Relaciónalas con sus casos correspondientes.

Lo mejor en estos casos es llamar inmediatamente a la empresa con la que ha contratado el servicio y pedirles que les busquen otro sitio que se adecue a las condiciones acordadas. Ahora que ya ha vuelto, lo que debe hacer es, en primer lugar, ir a la agencia y contar lo sucedido. En segundo lugar, escriba una carta de reclamación explicando lo ocurrido; además, pídales que le den algún tipo de indemnización por los daños causados.

....

Un producto en oferta tiene que ofrecer las mismas calidades y servicios que ese mismo producto sin oferta. Infórmese de cuál es el periodo de garantía que tiene normalmente ese televisor. Después, vaya a Atención al Cliente de los grandes almacenes y exija que le den la garantía que le corresponde. Si no acceden, puede usted pedir que le devuelvan el dinero o poner una reclamación formal en la oficina del consumidor de su localidad.

....

Vaya al establecimiento donde compró la prenda y explíqueles lo ocurrido; lleve la prenda para que lo comprueben. Por supuesto, tiene usted que llevar también el ticket de compra. Puesto que no es culpa suya, puede usted pedir que le devuelvan el dinero del producto.

....

▌ ¿Qué pueden pedir estos consumidores en cada caso?

1. ....
2. ....
3. ....

3

Producto o servicio
_____
_____

Problema
_____
_____

Pregunta
_____
_____

Reclamaciones

Las etiquetas

4 Escribe el nombre de cada una de las partes de estos productos.

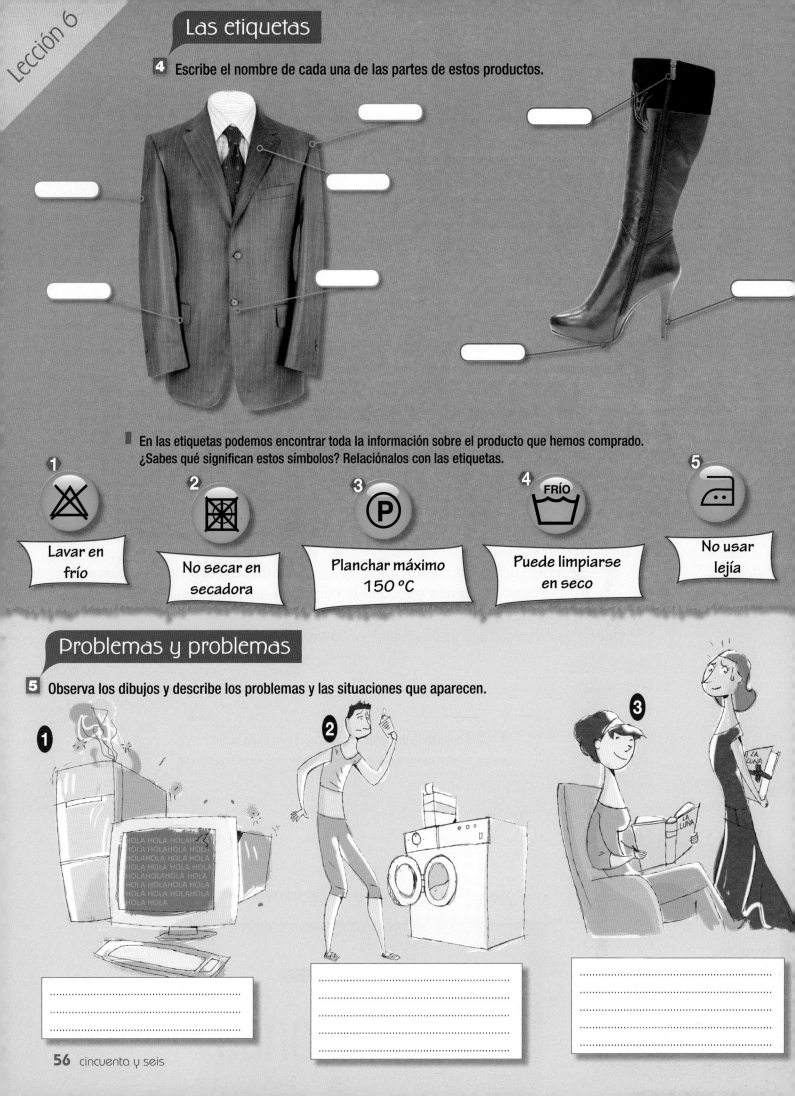

En las etiquetas podemos encontrar toda la información sobre el producto que hemos comprado. ¿Sabes qué significan estos símbolos? Relaciónalos con las etiquetas.

1 Lavar en frío

2 No secar en secadora

3 Planchar máximo 150 °C

4 FRÍO — Puede limpiarse en seco

5 No usar lejía

Problemas y problemas

5 Observa los dibujos y describe los problemas y las situaciones que aparecen.

1

2

3

6 Has comprado un apartamento antiguo y lo estás reformando y amueblando. Pero todo ha ido mal desde el principio. Lee cada una de estas situaciones y formula una petición.

1. El albañil te dijo que tardaría en arreglar el baño dos semanas y ya lleva mes y medio.

....

2. Después de dos meses esperando, te han traído los sillones, pero no son del color que pediste. Ya están pagados.

....

3. El pintor te aseguró que taparía unas manchas de la pared, pero ha pintado y las manchas han vuelto a salir.

....

4. La puerta de tu habitación no se puede abrir ni cerrar (tienes que pasar de lado).
El carpintero dice que no es culpa suya.

....

5. Hay algún problema con la línea de teléfono: cuando hablas
con alguien se oye un ruido horrible. La compañía
te dice cada vez que llamas: "No se preocupe,
mañana iremos a verlo".

....

....

7 Es un día muy importante en tu vida y te has comprado toda la ropa y el calzado en la mejor tienda de la ciudad. Pero algo ha pasado, porque fíjate en el resultado. Dentro de una hora tienes que estar en ese acto tan importante. ¿Qué les dices a los de la tienda? Construye frases utilizando los verbos *querer, pedir* y *rogar*.

1. ....

2. ....

3. ....

4. ....

Un poco de ortografía

8 Escucha las palabras y presta atención a la sílaba que se pronuncia con más intensidad.

comprador

reclamación

mercado

análisis

sólido

calidad

consumidor

cremallera

escaparate

pantalón

etiqueta

analógico

defensa

básico

devolución

ventaja

botón

fácil

Vuelve a escuchar las palabras y clasifícalas en el grupo correspondiente. Después, sepáralas en sílabas.

Agudas

Llanas

Esdrújulas

9 De las palabras anteriores, busca las que lleven tilde y clasifícalas.

Agudas: ....

Llanas: ....

Esdrújulas: ....

Recuerda

– Las palabras agudas llevan tilde cuando terminan en vocal, en -*n* o en -*s*.

– Las palabras **llanas** llevan tilde cuando **NO** terminan en vocal, en -*n* o en -*s*.

– Las palabras **esdrújulas** se acentúan siempre.

El comprador ideal

10 Escucha estas caracterizaciones de diferentes tipos de comprador y escribe a qué tipo se refiere cada uno. Añade otros rasgos que los definan.

CD 1:21

Comprador indeciso

Comprador renegado

Comprador sensato

Comprador de ofertas

Comprador ocioso

Comprador compulsivo

1. ....
2. ....
3. ....
4. ....
5. ....
6. ....

- ¿En qué grupo o grupos te incluyes? ¿Por qué?
- ¿Se te ocurren otros tipos de compradores? ¿Qué es lo que los caracteriza?
- Busca entre tus compañeros alguno que tenga el mismo perfil de comprador que tú. Habla con él y explicad a los demás cómo sois.

11 Lee el texto con atención. Después, en grupos, elaborad una lista con los consejos que debe seguir todo buen comprador. Fíjate también en los consejos y recomendaciones que aparecen en la ficha.

Derechos de los consumidores

1. Tras realizar una compra, el consumidor tiene derecho a exigir siempre el comprobante o bien la factura de la operación, así como justificante del servicio utilizado.

2. Todos los productos de naturaleza duradera tienen un plazo mínimo de garantía durante el cual las reparaciones son gratuitas.

Las rebajas y ventas especiales son buenas ocasiones para adquirir productos de calidad a menor precio. Sin embargo, se deben comprobar bien los productos antes de comprar, y el consumidor no debe olvidar que sigue teniendo los mismos derechos que cuando realiza una compra en temporada normal.

3. Los establecimientos tienen la obligación de devolver productos defectuosos o en mal estado.

4. Todas las tiendas están obligadas a exhibir el precio de las mercancías que se encuentran expuestas para su venta. Ello es aplicable tanto para los artículos que se encuentran en escaparates o expositores como para aquellos dispuestos en el interior del comercio.

5. Los comercios deben diferenciar el precio que se paga por un bien, producto o servicio con especificación separada de los impuestos.

Expresar consejo y recomendación

- Imperativo
  Planifica tus compras con tiempo y haz una lista con lo que necesitas.

- Verbo *aconsejar, recomendar + que + subjuntivo*
  Te recomiendo que lo pienses bien antes de comprar gangas.

- *Yo que tú + condicional*
  Yo que tú tendría cuidado con las tarjetas de crédito: son agujeros negros de nuestra economía.

Consejos para ser un buen comprador

1. ....
2. ....
3. ....
4. ....
5. ....
6. ....

TAREA: Hacemos una reclamación

12 Has comprado un televisor que has visto en un anuncio publicitario. A los 15 días, la pantalla se ve borrosa y el sonido va y viene. Escribe una carta de reclamación pidiendo soluciones.

Lugar y fecha ....

Datos destinatario ....

Saludos:

   • Los hechos ....
      ....
      ....

   • El problema ....
      ....
      ....

   • Lo que pedimos ....
      ....
      ....

Despedida

Firma

OFERTA

INFORMACIÓN FUNCIONAL Y GRAMATICAL

→ Expresar voluntad sobre otra persona

Cuando queremos reclamar o pedir algo a alguien de forma enérgica utilizamos la siguiente estructura:

Querer
Pedir $\Big\}$ + que + subjuntivo
Rogar

Quiero que me arreglen el grifo.
Solo les pido que solucionen el problema.
Les ruego que me envíen el sillón antes del viernes.

→ Expresar consejo y recomendación

– Imperativo: es la forma más directa y enérgica; se utiliza normalmente en situaciones informales. Es muy frecuente en el lenguaje publicitario.
No te dejes influir por la publicidad y los medios de comunicación.

– Verbo *aconsejar, recomendar* + *que* + subjuntivo: es más formal que las otras estructuras.
Le aconsejo que tenga cuidado con las rebajas.

– Yo que tú *(ellos, vosotros)* / yo en tu *(su, vuestro) lugar* + condicional: es de carácter informal.
Yo que tú pondría una reclamación en la oficina del consumidor.

→ Condicional

VERBOS REGULARES

	-AR	-ER	-IR
Yo	comprar-**ía**	vender-**ía**	pedir-**ía**
Tú	comprar-**ías**	vender-**ías**	pedir-**ías**
Él / ella / usted	comprar-**ía**	vender-**ía**	pedir-**ía**
Nosotros /-as	comprar-**íamos**	vender-**íamos**	pedir-**íamos**
Vosotros /-as	comprar-**íais**	vender-**íais**	pedir-**íais**
Ellos /-as / ustedes	comprar-**ían**	vender-**ían**	pedir-**ían**

VERBOS IRREGULARES

- *decir:* diría, dirías, diría, diríamos, diríais, dirían
- *haber:* habría, habrías, habría, habríamos, habríais, habrían
- *hacer:* haría, harías, haría, haríamos, haríais, harían
- *poder:* podría, podrías, podría, podríamos, podríais, podrían
- *poner:* pondría, pondrías, pondría, pondríamos, pondríais, pondrían
- *querer:* querría, querrías, querría, querríamos, querríais, querrían
- *saber:* sabría, sabrías, sabría, sabríamos, sabríais, sabrían
- *salir:* saldría, saldrías, saldría, saldríamos, saldríais, saldrían
- *tener:* tendría, tendrías, tendría, tendríamos, tendríais, tendrían
- *venir:* vendría, vendrías, vendría, vendríamos, vendríais, vendrían

→ Sílabas tónicas y reglas de acentuación

En casi todas las palabras en español hay una sílaba que se pronuncia con mayor fuerza e intensidad que las demás. Es la **sílaba tónica.** Según la posición de esta sílaba, las palabras en español pueden ser:

AGUDAS: son aquellas que tienen la sílaba tónica en última posición. Llevan tilde cuando terminan en vocal, en *-n* o en *-s*.
Ej.: *pantalón, café, corazón, comprará.*

LLANAS: aquellas que tienen la sílaba tónica en penúltima posición. Llevan tilde cuando **no** terminan en vocal, en *-n* o en *-s*.
Ej.: *carácter, lápiz, inútil.*

ESDRÚJULAS: aquellas que tienen la sílaba tónica en antepenúltima posición. Siempre llevan tilde.
Ej.: *hipopótamo, sábana.*

unidad 4

Viaje al pasado

Mi primer éxito

1 Lee con atención este texto y subraya los tiempos verbales de pasado.

Cuando Aarón obtuvo el primer premio "Qué pequeñitos" de cortos, se emocionó mucho y casi no pudo hablar. En un instante, toda su vida pasó por su mente: se acordó de las clases de cine de don Eloy, de sus compañeros de clase con los que escribió varios guiones de cine en el verano de 1983, de cuando grabó su primera película en súper 8 y de las largas tardes de verano junto al mar charlando de cine con sus amigos. Recordó hasta los más pequeños detalles, cuando subió las escaleras para recoger su premio. Frente al micrófono, al lado de su actriz favorita, las palabras de gratitud salieron dulcemente; primero despacio y temblorosas, luego más fuertes y seguras. "Muchas gracias a todos por confiar en mí y en mi trabajo", dijo mientras su voz era tenue. Un poco más tarde, con más seguridad, añadió: "Voy a recordar este día siempre. Una vez me dijo mi padre que todos debemos luchar por nuestros sueños. Cuando me llamaron ayer a casa para comunicarme que me habían concedido el primer premio, esos sueños —mis sueños— se hicieron realidad, gracias a todos ustedes, que me votaron en su momento como el mejor director de cortos. Muchas gracias de todo corazón".

DIRECTOR

¿Cuál fue la vocación de Aarón? .... Director

¿Con quiénes escribió guiones de cine? .... Sus compañeros

¿Cuándo escribió guiones de cine? .... el verano de 1983

¿En qué sistema grabó su primera película? .... Super 8

¿Cuándo le comunicaron a Aarón que había obtenido el primer premio?
.... Ayer le comunicaron

 Comenta con tu compañero. ¿Has vivido alguna vez una situación similar? ¿Cuándo fue? ¿Cómo fue? ¿También sentiste nervios y emoción?

2 Escribe los marcadores temporales que correspondan en las frases siguientes.

Una vez
Ayer
El martes, 2 de agosto de 1995
A los 20 años
Entonces
Hace un año
El año pasado
El otro día

1. .... le concedieron el primer premio de cortos.
2. .... le avisaron de que le habían concedido el primer premio de cortos.
3. .... salió la presentadora y dijo su nombre.
4. .... se trasladó a Madrid.
5. .... conoció a mi familia.
6. .... Aarón grabó su primera película.
7. .... lo visitaron sus padres.
8. .... se casó con Miriam Benchetrit, su actriz favorita.

3 ¿Recuerda los nombres de los miembros de la familia?

1. El padre de mi padre es mi ....

2. La madre de mi padre es mi ....

3. El hermano de mi padre es mi ....

4. El hijo del hermano de mi padre es mi ....

5. El hijo del hermano de mi padre es su ....

6. La mujer de mi padre es mi ....

 ▍ **Comenta con tu compañero cómo es tu familia y cuántos miembros tiene.**

Esta es su vida

CD 1:22

4 **Escucha lo que nos dice Jesús mientras cuenta su vida. Escribe los tiempos verbales que usa.**

Yo .... *(nacer)* en Oviedo en 1930, antes de la guerra civil española. A los dos años, mi familia .... *(trasladarse)* a Lugo. Allí .... *(vivir)* toda mi infancia y mi adolescencia. .... *(ser)* unos años muy difíciles, pero mi familia .... *(estar)* unida todo el tiempo. Cuando .... *(cumplir)* los veinte años, ... *(conocer)* a Teresa. .... *(enamorarse)* de ella al instante y después de un noviazgo de un año .... *(casarse)* con ella en la catedral. .... *(ser)* una ceremonia muy bonita. .... *(cantar)* el coro de sus alumnos, porque .... *(ser)* profesora en un colegio de primaria. Mis dos primos, que .... *(ser)* pequeños todavía, ... *(llevar)* las arras. Mis hermanas y mi madre .... *(arreglar)* la catedral con muchas flores de azahar, margaritas y rosas. .... *(tener)* un recuerdo entrañable de tu abuela Teresa entrando en la iglesia vestida de blanco, y tú, pequeña mía, ... *(parecerse)* bastante a ella.

 ▍ **Ahora, con ayuda de tu compañero, escribe en presente esta historia.**

Yo...

5 Escribe la primera persona del pretérito indefinido de estos verbos.

INFINITIVO	YO
saludar	....
conocer	....
reír	....
arreglar	....
nacer	....
cumplir	....

INFINITIVO	YO
casarse	....
abandonar	....
oír	....
llevar	....
salir	....
temer	....

6 Con ayuda de tu compañero, completa las formas del pretérito indefinido.

yo	*hablé*	....	....
tú	....	*comiste*	....
él / ella / usted	....	....	....
nosotros /-as	....	....	*salimos*
vosotros /-as	....	....	....
ellos /-as / ustedes	....	....	....

7 Relaciona las formas del pretérito indefinido con sus correspondientes infinitivos.

Hay pretéritos indefinidos regulares e irregulares.

leer	tradujiste
traducir	anduvo
poner	fui
hacer	dimos
andar	hizo
dar	pusieron
ir	leyeron

tener	murió
querer	trajimos
disminuir	quisisteis
morir	dije
traer	tuvimos
decir	fuiste
ser	disminuyó

8 Mira estas escenas de la vida de Santiago y ordénalas cronológicamente. Explica a tu compañero qué cosas ha hecho Santiago en su vida.

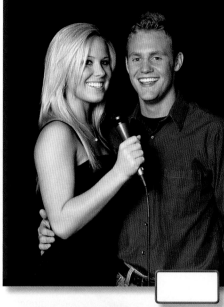

1985
1995
2000
2005
2010

 Redacta con tu compañero la biografía de Santiago.

Momentos del pasado

 9 Pregunta a tu compañero *cuándo fue la última vez que...*

- hizo un examen
- viajó en avión
- vio una película en el cine
- bailó toda la noche
- anduvo sobre la arena de la playa

- tuvo vacaciones
- tradujo una canción española a su lengua materna
- puso la lavadora
- leyó una novela interesante

Con la información que te ha dado, redacta una breve biografía de tu compañero.

10 En parejas, cuenta qué cosas hiciste el año pasado y compara con las que hizo tu compañero.
Ahora di qué cosas no hiciste y te hubiera gustado hacer. Compáralas con lo que dice tu compañero.

Ej.: *El año pasado estudié primero de carrera.*

11 Escribe frases con los siguientes marcadores temporales.

> el año pasado, ayer, anoche, el otro día,
> el verano pasado, hace una semana,
> antes de ayer, antes de anoche, hace meses

 ☺☺ ▌ Compara tus frases con las de tu compañero.
¿Cuál de vuestras vidas ha sido más emocionante?

12 CD 1:23 Escucha la entrevista que le han hecho a la actriz Natalia Martínez del Valle y responde a estas preguntas.

1. ¿Dónde filmó su última película? ....
....

2. ¿Qué país visitó el mes pasado? ....
....

3. ¿Qué papel interpretó con más cariño en España? ....
....

4. ¿Cuándo conoció a su novio actual? ....
....

5. ¿Dónde se compró un chalé? ....
....

6. ¿Cómo encontró a su hijo de dos años a la vuelta de su viaje por Argentina? ....
....
....

7. ¿Quién le dio su primera oportunidad en el cine?
....
....

8. ¿En qué momento decidió hacerse actriz?
....
....

9. ¿Cuál de las dos ofertas del último año tuvo que rechazar por problemas de salud?
....
....

10. ¿Cómo viajó a Venezuela hace una semana?
....
....

13 CD 1:24 Escucha y completa las frases.

1. Me .... que no .... por la tarde.

2. .... conmigo sólo de los estudios que .... el año pasado.

3. .... que no .... al concurso literario porque no .... terminar el cuento.

4. No .... otra alternativa: él no .... su palabra.

5. .... en el periódico que, por fin, ... el Quijote al suahili.

6. .... todas mis esperanzas en que Pedrito .... sin muletas. No .... posible.

7. .... por toda Colombia sin ningún problema.

14 Escribe los infinitivos de los verbos que has escuchado en pasado.

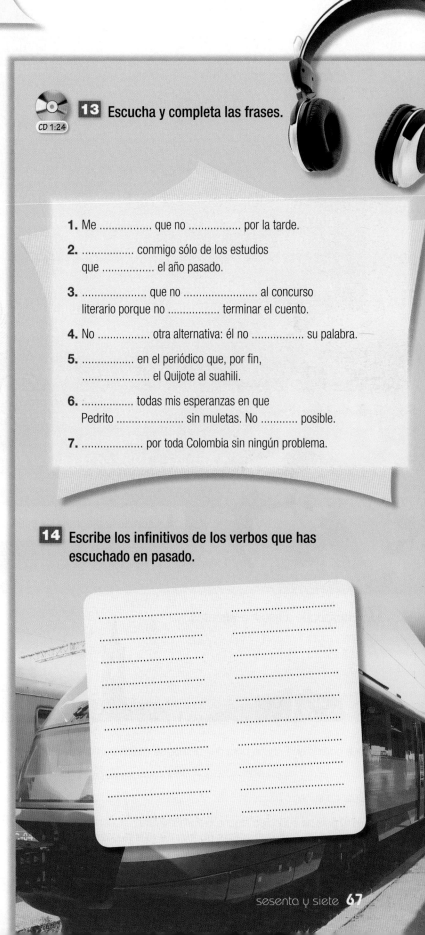

....
....
....
....
....
....
....
....

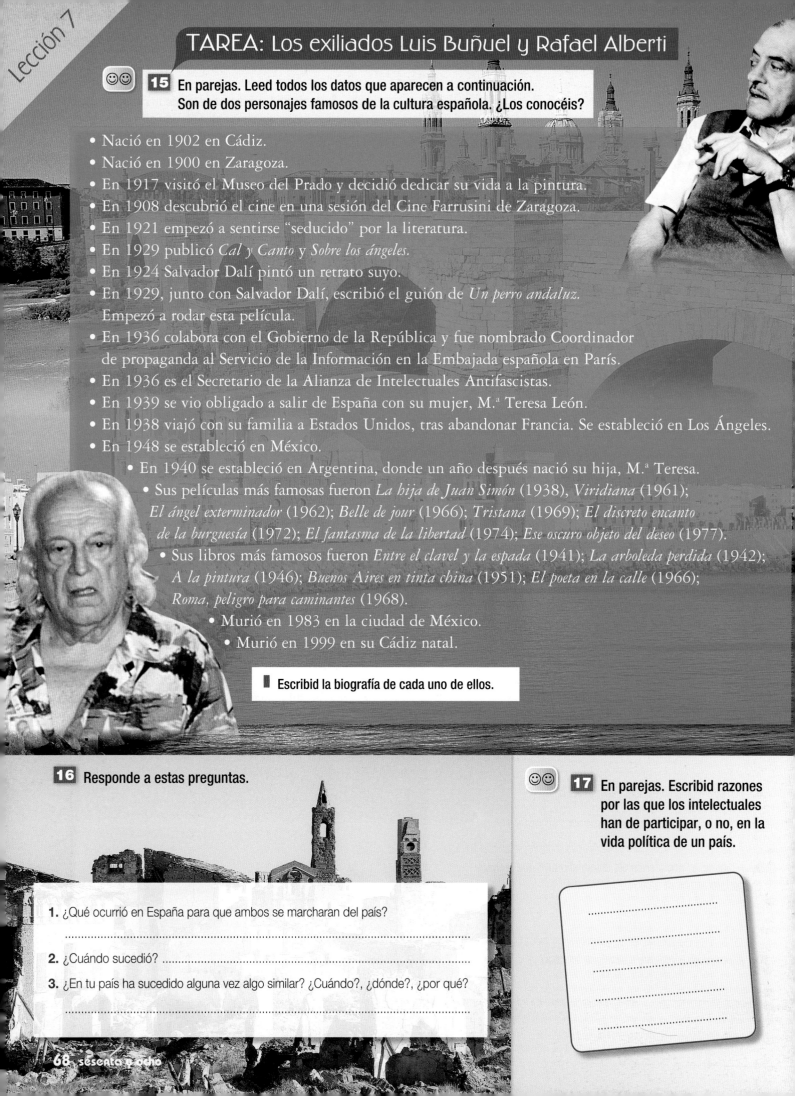

TAREA: Los exiliados Luis Buñuel y Rafael Alberti

☺☺ **15** En parejas. Leed todos los datos que aparecen a continuación.
Son de dos personajes famosos de la cultura española. ¿Los conocéis?

- Nació en 1902 en Cádiz.
- Nació en 1900 en Zaragoza.
- En 1917 visitó el Museo del Prado y decidió dedicar su vida a la pintura.
- En 1908 descubrió el cine en una sesión del Cine Farrusini de Zaragoza.
- En 1921 empezó a sentirse "seducido" por la literatura.
- En 1929 publicó *Cal y Canto* y *Sobre los ángeles*.
- En 1924 Salvador Dalí pintó un retrato suyo.
- En 1929, junto con Salvador Dalí, escribió el guión de *Un perro andaluz*.
  Empezó a rodar esta película.
- En 1936 colabora con el Gobierno de la República y fue nombrado Coordinador
  de propaganda al Servicio de la Información en la Embajada española en París.
- En 1936 es el Secretario de la Alianza de Intelectuales Antifascistas.
- En 1939 se vio obligado a salir de España con su mujer, M.ª Teresa León.
- En 1938 viajó con su familia a Estados Unidos, tras abandonar Francia. Se estableció en Los Ángeles.
- En 1948 se estableció en México.
  - En 1940 se estableció en Argentina, donde un año después nació su hija, M.ª Teresa.
  - Sus películas más famosas fueron *La hija de Juan Simón* (1938), *Viridiana* (1961);
    El ángel exterminador (1962); *Belle de jour* (1966); *Tristana* (1969); *El discreto encanto
    de la burguesía* (1972); *El fantasma de la libertad* (1974); *Ese oscuro objeto del deseo* (1977).
  - Sus libros más famosos fueron *Entre el clavel y la espada* (1941); *La arboleda perdida* (1942);
    A la pintura (1946); *Buenos Aires en tinta china* (1951); *El poeta en la calle* (1966);
    Roma, peligro para caminantes (1968).
  - Murió en 1983 en la ciudad de México.
  - Murió en 1999 en su Cádiz natal.

▌ Escribid la biografía de cada uno de ellos.

16 Responde a estas preguntas.

1. ¿Qué ocurrió en España para que ambos se marcharan del país?
....
2. ¿Cuándo sucedió? ....
3. ¿En tu país ha sucedido alguna vez algo similar? ¿Cuándo?, ¿dónde?, ¿por qué?
....

☺☺ **17** En parejas. Escribid razones
por las que los intelectuales
han de participar, o no, en la
vida política de un país.

INFORMACIÓN FUNCIONAL Y GRAMATICAL

→ **Pretérito Indefinido (regular)**

	HABL-AR	TEM-ER	SAL-IR
Yo	habl-**é**	tem-**í**	sal-**í**
Tú	habl-**aste**	tem-**iste**	sal-**iste**
Él / ella / usted	habl-**ó**	tem-**ió**	sal-**ió**
Nosotros /-as	habl-**amos**	tem-**imos**	sal-**imos**
Vosotros /-as	habl-**asteis**	tem-**isteis**	sal-**isteis**
Ellos /-as / ustedes	habl-**aron**	tem-**ieron**	sal-**ieron**

→ **Pretérito Indefinido (irregular)**

	IR / SER
Yo	fui
Tú	fuiste
Él / ella / usted	fue
Nosotros /-as	fuimos
Vosotros /-as	fuisteis
Ellos /-as / ustedes	fueron

Se cambia una consonante	*conducir > condujo*
Se cambia una vocal y una consonante	*decir > dije*
Se añade una consonante	*leer > leyó; releer > releyó*
Cambia todo	*ir >* **fue;** *ser >* **fue**
Se añade una vocal y una consonante	*estar > estuve; andar > anduvo*
e > i	*sentir > sintieron; elegir > eligió*
o, u > ue en presente: lo hacen con *u*	*poder > puedo > pudimos*
	dormir > duermo > dormí, durmió, durmieron
a > u	*haber > hube*
	caber > cupe
	saber > supe

→ **Marcadores temporales del pretérito indefinido**

anoche	*en Navidades*
aquel año	*entonces*
ayer	*hace una semana*
el otro día	*la semana pasada*
en 1985	

Cuando salí de Cuba, dejé mi vida, dejé mi amor...

Grandes cambios

1 Fíjate en estas dos fotos. Pertenecen a una misma ciudad española. ¿Qué diferencias encuentras?

2 Lee este texto con atención y subraya todas las formas verbales. Después, contesta a la pregunta.

A PRINCIPIOS DEL SIGLO XX, Europa sufrió bastantes cambios. Por un lado, la sociedad comenzó a desarrollar todas las tecnologías y eso supuso un cambio notable en la vida cotidiana. Por otro lado, la sociedad cambió en su estructura, porque tuvo que adaptarse a los diferentes movimientos migratorios y a las nuevas ideas, que avanzaron con mucha rapidez. Luego vinieron dos grandes guerras (denominadas "mundiales" porque confrontaron a muchos países de distintos continentes), que supusieron un gran impacto en todos los sentidos y en todos los países. Desde mediados del siglo XX, Europa se convirtió en un continente que recibió a numerosos grupos sociales de otros continentes, y también muchos europeos (por las guerras mundiales) emigraron a América (del Norte y del Sur). Todo esto (junto a otras causas diversas) ocasionó que los países europeos empezaran a mostrar mezcla de culturas o, simplemente, que dos o varias culturas convivieran en paz y armonía en un mismo país. Surgieron entonces los conceptos de *multiculturalidad* y de *interculturalidad,* que fueron admitidos por la práctica totalidad de la sociedad. En suma, el siglo XX fue una de las épocas más ricas en avances tecnológicos, en desarrollo de ideas y concepciones filosóficas, así como en transformaciones sociales y artísticas, ya que fueron 100 años intensamente vitales.

1. Escribe los infinitivos de las formas verbales que aparecen en el texto.

2. ¿Qué son movimientos migratorios?

3. ¿Qué acontecimientos importantes vivió tu país en el siglo XX?

4. ¿Cuándo ocurrieron las dos guerras mundiales?

5. ¿Cómo se produjeron los cambios en el siglo XX?

6. ¿Qué avances tecnológicos fueron más espectaculares en el siglo XX?

7. ¿Qué movimientos artísticos se desarrollaron en el siglo XX?

8. ¿Cómo cambió Europa por las dos guerras mundiales vividas?

3 Mira estas fotos. ¿Sabes en qué año o en qué década se produjeron estos acontecimientos históricos? Ordena las fotos cronológicamente.

Orden cronológico: ....

Biografías

CD 1:25

4 Escucha lo que cuenta Fátima a Marina y responde a las preguntas.

1. ¿Cuándo se casó Fátima? ....

2. ¿En qué año abandonó su ciudad para viajar a España? ....

3. ¿Por qué viajó contenta? ....

4. ¿Qué estudios hizo en su país? ....

5. ¿Dónde nació su hija? ....

6. ¿Cómo conoció Fatima a su yerno? ....

7. ¿Para qué bordaba todas las noches? ....

8. ¿En qué año murió el abuelo de Marina? ....

 ▌ En parejas, escribid una breve narración contando la historia de Fátima y Marina.

5 Une los verbos con los sustantivos que correspondan.

nacer	abandono
casarse	nacimiento
morir	divorcio
emigrar	viaje
separarse	estudios
divorciarse	boda / matrimonio
trasladarse	entierro
estudiar	emigración
abandonar	separación
viajar	traslado

¿Qué hiciste ayer?

6 Estas son algunas de las cosas que hizo Marina ayer. Fíjate en los dibujos y cuenta cómo transcurrió el día.

7.00 h

9.00 h

14.00 h

17.00 h

20.00 h

21.00 h

Marina se levantó a las siete de la mañana ....
....
....

7 En parejas. ¿Qué hicisteis ayer?

1. A las ocho de la mañana ....
....

2. A las dos y media de la tarde ....
....

3. A las diez menos cuarto de la noche ....
....

4. Cuando empezó a anochecer ....
....

5. Cuando sonó el despertador ....
....

6. Cuando te llamó por teléfono tu mejor amigo
....

7. Cuando tu profesor te dijo que habías aprobado el curso ....
....

8. Al desayunar...
....

9. Al encontrarte con el cuñado de tu hermana ....
....
....

10. Al tomar el autobús de vuelta ....
....

Narraciones

8 Escribe las formas de pasado de los siguientes verbos en primera persona singular.

RETENER ....
PRODUCIR ....
REHACER ....
PREDECIR ....
DETENER ....
CREER ....
RECONDUCIR ....
REPRODUCIR ....
MANTENER ....
DESHACER ....

des hacer re

 9 Eres un investigador muy famoso. Escucha este texto y formula las preguntas adecuadas para saber quién cometió el robo.

CD 1:26

10 Lee este texto y subraya los elementos que lo ordenan.

LA UNIÓN EUROPEA

La Unión Europea surgió del interés de todos los ciudadanos por construir un futuro común en paz y armonía y así figuró en el artículo primero de los principios básicos. Por un lado, existió la necesidad de acabar con los conflictos bélicos que destruyeron media Europa; y por otro lado, surgió la necesidad de la unión de todos los países para un desarrollo común (idea que ya había esbozado en su momento el filósofo Kant). Primero se llegó a un acuerdo económico, en 1959, entre Francia y Alemania para explotar la producción del carbón y del acero; de esa forma, se olvidaron los horrores vividos pocos años antes en la Segunda Guerra Mundial. Luego, se unieron otros países, como Italia, Bélgica, Países Bajos y Luxemburgo. Fueron "el grupo de los seis", que constituyeron la Comunidad Económica Europea (CEE). Varios años después, en 1973, y tras varias negociaciones, Gran Bretaña, Dinamarca e Irlanda ingresaron en la CEE. Se formó, entonces, la "Europa de los nueve". Más tarde, se sumaron otros países y se desarrollaron nuevos planteamientos hasta llegar a la actual Unión Europea. España se mantuvo al margen de todos estos procesos mientras vivió Franco. Finalmente, el 12 de junio de 1985, se firmó la adhesión de España a la Unión Europea. En suma, la unificación de Europa fue lenta y pausada, y hoy es una realidad; sin embargo, no puede afirmarse lo mismo de la "identidad europea", concepto que todavía no existe en Europa.

11 Lee estas frases y ordénalas. Después, escribe una narración con todos los datos.

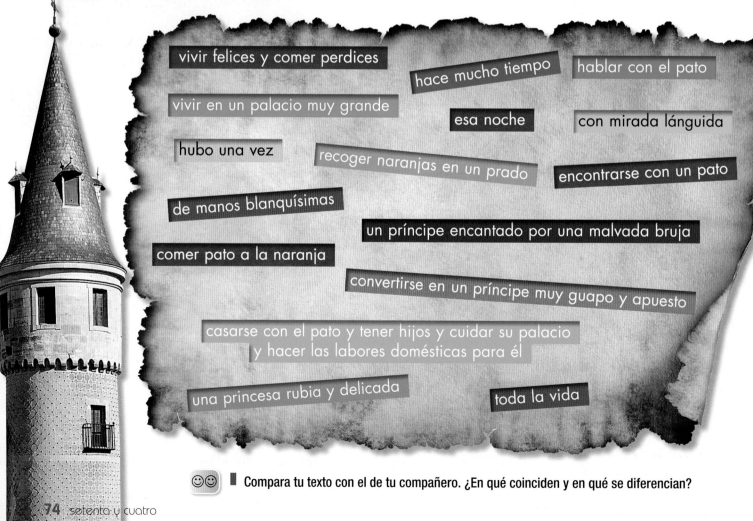

vivir felices y comer perdices

hace mucho tiempo

hablar con el pato

vivir en un palacio muy grande

esa noche

con mirada lánguida

hubo una vez

recoger naranjas en un prado

encontrarse con un pato

de manos blanquísimas

un príncipe encantado por una malvada bruja

comer pato a la naranja

convertirse en un príncipe muy guapo y apuesto

casarse con el pato y tener hijos y cuidar su palacio y hacer las labores domésticas para él

una princesa rubia y delicada

toda la vida

☺☺ ▌Compara tu texto con el de tu compañero. ¿En qué coinciden y en qué se diferencian?

12 Escucha lo que nos cuenta Rosalía de su amiga japonesa Motoko y completa este texto con los verbos que escuches. Vamos a darte una pista: todos los verbos están en esta pizarra.

quería, poder, ser, sabía, regresó, te presento, está, ser, decidió, enseñar, volvió, aprendió, es, estudió, consiste, te acuerdas, puedes, necesita, significa, explicarle, hablé, conocerte, vino, expliques, vivió, eligió, se matriculó, se interesó, es, cumplió, regalaron, hizo, estuvo, gustaban

¡Hola, Teresa! .... a Motoko. ¿ .... ? .... la chica japonesa de la que te .... el jueves pasado. Quiere .... para que le .... lo del *Marco común de referencia de enseñanza de lenguas*. Ella también ...... profesora de español en su país. Te cuento: Cuando .... 18 años, sus padres le .... un viaje a Europa, y ella .... España. ¿Por qué? Pues porque le .... el flamenco, la música española y los paisajes de España. Así que .... su maleta y .... para acá. .... viviendo en Alcalá de Henares un año. En aquella época no .... nada de español, por lo que .... en un curso en la Universidad de Alcalá, y .... enseguida. .... con el método *Sueña* y .... por cómo .... una lengua extranjera. Por eso, cuando .... a su país, ... que .... profesora de español. Después de cinco años, ... a Madrid y .... en esta ciudad durante dos años. Ahora .... terminar su máster en enseñanza de español como lengua extranjera, para .... profesora titulada, pero .... muy confusa por todo lo que .... el *Marco de referencia europeo*. ¿............... .... en pocas palabras en qué .... ?

13 Escucha la respuesta de Teresa. ¿Conoces algo del *Marco común europeo de referencia para las lenguas* y de la identidad europea?

Interculturalidad

14 Escucha este diálogo y completa con las formas verbales que oigas.

Profesor: La multiculturalidad y la interculturalidad .... dos conceptos que .... muy de moda en la actualidad. .... de la necesidad de integración de todos los movimientos migratorios que .... en Europa y Estados Unidos en el siglo XX. En un primer momento .... que todos .... vivir en paz, pero las desigualdades sociales y laborales, junto a las diferencias culturales y religiosas, ... roces y enfrentamientos. La idea .... entonces para que todos .... pacíficamente.

Alumno: Entonces, ¿esos conceptos .... nuevos?

Profesor: No. Siempre .... convivencia de distintas razas, religiones y culturas, porque los hombres desde la Antigüedad .... mucho.

Alumno: Entonces, ¿multiculturalidad e interculturalidad .... lo mismo?

Profesor: No, aunque .... relacionados. La multiculturalidad .... en la convivencia de dos o más culturas distintas en un mismo país, con respeto y tolerancia, mientras que la interculturalidad .... la integración de las diversas culturas en una única, que ya no .... de nadie, pero .... válida para todos.

TAREA: Identidad e integración

15 Estamos en televisión y tenemos que dar nuestra opinión sobre la Unión Europea, la emigración y la multiculturalidad e interculturalidad. Fíjate en lo que dicen estos jóvenes.

1. Creo que la Unión Europea es un proyecto de futuro en el que todos debemos involucrarnos y participar. Es muy importante para nosotros, los jóvenes, porque podemos aprender las distintas lenguas europeas (dentro del proyecto Erasmus o Sócrates) y conocer mejor las otras culturas. Mi nombre es Borja del Valle.

2. La Unión Europea tiene sentido si no se pierden las identidades de cada país. La multiculturalidad es enriquecedora, pero la variedad de culturas también. Lo importante es convivir en paz y tolerancia, sin guerras ni "malos rollos". Georg Müller

3. Llegué a Europa para aprender español, porque esta lengua me permite viajar por todo el continente americano, hablando con toda su gente en una sola lengua. Megumi Yatsukura.

4. Mi familia emigró de la India a Holanda hace treinta años. Yo nací en Amsterdam y me siento holandesa. Aunque mi familia mantuvo su lengua, su religión y sus costumbres, me siento plenamente integrada en la cultura holandesa. Y me gusta ser de dos sitios a la vez. Mi nombre es Priya Daswani.

 ▌ En parejas. Reconstruid cómo fue la infancia de estos jóvenes para que piensen de esta forma. Indicad argumentos a favor y en contra de la emancipación, la interculturalidad, la integración social...

INFORMACIÓN FUNCIONAL Y GRAMATICAL

→ **Otros marcadores temporales del pretérito indefinido**

> Cuando vi a Virginia, me enamoré al instante

– *A los X años*

A los 23 años me compré mi primera moto.

– *Al + infinitivo*

Al acabar los estudios, me puse a dar clases.

– *Cuando + indefinido*

Cuando conocí a Virginia, me enamoré de ella al instante.

→ **La narración**

Es un tipo de escrito que permite contar lo que sucedió en el pasado. Sirve para contar hechos reales o ficticios, pero que se presentan como una historia pasada. Por eso, el pretérito indefinido es el tiempo verbal más usado en la narración.

– Todo texto narrativo ha de tener unos **elementos que lo organizan,** que son:

En primer lugar, …; en segundo lugar, …

Primeramente, … Luego, …

Primero, …; más tarde, …; después, …

Por un lado, …; por otro lado, …

No obstante, …

Sin embargo, …

Por último, …

Entonces, …

Finalmente, …

Al final, …

En suma, …

– Los cuentos infantiles tienen siempre una misma estructura. Comienzan con:

Había una vez …

Hace mucho tiempo …

– Y terminan con:

… y vivieron felices y comieron perdices.

unidad 5

LECCIÓN 9
¡Qué experiencia!

- Hablar de experiencias pasadas más o menos recientes.
- Preguntar por la realización de acciones en el pasado.
- Escribir un diario.

LECCIÓN 10
¡No me digas!

- Hablar del pasado más o menos reciente.
- Expresar y comentar rumores.
- Expresar sorpresa e incredulidad.

Lección 9

¡Qué experiencia!

Anécdotas y experiencias

1 ¿Qué experiencias ha vivido Adolfo últimamente? Utiliza el pretérito perfecto.

1

....
....

2

....
....

3

....
....

4

....
....

5

....
....

6

....
....

7

....
....

8

....
....

9

....
....

☺☺ **2** En parejas, ordenad estos acontecimientos y construid una breve historia (usad ahora el pretérito indefinido).

¡A jugar!

3 Repasemos los indefinidos y participios irregulares con el "Juego de la Pulga".

Salida

Tener
(yo)
1

Ver
(participio)
2

De perro a perro... Tira de nuevo
3

Querer
(tú)
4

Morir
(participio)
12

leer
(él)
11

Te has caído del perro y tienes que esperar al siguiente.
2 turnos sin jugar
10

Hacer
(participio)
9

Conducir
(yo)
13

Traer
(ellos)
15

16

Decir
(participio)
17

¡Insecticida! Vuelve a empezar
18

Pod
(tu
19

Venir
(nosotros)
14

En esta oreja ya hay muchas pulgas. 1 turno sin jugar
27

Oír
(ellos)
26

Poner
(participio)
25

Soltar
(participio)
24

Pe
(e
23

Ser
(vosotros)
28

29

Volver
(participio)
30

Hacer
(yo)
31

Traducir
(tú)
32

Dar
(vosotros)
33

Sentir
(ellos)
36

35

Estar
(él)
34

Romper
(participio)
37

Al rascarse, tu perro te ha lanzado a la casilla 20
38

Construir
(ellos)
39

40

Dormir
(ellos)
5

6

ndar
osotros)
8

Ir
(vosotros)
7

Suponer
(nosotros)
20

21

Saber
(ellos)
22

☺☺ **4** Juega con tu compañero a las Tres en Raya. Tenéis que hacer frases correctas en pasado utilizando los marcadores del juego.

el otro día	anoche	hace cinco minutos
este mes	a comienzos de este año	hoy a las 10
la tarde del sábado	este trimestre	en mayo

CD 1:30 **5** Bingo. Escucha estas conversaciones y anota los siguientes datos de cada una. ¿Quién ha conseguido más datos?

	1	2	3	4
Acontecimiento				
Fecha				
Lugar				
Valoración				
Tiempo verbal empleado				

El diario de Adolfo

6 Volvamos a la historia de Adolfo. Completa su diario con la forma correcta de pasado.

ESTA MAÑANA (despertarse) .... en el calabozo de una comisaría con un terrible dolor de cabeza, y como voy a estar algunas horas más (decidir) .... utilizar esta servilleta del restaurante de anoche como diario, para escribir lo que recuerdo. Ahora estoy tranquilo porque sé que Sonia está bien: (venir) .... a verme hace un rato y me (decir) .... que el cónsul va a arreglarlo todo. Pero sigo sin saber por qué estoy aquí; sólo recuerdo que ayer (ir) .... a cenar con ella a un restaurante muy elegante, donde nos (poner) .... de aperitivo hormigas y saltamontes fritos: ¡Qué asco! Yo me (comer) .... unas hormigas sin saber qué eran, pero al enterarme se me (poner) .... mal cuerpo; Sonia, por el contrario, se las (comer) .... con ganas.

Después (ir) .... a un bar de copas y en el camino nos encontramos un bolso. Lo abrimos para ver si había algún documento sobre la identidad del propietario y en su interior solo encontramos un fajo de billetes y un pequeño paquete; ¡qué suerte, y más después de lo ocurrido unos días antes! Como no había nadie por allí, nos quedamos con el dinero y tiramos el paquete a una papelera. Nada más entrar en la discoteca, (llegar) .... muchos policías dando voces y… ya no recuerdo nada más. ¡Qué vacaciones más increíbles! Todo (empezar) .... hace unos tres meses, cuando (escribir) .... a "Saber y viajar", un concurso de televisión en el que te hacen preguntas sobre cultura general y el premio es un viaje. Me (llamar) .... a comienzos de mayo para que me presentara el día 20 en los estudios de televisión.

(Tener) .... suerte y (ganar) .... ¡Cuántas veces durante esta semana (desear) .... no haber ido a ese concurso! Bueno, también me (ocurrir) .... lo mejor de mi vida hasta la fecha… Una semana más tarde (tomar) .... el avión a la exótica Surkanda. El viaje (durar) .... 18 horas, aunque a mitad del viaje el avión (tener) .... una avería en un motor, (empezar) .... a moverse como una coctelera y (realizar) .... un aterrizaje de emergencia en una pequeña isla del océano. Pasamos mucho miedo. Dos horas después (salir) .... en el mismo avión rumbo a nuestro destino final, adonde (llegar) .... la mañana del 29, hace exactamente cinco días.

¡Cuántas cosas me (pasar) .... en estos cinco días! (Vivir) .... más aventuras que en toda mi vida. Aquella misma tarde, al salir del hotel, una compatriota (estar) .... a punto de ser atropellada por un coche. Yo (ver) .... el peligro y (correr) .... hacia ella; (conseguir) .... empujarla, pero el coche no (poder) .... frenar a tiempo y me (golpear) .... en

una pierna. Así (conocer) .... a Sonia. (Ser) .... amor a primera vista, y solo por eso valen la pena todas las desventuras que me (pasar) .... estos días. No (conocer) .... a ninguna persona tan encantadora e interesante como ella. Tras el accidente con el coche (ir) .... a tomar un té y a pasear por la ciudad; por desgracia, (perderse) .... y, sin saber cómo,

(llegar) .... a una zona solitaria de la ciudad, donde unos jovencitos nos (robar) .... y me (quitar) .... el pasaporte.

Afortunadamente, Sonia tenía el suyo en el hotel. (Poner) .... la denuncia en la comisaría y (solicitar) .... un nuevo pasaporte; unos amables policías nos (acompañar) .... al hotel. Hoy le (decir) .... a la policía que me llamo Adolfo Robledo y que el otro día me (robar) .... el pasaporte, pero me (contestar) .... que tienen que comprobar mi identidad. Estoy seguro de que me (confundir) .... con otra persona, un traficante de drogas o algo así… Sí, ya recuerdo, eso es lo que (ocurrir) .... anoche, una redada…, pero no sé por qué me duele tanto la cabeza…

7 Contesta a estas preguntas sobre el texto.

– ¿Qué tipo de concurso es "Saber y viajar"? ....

– ¿En qué fecha participó Adolfo en el concurso? ....

– ¿Qué problema hubo durante el vuelo? ....

– ¿Desde cuándo está Adolfo en Surkanda? ....

– ¿Cómo conoció a Sonia? ....

– ¿Qué les ocurrió durante el paseo por la ciudad? ....

– ¿Qué día ocurrió? ....

– ¿Cuándo encontraron el dinero? ....

– ¿Por qué está Adolfo en el calabozo? ....

– ¿Con quién lo confunde la policía? ....

– ¿Por qué le duele la cabeza? ....

– ¿Qué es lo mejor que le ha pasado en la vida a Adolfo? ....

☺☺ **8** ¿Quiénes de vosotros habéis tenido estas experiencias alguna vez?
Pregunta a tu compañero.

Ej.: A: *¿Has ido alguna vez a una isla desierta?*   A: *¿Cuándo fuiste?*

B: *Sí, (he ido) una vez.*   B: *(Fui) hace un par de años, cuando me casé.*

B: *No, nunca (he ido a una isla desierta).*

EXPERIENCIA	¿ALGUNA VEZ?	¿CUÁNDO?
viajar a un lugar exótico		
viajar en avión		
hacer un aterrizaje forzoso		
enamorarse a primera vista		
participar en un concurso de televisión		
ganar un concurso o un sorteo		
robarte alguien el dinero o el pasaporte		
detenerte la policía		
salvar la vida a alguien		
recibir un golpe en la cabeza		
comer insectos		
encontrarte dinero		
perderte en una ciudad		
hacer deportes de riesgo		
enfrentarte a alguien o algo peligroso		
tener una aventura secreta		
vivir en otro país		

9 Haced una puesta en común y elegid al compañero o compañera…

– más afortunado/a: ....

– más desafortunado/a: ....

– más viajero/a: ....

– más atrevido/a: ....

– más valiente: ....

– más enamoradizo/a: ....

¡Ha sido increíble!

10 Ahora vas a escuchar tres conversaciones. Anota las experiencias que se mencionan.

CD 1:31

> 1.ª Conversación

> 2.ª Conversación

> 3.ª Conversación

■ ¿Te han pasado alguna vez estas cosas?
¿Y otras parecidas? Añádelas a la lista.

11 Fíjate en estas frases exclamativas empleadas para expresar algún tipo de sentimiento o valoración. Escucha y repite.

CD 1:32

¡Qué miedo he pasado!

¡Qué vergüenza!

¡Eso sí que da miedo!

¡Qué suerte tuviste!

¡Qué gracia!

¡Qué asco!

¡Vaya situación!

¡No es posible!

¡Fue horrible!

¡Ha sido increíble!

TAREA: Diario de clase

12 Seguro que en el tiempo que lleváis estudiando juntos os ha ocurrido más de una anécdota. En parejas, completad el cuadro con tres de ellas y haced una puesta en común.

	1	2	3
Acontecimiento			
Protagonistas			
Fecha			
Lugar			
Valoración			
Otros			

13 Ahora tenéis que escribir un texto a modo de diario con todos esos acontecimientos que habéis vivido juntos.

INFORMACIÓN FUNCIONAL Y GRAMATICAL

→ Marcadores de pretérito perfecto

hoy
esta mañana / tarde / noche
esta semana / quincena…
este mes / año…
hace 5, 10… unos minutos
hace poco
¿alguna vez?
una* vez / dos, tres… varias veces

*numeral

Hoy me **han regalado** este libro.

→ Marcadores de indefinido

ayer / anteayer / anoche
la semana, quincena… pasada
el mes, año… pasado
en 1998
en mayo
el 5 de abril
una* vez, un día
el otro día
hace X horas / días / semanas…
hace mucho
a comienzos de esta semana / este mes…

*indefinido

En niveles superiores verás que algunos marcadores, como *alguna vez* y *hace* + cantidad de tiempo, no siempre se emplean con estos tiempos verbales de pasado.

→ ¿Alguna vez? / ¿Cuándo?

• Para preguntar por la **posible realización** de una acción en el pasado:

  – ¿Pretérito perfecto + *alguna vez*?

    –¿Has estado alguna vez en Lima?
    –Sí, (he estado) una, dos, varias, muchas… veces.
    –No, (no he estado) nunca / No, nunca (he estado).

  – Obsérvese la doble negación si el verbo va delante de *nunca*.

• Para preguntar por el **momento concreto** en el que se realizó dicha acción:

  – ¿*Cuándo* + indefinido?

    –¿Cuándo estuviste? ¿Cuándo estuviste la primera / última vez?
    –En 2001.

¡No me digas!

Famosos

1 ¿Sabes quiénes son todas estas personas? ¿Qué tienen en común?

2. ....

3. ....

1. ....

6. ....

7. ....

2 Todas estas palabras se refieren al mundo de la prensa rosa. Clasifícalas.

aventura
reportaje
divorcio
amante
película
demanda
estreno
periodista
sentencia
cena de gala

abuso
sex symbol
elegancia
cambio de imagen
operación estética
escándalo
fotos
crisis matrimonial
entrega de premios

disco
inauguración
montaje
acoso
paparazzi
boda
pelea
exclusiva
infidelidad

1. Actos públicos: ....

2. Aspecto físico: ....

3. Revistas: ....

4. Delitos y justicia: ....

5. Relaciones personales: ....

4. ....

5. ....

8. ....

10. ....

9. ....

3 En parejas. Cada uno piensa en un personaje del ejercicio 1 y hace preguntas al otro para adivinar de quién se trata. ¡Ojo!, todas las preguntas han de referirse al pasado y la respuesta solo puede ser *sí* o *no*.

Ej.: –*¿Ha hecho alguna película?*

–*Sí.*

HOLLYWOOD

PRODUCCIÓN _____

DIRECTOR _____

CAMERA _____

Reportaje sensacionalista

4 Jorge Patiñas, de la revista *Sensacional,* está investigando al famoso actor Valentín Lasarte. Ha hecho estas "fotos" a lo largo del día y por la noche recompone sus notas. Ayúdalo.

11:45 — Valentín Lasarte ha salido de su casa a las 11:45.

12:10 ....

13:00 ....

15:55 ....

20:15 ....

20:35 ....

22:50 ....

13:30 ....
....

15:30 ....
....

5 Para completar la información, Patiñas va al día siguiente a varios de los establecimientos donde estuvo Lasarte. Escucha las conversaciones y contesta a las preguntas.

a

¿Valentín Lasarte ha visitado más de una vez esta joyería? ....

¿Qué compró ayer? ....

¿Para quién? ....

b

¿Qué tiene que hacer Patiñas para que el camarero le responda? ....

¿Qué le regaló Lasarte a la chica? ....

¿Dónde le besó ella? ....

c

¿Quiere el camarero contestar a las preguntas de Patiñas? ....

¿Con quién fue Lasarte al restaurante? ....

¿Cómo se mostraron durante la cena? ....

☺☺ **6** Patiñas ha escrito notas con los datos más importantes de la vida de Valentín Lasarte en las últimas dos semanas. En parejas, escribid frases en pasado colocándolas en la columna correspondiente.

lunes 4
comida con su agente

martes 12
cita con agente

jueves 14
joyería

viernes 8
joyería

jueves 7
bufete de abogados

miércoles 6
va a casa de su hija

lunes 11
banco

jueves 14
cena con Ana A.

sábado 9
viaje a Sevilla

miércoles 6
fiesta en casa de amigos, solo

martes 5
discusión en el parque con su mujer

jueves 14
comida con rubia

miércoles 13
discusión con un periodista

martes 12
bufete de abogados

lunes 4
Lasarte y Alarcón en estreno de película

LA SEMANA PASADA

....
....
....
....
....
....
....

ESTA SEMANA

....
....
....
....
....
....
....

7 Completa el artículo de Jorge Patiñas con la forma verbal correspondiente.

El actor Valentín Lasarte, de 48 años y casado con la también actriz Ana Alarcón, con quien tiene dos hijos, puede estar teniendo una aventura con una joven a la que duplica la edad. Esta semana *(ser)* .... visto con una joven acompañante, con la que *(comer)* .... el pasado jueves en un discreto restaurante de la ciudad. Según algunas fuentes, en dicha cita el actor le *(regalar)* .... una cara pulsera. La actriz Ana Alarcón no parece estar informada de la situación, pues esa misma noche *(cenar)* .... con su marido en un lujoso restaurante, e incluso *(brindar)* .... con cava.

Siempre *(ser)* .... considerados una pareja modélica, pues en sus casi 20 años de matrimonio no *(protagonizar)* .... ningún escándalo. No obstante, en los últimos días *(ocurrir)* .... algunas cosas que hacen pensar en una crisis matrimonial: hace algo más de una semana, Valentín y Ana *(tener)* .... una pequeña discusión en un parque público; pocos días después, Valentín *(acudir)* .... a una fiesta a casa de unos amigos, pero Ana no lo *(acompañar)* .... ¿*(Verse)* .... allí con la joven o *(reunirse)* .... con ella en el viaje a Sevilla que *(realizar)* .... el sábado 9? También sabemos que en estas dos últimas semanas Valentín Lasarte *(hacer)* .... dos importantes compras en una joyería de la ciudad y que *(ir)* .... dos veces a hablar con sus abogados.

¿Estará Valentín preparando su demanda de divorcio? ¿Qué opinará Ana de todo esto?

"Cotilleando"

8 Escucha estas frases y expresiones y cópialas en el lugar correspondiente.

CD 1:34

EXCLAMACIÓN	INTERROGACIÓN
....	....
....	....
....	....
....	....
....	....
....	....

1. ¿Cuáles de ellas sirven para introducir una información, generalmente un rumor?

....

....

2. ¿Cuáles expresan sorpresa o incredulidad?

....

....

▮ Escucha de nuevo y repite.

CD 1:34

CD 1:35

9 La noticia publicada en *Sensacional* es comentada en las peluquerías. Escucha y completa.

a

–¿Sabes qué? ...., Valentín Lasarte tiene una ....

–¡No! ¿Valentín Lasarte? ¡No .... puedo creer!

–........... que el otro día lo vieron con una .... en un restaurante.

–Pero ¿ya tenían problemas antes?

–........................ que últimamente no iba bien la cosa.

b

–¿................. enterado? Valentín Lasarte y Ana Alarcón se van a ....

–......................... ¿Y eso?

–.................... que tiene una .... con una chica que podría ser su hija.

–¡Qué ....! Y con lo encantador que parecía…

–Sí, sí, pues .... tú de las apariencias.

c

–¿Has oído? .... de que Lasarte tiene una ....

–¿De verdad? Parece .... Ana Alarcón y él siempre han sido una pareja modélica.

–Pues .... Aunque quizá sea un ....

–Lo mismo. Así se sacan un .... extra.

▌ ¿Qué verbos y expresiones se emplean en estas conversaciones para atribuir el rumor a otras personas?

....

😊😊 **10** En parejas. Vais a despertar vuestro espíritu "cotilla" inventando rumores sobre vuestros compañeros y profesores. Podéis utilizar estas situaciones.

TAREA: Libertad de prensa o derecho a la intimidad

11 ¿Tienen los famosos derecho a la intimidad? Antes de comenzar el debate, lee estas noticias y contesta a las preguntas.

Victoria judicial para Carolina de Mónaco

El Tribunal Europeo de Derechos Humanos ha dado hoy la victoria a Carolina de Mónaco en su batalla judicial contra Alemania por la publicación de fotografías suyas en la prensa germana en la década pasada. Los jueces de la Corte de Estrasburgo dictaminaron, por unanimidad, que la publicación de las fotografías violó el derecho de la princesa de Hannover a la vida privada y familiar garantizado por el artículo 8 del Convenio Europeo de Derechos Humanos. Las imágenes, en las que Carolina de Mónaco aparece montando a caballo, jugando al tenis y durante unas vacaciones en una estación de esquí, fueron tomadas en los años 90 en Suiza, Francia y el Principado, y se publicaron en las revistas *Bunte*, *Freizeit* y *Neue Post*.

El abogado de Carolina de Mónaco, Matthias Prinz, se felicitó por la decisión de la Corte, indicando que "es muy buena para mi cliente y para todo el pueblo europeo" y que "eleva el estándar de protección de la vida privada en Alemania hasta el nivel existente en Francia". En junio de 2000, la hija del príncipe Rainiero de Mónaco demandó a Alemania ante la Corte de Estrasburgo después de que el Tribunal Constitucional alemán considerara que, en tanto que "figura pública contemporánea", ella debía tolerar la publicación de imágenes suyas, incluso cuando realizara actividades propias de su vida privada.

DW-World.De, Deutsche Welle, **24-06-2004**

Ataque a la libertad de prensa

El jueves pasado, la Asociación de Editores de Revistas de Alemania solicitó al gobierno alemán que intervenga ante la Corte Europea de Estrasburgo, para apelar la decisión del tribunal del 24 de junio. El organismo calificó la sentencia de "ataque a la libertad de prensa" ya que con esta medida "solo se podrá publicar lo grato, y lo ingrato no será autorizado".

"A todos los periodistas serios se les va a atar las manos, si el gobierno alemán no apela contra esta decisión", se lee en el texto firmado por los jefes de redacción de *Spiegel*, *Stern*, *Focus* y *Bild*, pero también de periódicos regionales como *Fuldaer Zeitung*, *Saarbrücker Zeitung* o *Magdeburger Volksstimme*. Expresan su preocupación de que en el futuro los ricos y famosos puedan decidir lo que se publique sobre ellos. "Con ello se perjudica masivamente la función de la prensa de controlar a los poderosos." Para los editores, esto significa que "so-bre los famosos solo se podrá informar si ellos mismos autorizan previamente la publicación, o bien si la información está estrechamente ligada a su función oficial". La consecuencia será que "sobre una estrella musical solo se podrá brindar información de una función musical, de un moderador de televisión de su aparición delante de las pantallas, o de actores de cine sobre su actuación en una película".

El confidencial digital, IBLNews, **1-09-2004**

1. ¿Qué tribunal ha dado la razón a Carolina de Mónaco? ....
2. ¿En qué se han basado para dictaminar a su favor? ....
3. ¿En qué época y dónde fueron tomadas las fotografías de la princesa? ....
4. ¿Cuántos años ha tardado el tribunal en dar la sentencia? ....
5. ¿A qué otro tribunal había acudido anteriormente Carolina de Mónaco? ....
6. ¿Cuál ha sido la reacción de la prensa alemana? ....
7. ¿Qué razones dan para oponerse a la sentencia del Tribunal de Estrasburgo? ....

12 Estas son algunas de las principales cuestiones que se plantean. Piensa sobre cada una de ellas y toma notas para defender posteriormente tu postura.

1. ¿Tienen los famosos derecho a una intimidad? ¿Incluso aquellos que han vendido alguna exclusiva?
2. ¿Sufren los hijos de los famosos el acoso de la prensa?
3. ¿Dónde están los límites entre la libertad de información y el derecho a la intimidad?
4. ¿A qué se debe el auge de los programas y revistas del corazón?

INFORMACIÓN FUNCIONAL Y GRAMATICAL

→ **Marcadores de pretérito perfecto**

esta mañana / tarde / noche
esta semana
este mes
  ...

en los últimos días / meses...
en las últimas semanas

(poco / algo) después
minutos / horas después
siempre
nunca

→ **Marcadores de indefinido**

esa / aquella mañana / tarde / noche
ese / aquel día / mes...

en esos / aquellos días / meses
en esas / aquellas semanas

(poco / algo) después
minutos / horas después
días / semanas / meses... después

(Poco / algo) después y *minutos / horas después* llevan pretérito perfecto o indefinido según el tiempo empleado
en la primera acción, que sirve de referencia:

Esta mañana me ha regañado y dos horas después me ha pedido disculpas.
Ayer me regañó y dos horas después me pidió disculpas.

→ **Expresar rumores**

- Para llamar la atención de nuestro interlocutor:
  ¿Sabes?
  ¿Sabes qué?
  ¿Te has enterado?
  ¿Has oído?

- Para introducir el comentario:
  ¿Sabes que...?
  ¿Te has enterado de que...?
  ¿Has oído que...?

- Para subrayar que el conocimiento no es de primera mano:
  Dicen, comentan que...
  Según X...
  Según dicen... / según parece...
  Parece que...
  Parece ser que...
  Hay rumores de que...
  Se dice / comenta que...

Parece ser que vuelven a estar juntos.

¡No me lo puedo creer!

→ **Expresar sorpresa e incredulidad**

¡No me digas!	*¡No me lo puedo creer!*
¡Es increíble!	*¡Cómo!*
¡No!	*¿Cómo?*
¡Qué me dices!	*¿De verdad?*

1 Vamos a dar consejos con imperativo. Representa con tu compañero los papeles A y B.

a

Escribe tres problemas.

Se me ha roto el pantalón.

....

....

....

Pide consejos a tu compañero
y escríbelos.

....

....

Ahora aconseja tú a tu compañero.

....

....

b

Escucha los problemas de
tu compañero y aconséjalo.

....

....

Ahora escribe tú tres problemas.
He perdido mis llaves.

....

....

....

Pide consejos a tu compañero
y escríbelos.

....

....

2 Imagina a qué se refieren los pronombres de estas frases y vuelve a escribirlas.

1. Milagros está dándoselo. ....
2. Laura no le tiene miedo. ....
3. Jorge no se atreve a decírselo. ....
4. Santiago quiere aprenderlo. ....
5. Roberto las ha escondido bien. ....
6. Marisol no puede creerlo. ....
7. Rafa lo odia profundamente. ....
8. Virginia la ama con toda su alma. *Virginia ama a la perrita con toda su alma.*
9. Gabino se lo ha vendido por 9.000 euros. ....
10. Pablo no se lo recomienda. ....

3 Describe cómo va vestido tu profesor utilizando el vocabulario de la ropa, los tejidos y los colores.

Prenda de vestir	Tejido	Color

4 Por grupos. ¿Sabéis dónde está Churancia? ¡En ningún sitio! Es un país imaginario. Vamos a inventarnos su historia. Intentad reunir los aspectos indicados.

Localización   Fundación
Monarquías y Gobiernos   Guerras
Conquistas   Pactos   Actualidad
Personajes célebres   Leyes

Churancia se encuentra en…

Fue fundada a comienzos del siglo…

Conquistó Francia…

El rey Churancio VIII murió…

La República…

Ese año…

CHURANCIA

CONECTORES TEMPORALES

A comienzos del siglo / año…	Siempre…
A finales del siglo / año…	Nunca…
En el siglo / año…	Poco después…
Una vez…	Algo después…
Un día…	Siglos / años después…
El 14 de enero de…	Ese siglo / año / día…
Hace mucho…	Aquel siglo / año / día…
Hace tres siglos / años…	En esos siglos / años / días…
En los últimos siglos / años…	En aquellos siglos / años / días…
Este siglo / año…	

Ahora, contad ante la clase la historia que habéis inventado para Churancia.

unidad 6

LECCIÓN 11
Me duele la cabeza

- Preguntar por la salud.
- Expresar dolor y malestar.
- Hablar de síntomas y enfermedades.

LECCIÓN 12
En el médico

- Pedir cita para ir a la consulta del médico.
- Expresar consejos, órdenes y prohibiciones.
- Hablar de hábitos del pasado que llegan hasta el presente.

lección II

Me duele la cabeza
Partes del cuerpo

1 Poli Pluma es un boxeador. Observa cómo ha quedado después de un combate. ¿Qué partes de su cuerpo están lesionadas y qué partes están sanas?

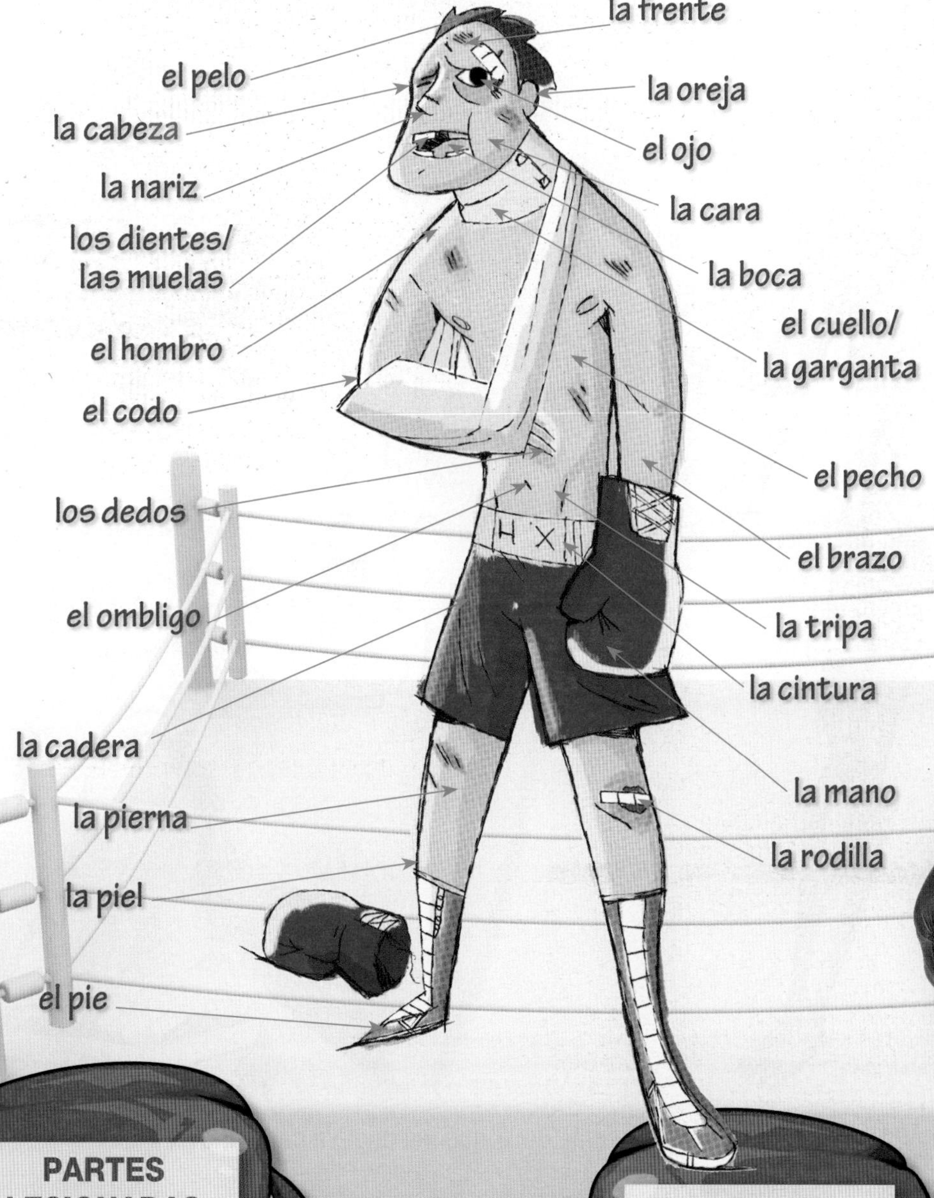

la frente

el pelo

la cabeza

la oreja

la nariz

el ojo

los dientes/
las muelas

la cara

la boca

el cuello/
la garganta

el hombro

el codo

el pecho

los dedos

el brazo

el ombligo

la tripa

la cintura

la cadera

la mano

la pierna

la rodilla

la piel

el pie

Recuerda

la mano
la nariz
el pie

PARTES LESIONADAS

....
....
....
....

PARTES SANAS

....
....
....
....

2 Escribe el número correspondiente a cada parte del interior del cuerpo humano.

1. Los **pulmones** están en el pecho.

2. El **corazón** está más cerca del pulmón izquierdo que del derecho.

3. El **cerebro** está en la cabeza.

4. El **estómago** y los intestinos están en la tripa.

5. El **hueso** más largo está en la pierna.

6. La sangre circula por **vasos sanguíneos.**

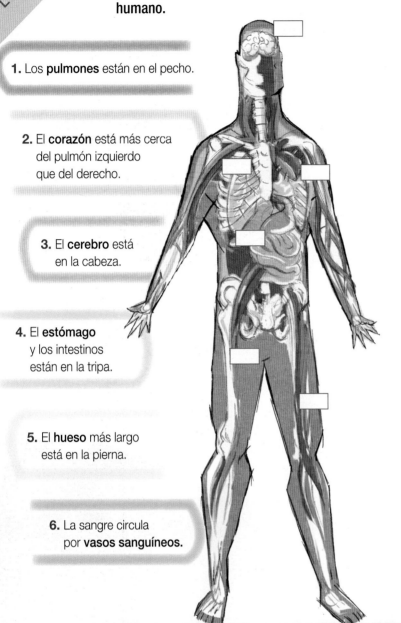

Me duele la cabeza

3 ¿Qué le duele a Poli Pluma?

Verbo doler

Me
Te
Le   duele
Nos   duele**n**
Os
Les

la tripa
la**s** piernas

O también

Tener dolor de + parte del cuerpo:
Tengo dolor de cabeza.

4 A las siguientes personas les duele alguna parte del cuerpo. ¿Podrías decir qué les duele a cada una?

1. Luisa y Ana han estado dando palmas toda la noche en un tablao flamenco ....

2. Manolo ha escuchado la clase de piano de su vecina ....

3. Paco y su hijo han estado gritando para animar a su equipo en un partido de fútbol ....

4. Ramón ha cargado con un montón de libros en su mochila ....

5. Loli se ha comido una caja de bombones ....

6. Juan y Ángela han estado delante del ordenador durante doce horas ....

7. A Félix le ha dado un pisotón su suegra ....

 ▌ Ahora, escucha y comprueba.

CD 2:1

5 Imagina que te duele una parte del cuerpo y márcala en la foto de la izquierda. Tu compañero hará lo mismo. Tenéis que descubrir qué parte ha señalado cada uno. Para ello debéis preguntar por turnos: *¿Te duele…?* Puedes utilizar la foto de la derecha para marcar las partes por las que preguntes.

Eso va a ser gripe

6 A continuación hay una lista con otros síntomas. Busca en el diccionario las palabras en cursiva y clasifica los síntomas según la parte del cuerpo a la que afecten.

- Tener tos / toser
- Tener fiebre
- Tener mareo(s) / estar mareado / marearse
- Tener náuseas
- Tener diarrea

- Tener picor de + parte del cuerpo / picarle una parte del cuerpo a alguien
- Estar afónico
- Tener congestión nasal
- Tener la nariz taponada
- Estar pálido

La piel: ....

La cabeza: ....

La tripa: ....

La garganta: ....

La nariz: ....

Todo el cuerpo: ....

7 Escucha la siguiente audición. ¿Qué síntomas caracterizan cada una de estas enfermedades?

	Tener / coger (la) gripe	Estar acatarrado / constipado	Estar mal del estómago	Tener alergia a algo / ser alérgico a algo
Tener tos / toser				
Tener fiebre				
Tener mareo(s) / estar mareado / marearse				
Tener náuseas				
Tener diarrea				
Tener picor de + parte del cuerpo / picarle una parte del cuerpo a alguien				
Tener congestión nasal / tener la nariz taponada				
Tener dolor de estómago				
Tener dolor de garganta				

8 Escribe qué enfermedades pueden provocar las siguientes causas.

- Comer algo en mal estado: ....

- Un virus: ....

- Salir a la calle poco abrigado en invierno: ....
....

- El polen, el marisco o el polvo: ....

9 Escucha a los siguientes enfermos hablando de sus síntomas. ¿Qué enfermedades tienen?

1. ....
....

2. ....
....

3. ....
....

4. ....
....

■ ¿Se te ocurren otras causas?

Tener / coger (la) gripe:
....

Estar acatarrado / constipado:
....

Estar mal del estómago:
....

Tener alergia a algo / ser alérgico a algo:
....

10 Escucha los diálogos. ¿Cuántas formas de preguntar por la salud aparecen? ¿Y de cuántas maneras se expresa malestar? Subraya las formas que escuchas. Las demás son incorrectas.

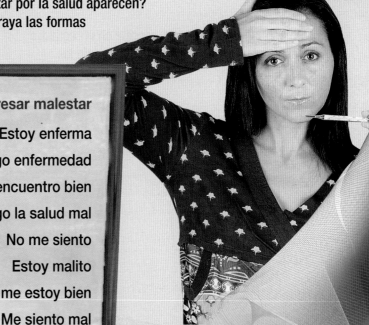

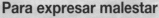

Para preguntar por la salud	Para expresar malestar
¿Te encuentras bien?	Estoy enferma
¿Qué te dueles?	Tengo enfermedad
¿Qué te duele?	No me encuentro bien
¿Qué se encuentra?	Tengo la salud mal
¿Cómo tú sientes?	No me siento
¿Qué te pasa?	Estoy malito
¿Cómo está tu salud?	No me estoy bien
¿Cómo te encuentras?	Me siento mal

 11 Las siguientes personas quieren librarse de ciertos compromisos y para ello fingen tener una enfermedad.

ALUMNO A

1 Eres un niño diez años. Hoy tienes un examen de historia. No has estudiado y finges tener la gripe para que tu madre te deje quedarte en casa.

2 Has invitado a tu novio a comer a tu casa con tus padres. Tienes un gato. Tu novio no quiere ir.

3 Eres un famoso cantante de ópera. Hoy tienes que cantar delante de diez mil personas. Tienes pánico a tanto público. Le dices a tu representante que estás constipado y afónico.

4 Eres el rey de un país exótico e invitas a un embajador extranjero a cenar cerebro de mono, el plato más exquisito de tu país. El embajador dice que se encuentra mal.

ALUMNO B

1 Tu hijo tiene hoy un examen de historia pero parece estar enfermo.

2 Eres un joven universitario. Tu novia te ha invitado a su casa para comer con sus padres. Ella tiene un gato. No soportas a sus padres y finges tener alergia a los gatos para no ir.

3 Eres el representante de un famoso cantante de ópera que hoy actúa frente a diez mil personas. Vais a ganar mucho dinero, pero el cantante parece que no se encuentra bien.

4 Eres un embajador en un país exótico. El rey de ese país te ha invitado a cenar cerebro de mono. No te gusta esa comida y finges estar mal del estómago.

12 Fíjate en el dibujo. Después, escribe en el recuadro correspondiente el nombre de cada una de las partes del cuerpo.

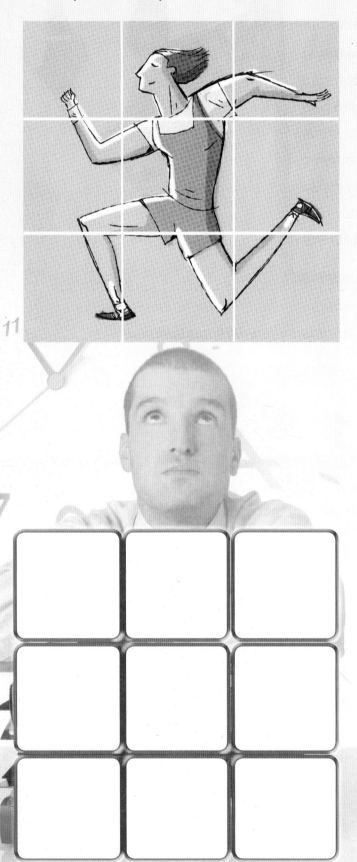

TAREA: Grandes científicos, grandes personas

13 ¿Sabías que dos científicos españoles ganaron el Premio Nobel de Medicina? Lee sus biografías y responde a las preguntas.

Santiago Ramón y Cajal (1852-1934), nacido en Petilla de Aragón, un pueblo de Navarra, ganó junto con el italiano Camillo Golgi el Premio Nobel de Medicina en 1906 por su investigación acerca del sistema nervioso: demostró que las células nerviosas (neuronas) son independientes y que, aunque se transmiten información unas a otras, no forman una red.

Severo Ochoa de Albornoz (1905-1993), nacido en Luarca, Asturias, fue el segundo español que ganó el Premio Nobel de Medicina, después de Ramón y Cajal. Completó su formación en Reino Unido y Alemania y en 1940 se fue a vivir a los Estados Unidos. Su trabajo destacó en diversas universidades de este país. En 1959, junto con A. Kornberg, uno de sus alumnos, ganó el Premio Nobel por sus descubrimientos acerca del ADN, que permitieron después el desciframiento del código genético.

¿Qué investigó cada uno de estos científicos? ....

¿Cuándo y en qué región de España nacieron? ....

¿En qué parte del cuerpo se hallan las neuronas? ....

¿Qué permitieron los descubrimientos de Severo Ochoa?
....

▌ Elige a uno de los dos personajes, busca más información y elabora un informe.

→ Género de las partes del cuerpo

¡Cuidado!
la mano
la nariz
el pie

→ Para expresar dolor

verbo *doler*

me
te
le
nos
os
les

duele → *la tripa*
duelen → *las piernas*

O también: *Tener dolor de* + parte del cuerpo:
Tengo dolor de cabeza.

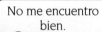

No me encuentro
bien.

→ Para hablar de síntomas y enfermedades

Tener + sustantivo / *Estar* + adjetivo
Tengo mareo / Estoy mareado.
Tengo catarro / Estoy acatarrado.

→ Para preguntar por la salud

(Tú)
¿Te encuentras bien / mal?
¿Cómo te encuentras?
¿Qué te pasa?
¿Qué te duele?

(Usted)
¿Se encuentra bien / mal?
¿Cómo se encuentra?
¿Qué le pasa?
¿Qué le duele?

→ Para expresar malestar

Estar enfermo / Estar malo / Estar malito (coloquial).
No encontrarse bien / Encontrarse mal.
No sentirse bien / Sentirse mal.

En el médico

¡Por una vida sana!

1 Observa estos carteles de un centro de salud. ¿Podrías relacionarlos con su mensaje correspondiente?

Vacúnate.

Elimina los malos humos, no conviertas a los demás en fumadores pasivos.

Di *NO* a las drogas.

Yo soy donante, ¿y tú? Hazte donante.

Mueve tus pies. Moverás tu corazón.

No llame a la puerta. La enfermera saldrá periódicamente.

▌ Fíjate en los verbos. ¿Qué expresan? ....

2 ¿Qué mensajes escribirías en los siguientes carteles?

Cuerpo serrano

☺☺ **3** Realiza el siguiente test de la revista *Cuerpo Serrano* a tu compañero para saber si lleva una vida sana o no.

1. ¿Bebes un zumo de naranja por las mañanas?
   a. nunca
   b. a veces
   c. casi todas las mañanas
   d. todas las mañanas

2. ¿Vas andando al trabajo?
   a. nunca
   b. de vez en cuando
   c. casi siempre
   d. siempre

3. ¿Subes en ascensor en lugar de por las escaleras?
   a. nunca
   b. a veces
   c. a menudo
   d. siempre

4. ¿Te duchas con agua fría?
   a. nunca
   b. casi nunca
   c. frecuentemente
   d. todos los días

5. ¿Bebes menos de dos litros de agua al día?
   a. nunca
   b. de vez en cuando
   c. casi siempre
   d. siempre

6. ¿Fumas?
   a. nunca
   b. en ocasiones especiales
   c. cinco cigarrillos al día
   d. un cigarrillo cada cinco minutos

7. ¿Te acuestas muy tarde?
   a. nunca
   b. de vez en cuando
   c. todos los fines de semana
   d. todos los días

8. ¿Haces deporte?
   a. nunca
   b. una vez al mes
   c. una vez al año
   d. tres veces a la semana

9. ¿Consumes "comida basura"?
   a. nunca
   b. a veces
   c. frecuentemente
   d. todos los días

Puntuación:

	Preg. 1	Preg. 2	Preg. 3	Preg. 4	Preg. 5	Preg. 6	Preg. 7	Preg. 8	Preg. 9
a	0	0	3	0	3	3	3	0	3
b	1	1	2	1	2	2	2	1	2
c	2	2	1	2	1	1	1	2	1
d	3	3	0	3	0	0	0	3	0

RESULTADOS DEL TEST:

Entre 0 y 10 puntos:

¡Madre mía! Eres un "chico/a hamburguesa". Te pasas las tardes en un sillón comiendo chocolate y patatas fritas. ¡Ánimo, campeón! Sigue así y no pierdas el número de teléfono de la pizzería…

Entre 10 y 20 puntos:

Bueno, no está del todo mal, aunque empiezas todas las dietas que ves en las revistas y nunca las acabas… Por cierto, ¿sigues creyendo que vas a dejar de fumar mañana? Ánimo, para ti es fácil: ¡ya lo has hecho un montón de veces!

Entre 20 y 30 puntos:

¡Enhorabuena! ¡Tú eres la chica que anuncia el agua mineral! Todos los días vas a la oficina corriendo por el parque y los niños te sonríen. Eres feliz, vives sin tabaco, sin alcohol y con muchas zanahorias… ¡No hay nada como la vida sana!

 4 En la revista *Cuerpo Serrano* dan diez claves para llegar a los sesenta años con un cuerpo joven. Por un fallo en la impresión se han borrado los consejos. ¿Podéis escribirlos?

10 CLAVES PARA LLEGAR A LOS 60 COMO A LOS 20

1. ....
2. ....
3. ....
4. ....
5. ....
6. ....
7. ....
8. ....
9. ....
10. ....

5 Ahora, imagina que trabajas en la revista *Cuerpo Serrano* y aconseja a las personas que escriben.

> **Para expresar órdenes o consejos a una persona**
> Tienes que beber agua.
> Es bueno que comas fruta.

EL DOCTOR RESPONDE

CONSULTA: Soy abogada y trabajo más de diez horas al día. Mi problema es que quiero llevar una vida sana pero no tengo tiempo para hacer deporte. Tampoco puedo comer productos naturales porque solo tengo quince minutos para comer y siempre fuera de casa, por lo que me alimento básicamente de "comida basura". ¿Qué puedo hacer?

RESPUESTA:

....
....
....
....
....
....

¡Vamos al médico!

6 Escucha cómo una persona enferma pide cita para ir al médico y señala lo que escuches.

1. ¿Con qué doctor quiere la cita el paciente?
– Dr. Morales ☐
– Dra. Prieto ☐
– Dra. Díaz ☐

2. ¿A qué hora le citan?
– A las cuatro y cuarto ☐
– A las cuatro y media ☐
– A las cuatro menos cuarto ☐

3. ¿Qué documento debe llevar?
– El D.N.I. / pasaporte ☐
– La tarjeta sanitaria ☐
– El carné de estudiante ☐

Consejería de Sanidad
Sistema Nacional de Salud
Madrid
806616 MNDR0404 891 019 01
28 02465 654B
CADUCA 03/11
MILAGROS BODAS MARTÍNEZ

CD 2:6

7 Escucha y contesta a las preguntas.

1. ¿Cuál es el problema del paciente?

....

2. ¿Cuáles son sus hábitos de vida?

....

3. ¿Qué le manda el doctor?

....

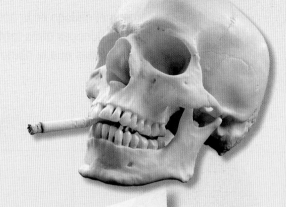

▌ **Lee ahora el diálogo y comprueba tus respuestas.**

MÉDICO: Adelante, pase usted.
PACIENTE: Buenos días, doctor.
M: Siéntese. Cuénteme, ¿qué le pasa?
P: Pues que últimamente no me encuentro bien y a veces siento que no puedo respirar.
M: ¿Fuma usted?
P: Sí, mucho.
M: ¿Y con qué frecuencia hace ejercicio?
P: Pues no muy a menudo, la verdad. De vez en cuando juego al fútbol con mi hijo, pero nada más.
M: ¿Y su alimentación? Está un poco gordito. ¿Come usted verduras?
P: No, la verdad es que casi nunca como verduras.
M: ¿Y bebe alcohol?
P: Bueno, todos los días me tomo un vaso de vino en la comida y otro en la cena, pero, vamos, es bueno beber un poco de vino, ¿no, doctor?
M: Hombre, sí, aunque no hay que beber demasiado. Para tener una vida sana hay que beber un vaso al día, no más.
P: ¿Entonces sólo tomo el de la comida?
M: Sí, y además tiene que cambiar esos hábitos tan poco saludables. Tiene que cuidar más su alimentación y, sobre todo, no puede fumar. También es bueno que haga algo de deporte.
P: Lo sé, doctor. Siempre he estado un poco gordo, pero nunca he tenido ningún problema de salud grave.
M: Bueno, le voy a mandar unos análisis de sangre. Ya sabe que para hacerse un análisis es necesario venir en ayunas. Y además tiene que tomar estas pastillas, una cada doce horas. Tome la receta.
P: Muy bien, doctor. Muchas gracias.
M: De nada. Y vuelva cuando tenga los resultados de los análisis.

 8 Represita con tu compañero una consulta médica.

Alumno A: Paciente

Tienes gripe. Describe los síntomas y responde a las preguntas de tu compañero sobre tus hábitos de vida.

Alumno B: Médico

Pregunta a tu compañero por sus síntomas y también cuáles son sus hábitos. Descubre qué enfermedad tiene y recomiéndale hábitos saludables. Recétale un medicamento.

TAREA: La información de los medicamentos

9 Lee de nuevo el diálogo de la actividad 7. ¿Qué medicamento le receta el médico al paciente? ¿Conoces otras formas de medicamento? Relaciona las siguientes fotos con las pistas que te damos.

El **jarabe** se toma con cuchara.

Las **inyecciones** hacen un *poco de daño.*

El contenido de los **sobres** se mezcla con agua.

La **pomada** se pone en la piel.

Las **pastillas** se toman con agua.

10 Todos los medicamentos van acompañados de un prospecto con información para su uso correcto. El enfermo que tiene que tomar este medicamento está preocupado porque es alérgico a la penicilina. ¿Crees que le servirá? Lee este ejemplo y contesta a las preguntas.

NODOLOL CÁPSULAS

Composición: Cada pastilla contiene: Metamizol magnésico, estearato de magnesio, indigotina (E-132), eritosina (E 127), dióxido de titanio (E 171) y gelatina.

Vía de administración: Oral.

Indicaciones: Dolor agudo. Dolor de tipo cólico. Fiebre alta.

Contraindicaciones: Puede existir sensibilidad en pacientes que han tenido síntomas de asma.

Posología: Una pastilla, dos o tres veces al día.

1. ¿Para qué sirve este medicamento?

....

2. ¿Qué personas no lo pueden tomar?

....

3. ¿Cuántas pastillas se pueden tomar al día?

....

INFORMACIÓN FUNCIONAL Y GRAMATICAL

→ Imperativo regular

-AR

	AFIRMATIVO	NEGATIVO
Tú	llam**a**	no llam**es**
Vosotros /-as	llam**ad**	no llam**éis**
Usted	llam**e**	no llam**e**
Ustedes	llam**en**	no llam**en**

-ER

	AFIRMATIVO	NEGATIVO
Tú	com**e**	no com**as**
Vosotros /-as	com**ed**	no com**áis**
Usted	com**a**	no com**a**
Ustedes	com**an**	no com**an**

-IR

	AFIRMATIVO	NEGATIVO
Tú	viv**e**	no viv**as**
Vosotros /-as	viv**id**	no viv**áis**
Usted	viv**a**	no viv**a**
Ustedes	viv**an**	no viv**an**

→ Imperativo irregular

hacer

	AFIRMATIVO	NEGATIVO
Tú	**haz**	no **hagas**
Vosotros /-as	hac**ed**	no **hagáis**
Usted	**haga**	no **haga**
Ustedes	**hagan**	no **hagan**

decir

	AFIRMATIVO	NEGATIVO
Tú	**di**	no **digas**
Vosotros /-as	dec**id**	no **digáis**
Usted	**diga**	no **diga**
Ustedes	**digan**	no **digan**

mover

	AFIRMATIVO	NEGATIVO
Tú	**mueve**	no **muevas**
Vosotros /-as	mov**ed**	no mov**áis**
Usted	**mueva**	no **mueva**
Ustedes	**muevan**	no **muevan**

→ Imperativos con pronombre

VACUNARSE

	AFIRMATIVO	NEGATIVO
Tú	vacún**ate**	no **te** vacunes
Vosotros /-as	vacuna**os**	no **os** vacunéis
Usted	vacún**ese**	no **se** vacune
Ustedes	vacún**ense**	no **se** vacunen

→ Marcadores de frecuencia

+ casi siempre
| a menudo / frecuentemente
| a veces / en ocasiones / de vez en cuando
| casi nunca
– nunca

Y también:
todos los días / semanas / meses…
una vez al día / a la semana / al mes…
una vez cada dos días / cada cinco minutos…

→ Para expresar consejos sin personalizar

– *Hay que* + infinitivo
Hay que beber agua.

– *Es bueno, malo, importante, necesario…* + infinitivo
Es bueno comer fruta.

→ Para expresar órdenes o consejos a una persona

– *Tener que* + infinitivo
Tienes que beber agua.

– *Es bueno, malo, importante, necesario…* + *que* + subjuntivo
Es bueno que comas fruta.

unidad 7

LECCIÓN 13

Así éramos entonces

- Describir personas y acciones habituales en el pasado.
- Contrastar hábitos del pasado y del presente.
- Hacer comparaciones y establecer diferencias generacionales.

LECCIÓN 14

¿Qué te parecen los cambios?

- Pedir y expresar opinión.
- Interaccionar en la conversación.

Así éramos entonces

Los años sesenta

1 España ha cambiado mucho en los últimos cincuenta años. Lee cómo eran algunas cosas en los años sesenta y completa las formas verbales en pretérito imperfecto.

> **Pretérito imperfecto**
> -**ar**: Hablar: habl**aba**
> -**er**: Tener: ten**ía**
> -**ir**: Escribir: escrib**ía**

El 600

EN LOS AÑOS SESENTA

Muchos españoles *(tener)* ten....... un 600. Era un coche muy pequeño, pero más moderno que los antiguos coches italianos o alemanes que se *(utilizar)* utiliz......... en la postguerra. El 600 lo *(fabricar)* fabric...... SEAT, una empresa española, con permiso de la empresa italiana Fiat, y era el símbolo de que el nivel de vida de los españoles *(volver)* volv..... a ser como antes de la guerra. Entonces *(costar)* cost........ 70.000 pesetas (unos 400 €).

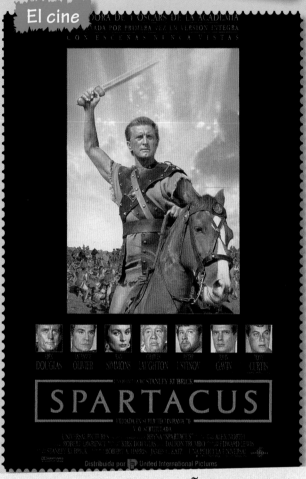

El cine

SPARTACUS

A PRINCIPIOS DE LOS AÑOS SESENTA

Aún no *(haber)* hab...... televisión en todas las casas y el cine era uno de los lugares de ocio más populares. La gente iba al cine los sábados por la tarde, que *(poner)* pon....... doble sesión, y veía dos películas seguidas. Entonces eran célebres las películas de Marisol y de Joselito, dos niños prodigio, y también algunas películas extranjeras como las películas de romanos o las de vaqueros. Además, antes de cada película, se veía un pequeño espacio de noticias que *(llamarse)* se llam......... NODO.

El bikini

LAS PLAYAS ESPAÑOLAS

(estar) Est.......... llenas de turistas en los años sesenta. El turismo *(beneficiar)* benefici....... mucho a la economía española, era una de las fuentes de ingresos más importantes para el país. A los chicos españoles les *(gustar)* gust......... mucho las chicas rubias con ojos azules que *(venir)* ven....... del norte de Europa. Ellas *(llevar)* llev.........., además, un nuevo traje de baño: el bikini. Al principio el bikini era algo escandaloso, pero después todas las chicas, extranjeras y españolas, *(preferir)* prefer....... llevar el bikini para bañarse y tomar el sol.

▌ ¿Cómo son ahora los coches, los trajes de baño y el cine?

Describir el pasado

2 En los textos anteriores hay formas verbales nuevas: *era, iba, veía*. ¿A qué verbos pertenecen? ¿Puedes completar los cuadros?

> Cuando **era** un niño **iba** todos los sábados al cine con mis padres y **veíamos** películas de vaqueros.

....	
Yo	**era**
Tú	....
Él / ella / usted	....
Nosotros /-as	....
Vosotros /-as	....
Ellos /-as / ustedes	....

....	
Yo	**iba**
Tú	....
Él / ella / usted	....
Nosotros /-as	....
Vosotros /-as	....
Ellos /-as / ustedes	....

....	
Yo	**veía**
Tú	....
Él / ella / usted	....
Nosotros /-as	....
Vosotros /-as	....
Ellos /-as / ustedes	....

3 Escucha cómo era el barrio del padre de Óscar hace cuarenta años y tacha en el dibujo los lugares que antes no existían.

CD 2:7

Usos del pretérito imperfecto

• Para describir lugares, objetos y personas en el pasado.
• Para hablar de hábitos del pasado.

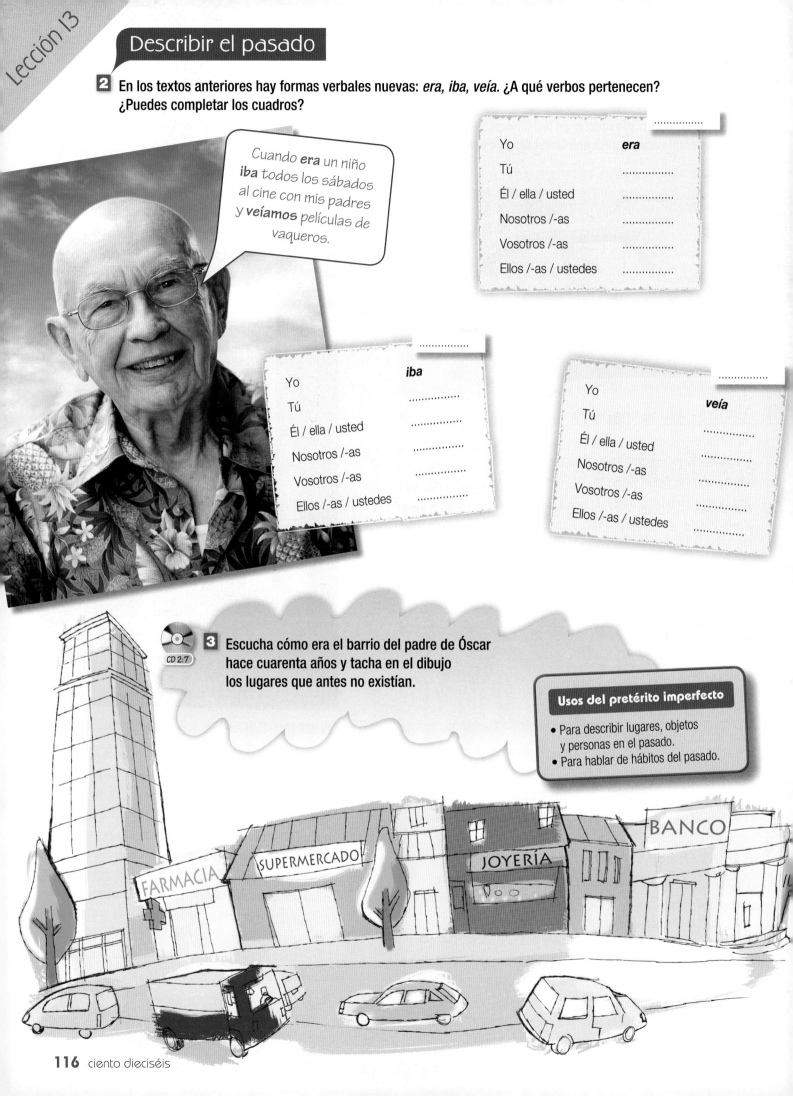

FARMACIA   SUPERMERCADO   JOYERÍA   BANCO

😊😊 **4** Describe a tu compañero cómo era tu barrio cuando eras pequeño. Después escucha su descripción y toma nota de las cosas que han cambiado.

Antes

Ahora

¡Cómo hemos cambiado!

5 Isabel Gálvez es una cantante que empezó su carrera en los años sesenta. Observa su evolución y descríbela en cada caso. ¿Cómo te imaginas su personalidad y sus gustos?

En los sesenta

Era…
Estaba…
Tenía…
Llevaba…
Le gustaba…

En los ochenta

Era…
Estaba…
Tenía…
Llevaba…
Le gustaba…

Ahora

Es…
Está…
Tiene…
Lleva…
Le gusta…

CD 2:8

6 Completa esta entrevista a Isabel Gálvez. Después escucha la entrevista auténtica. ¿Has acertado en algo?

–Isabel, muchas gracias por concedernos esta entrevista.

–..

–Usted canta desde los años sesenta, desde que era muy joven. ¿Cómo era su vida antes de ser famosa?

–..

–Y un día, un programa de radio le da la fama y cambia su vida… ¿Le gustaba esa situación?

–..

–¿Qué solía hacer cuando no tenía que grabar o cantar?

–..

–¿Cuál es su mejor recuerdo de aquella época?

–..

> **Para expresar acciones habituales del pasado**
>
> Pretérito imperfecto
> *Yo iba mucho al cine.*
> *Solía* + infinitivo.
> *Yo solía ir al cine.*
> ¡Ojo! *A menudo solía ir al cine.*

–Su hermano escribía a menudo canciones para usted, además, ¿no?

–..

–Y después de los primeros éxitos, en los años setenta y ochenta, ¿su vida era muy diferente?

–..

–Hasta encontrar un nuevo estilo musical, ¿no?

–..

–Bueno, todos íbamos igual en los ochenta.

Era otra época

7 ¿Cómo crees que se divertían los jóvenes españoles en los años sesenta?

	Verdadero	Falso
1. Iban a una discoteca.	☐	☐
2. Hacían fiestas en casa.	☐	☐
3. Los padres solían estar en las fiestas.	☐	☐
4. Los chicos invitaban a bailar a las chicas.	☐	☐
5. Bebían alcohol.	☐	☐
6. Las fiestas acababan tarde.	☐	☐

▌ A continuación lee el siguiente texto y comprueba tus aciertos.

LOS GUATEQUES

En los años sesenta había algunas discotecas, pero, sobre todo, los jóvenes hacían fiestas en casa: los guateques. En los guateques, los padres se quedaban en otras habitaciones y dejaban libre el salón para las reuniones de sus hijos. Se solían beber refrescos (sin alcohol) y también se ofrecía algo de comer, como canapés o patatas fritas. Pero lo mejor de los guateques eran los bailes. Solía haber un amigo que se encargaba de poner los discos, de 45 revoluciones por minuto: Los Brincos, Los Pekenikes, El Dúo Dinámico, Karina o Rocío Dúrcal eran los cantantes más populares de la música ye-yé española. Los chicos deseaban bailar alguna canción lenta con la chica que les gustaba. En aquellos años los chicos solían sacar a las chicas a bailar. Y todo esto sucedía antes de las diez de la noche, que era cuando todos los jóvenes tenían que volver a sus casas.

8 ¿Qué diferencias hay con la forma de divertirse en la actualidad?

	En los sesenta	En la actualidad
LUGAR		
BEBIDA		
MÚSICA		
....		
....		
....		

☺☺ **9** Entrevista a tu compañero y escribe una descripción de cómo era de niño. Puedes preguntar:

PREGUNTAS

1. ¿Cómo eras a los diez años?
2. ¿Qué cosas solías hacer?
3. ¿Qué cosas no te gustaban?
4. ¿Quiénes eran tus amigos?
5. ¿Qué querías ser de mayor?
6. ....
7. ....
8. ....
9. ....

DESCRIPCIÓN

....
....
....
....
....
....

TAREA: Cualquier tiempo pasado... ¿fue mejor o peor?

CD 2:9

10 En el programa de radio *Pablo por la mañana* los oyentes llaman para contar qué cosas les gustaban más del pasado y qué cosas prefieren del presente. Escucha y relaciona a cada persona con el objeto que prefiere.

Mari Carmen ....
Santiago ....
Paqui ....

En grupos de tres. Elegid tres cosas del pasado que eran mejores que ahora y tres peores. Después haced una puesta en común con toda la clase y tomad nota.

LO MEJOR	LO PEOR
....	....
....	....
....	....

INFORMACIÓN FUNCIONAL Y GRAMATICAL

→ Pretérito imperfecto regular

	-AR	-ER	-IR
Yo	habl**aba**	ten**ía**	escrib**ía**
Tú	habl**abas**	ten**ías**	escrib**ías**
Él / ella / usted	hablaba	ten**ía**	escrib**ía**
Nosotros /-as	habl**ábamos**	ten**íamos**	escrib**íamos**
Vosotros /-as	hablabais	ten**íais**	escrib**íais**
Ellos /-as / ustedes	hablaban	ten**ían**	escrib**ían**

→ Pretérito imperfecto irregular

	SER	IR	VER
Yo	era	iba	veía
Tú	eras	ibas	veías
Él / ella / usted	era	iba	veía
Nosotros /-as	éramos	íbamos	veíamos
Vosotros /-as	erais	ibais	veíais
Ellos /-as / ustedes	eran	iban	veían

→ Usos del pretérito imperfecto

– Para describir lugares, objetos y personas en el pasado.
  Las playas españolas estaban llenas de turistas en los años sesenta.
– Para hablar de hábitos del pasado.
  La gente iba al cine los sábados por la tarde.

→ Para hablar de costumbres: verbo *soler*

Presente		Pretérito imperfecto	
Yo	**suelo**	Yo	solía
Tú	**sueles**	Tú	solías
Él / ella / usted	**suele**	Él / ella / usted	solía
Nosotros /-as	sol**emos**	Nosotros /-as	sol**íamos**
Vosotros /-as	sol**éis**	Vosotros /-as	sol**íais**
Ellos /-as / ustedes	**suelen**	Ellos /-as / ustedes	solían

Soler + infinitivo
Suelo ir al cine los domingos.
Solía ir al cine los domingos.

¡Ojo! *A menudo solía…*

¿Qué te parecen los cambios?

Temas de actualidad

CD 2:10

1 ¿Sabes qué significa *independizarse?* Escucha los siguientes testimonios de personas mayores y toma nota de lo que se dice sobre estos temas.

* **El trabajo**

  ....

* **La universidad**

  ....

  ....

* **La mujer**

  ....

  ....

* **La vivienda**

  ....

▌ ¿Qué diferencias encuentras con la situación de los jóvenes de tu país en la actualidad?

2 ¿Sabes que la mayoría de los jóvenes españoles no se independizan antes de los veinticinco años? ¿Cuáles crees que son las causas? Lee el siguiente artículo y comprueba tu respuesta.

LOS JÓVENES ESPAÑOLES

Según estudios recientes, la mayoría de los jóvenes españoles -con edades superiores a veinticinco años- sigue viviendo en casa de sus padres, aunque desean independizarse.

Las encuestas realizadas indican que el elevado precio de los pisos y la inestabilidad laboral son las causas principales por las que los jóvenes no pueden independizarse. Actualmente, es mayor que en décadas pasadas el número de jóvenes, chicos y chicas, que realizan estudios universitarios e, incluso, que alargan el período de formación con estudios de postgrado. A su vez, el precio de la vivienda crece cada año y para comprar un piso es necesario tener un trabajo estable, que es poco frecuente.

Por estas razones, los jóvenes que deciden irse de la casa familiar empiezan viviendo en pisos compartidos en los que los gastos son menores y cuando consiguen un empleo fijo, con más de veinticinco años normalmente, piden una hipoteca al banco para comprar un piso.

▌ ¿Tú te has independizado ya?

Y tú, ¿qué opinas?

CD 2:11

3 Un programa de radio ha preguntado a gente de la calle qué opina de la situación de los jóvenes españoles. Escucha y numera los argumentos de las opiniones.

Para comprar un piso es necesaria la ayuda de la familia. ⟶ ☐

Los jóvenes quieren vivir con comodidades. ⟶ ☐

Los jóvenes solo pueden estudiar. ⟶ ☐

Es mejor vivir con los padres que con amigos. ⟶ ☐

CD 2:11

Vuelve a escuchar la audición. ¿Qué verbos sirven para introducir una opinión?

....

4 ¿Conoces el movimiento *okupa?* Lee estos titulares y defínelo.

Un grupo de "okupas" se instala en una fábrica abandonada

Manifestación de "okupas" en Barcelona en favor de la "okupación"

La policía desaloja a un grupo de "okupas" que vivía en una casa de Lavapiés

DEFINICIÓN DEL MOVIMIENTO OKUPA:
....
....
....
....

Pregunta a tus compañeros qué opinan de este fenómeno y toma nota.

Compañero 1
Opinión
....
....
....
....

Compañero 2
Opinión
....
....
....

Compañero 3
Opinión
....
....

Para pedir una opinión
¿Qué opinas de...?
¿Qué te parece...?
¿Qué piensas de...?

¿Con quién estás de acuerdo?

5 Otro cambio social en las últimas décadas ha sido el del papel de la mujer. ¿Qué cosas hace ahora la mujer que antes no hacía?

Inés Pereda
fontanera

Ana Gil
cirujana

María Ruiz
conductora

Carmen Pérez
alcaldesa

Laura Sacristán
astronauta

ANTES	AHORA

CD 2:12

6 Escucha esta entrevista a Carmen Pérez y subraya, de las dos opciones, la forma verbal que oigas.

1. "No me parece que los hombres son / sean más fuertes que las mujeres."

2. "Pienso que la política es / sea difícil para las mujeres porque tradicionalmente ha sido un mundo de hombres."

3. "Yo no pienso que los hombres tienen / tengan que mantener a las mujeres."

4. "No creo que hay / haya libertad sin independencia económica."

5. "Me parece que las mujeres son / sean más libres que antes."

▌ Observa las formas verbales y completa la ficha gramatical.

> No pienso, no creo, no opino, no me parece que
> + ...
>
> Pienso, creo, opino, me parece que +
> ....

▌ ¿Estás de acuerdo con estas opiniones? ¿Qué opinas tú?

ALCALDESA

El cuidado de los hijos es cosa de dos

7 ¿Crees que los hombres pueden cuidar a un bebé como una mujer? Lee esta noticia y responde a las preguntas.

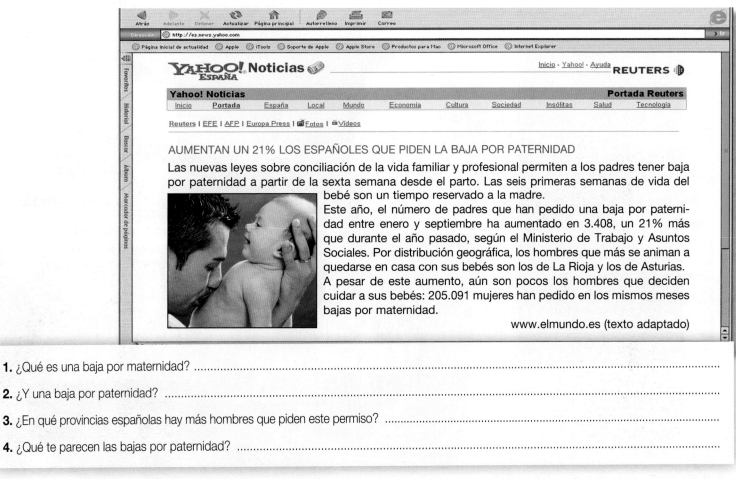

> **YAHOO! ESPAÑA** Noticias
>
> Inicio - Yahoo! - Ayuda **REUTERS**
>
> **Yahoo! Noticias** — **Portada Reuters**
>
> Inicio | **Portada** | España | Local | Mundo | Economía | Cultura | Sociedad | Insólitas | Salud | Tecnología
>
> Reuters | EFE | AFP | Europa Press | 📷 Fotos | 🎥 Vídeos
>
> ### AUMENTAN UN 21% LOS ESPAÑOLES QUE PIDEN LA BAJA POR PATERNIDAD
>
> Las nuevas leyes sobre conciliación de la vida familiar y profesional permiten a los padres tener baja por paternidad a partir de la sexta semana desde el parto. Las seis primeras semanas de vida del bebé son un tiempo reservado a la madre.
>
> Este año, el número de padres que han pedido una baja por paternidad entre enero y septiembre ha aumentado en 3.408, un 21% más que durante el año pasado, según el Ministerio de Trabajo y Asuntos Sociales. Por distribución geográfica, los hombres que más se animan a quedarse en casa con sus bebés son los de La Rioja y los de Asturias.
>
> A pesar de este aumento, aún son pocos los hombres que deciden cuidar a sus bebés: 205.091 mujeres han pedido en los mismos meses bajas por maternidad.
>
> www.elmundo.es (texto adaptado)

1. ¿Qué es una baja por maternidad? ....

2. ¿Y una baja por paternidad? ....

3. ¿En qué provincias españolas hay más hombres que piden este permiso? ....

4. ¿Qué te parecen las bajas por paternidad? ....

CD 2:13

8 Escucha esta discusión sobre el tema y toma nota de los argumentos a favor y en contra.

ARGUMENTOS A FAVOR	ARGUMENTOS EN CONTRA
....	....
....	....
....	....
....	....
....	....

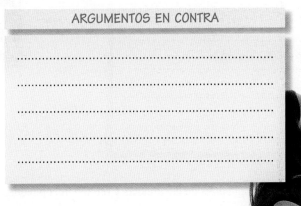

CD 2:13

▌ Vuelve a escuchar la discusión. ¿Qué palabras sirven para expresar una opinión contraria? Subráyalas.

Vale / Pero / Ya / Pues / Bueno

CD 2:13

▌ Escucha una vez más. ¿Cuántas veces se dice *yo* y *a mí* en cada uno de estos casos?

Para tomar el turno de palabra: ....

Para expresar una opinión contraria: ....

TAREA: Prioridades en la sociedad actual

 9 Vamos a preparar un debate sobre la utilización del dinero de un país. Seguid los siguientes pasos.

1. Ordenad estos conceptos según su importancia.

- [ ] EDUCACIÓN
- [ ] MEDICINA
- [ ] ARTE
- [ ] DEPORTE
- [ ] CIENCIA
- [ ] TURISMO
- [ ] EJÉRCITO
- [ ] VIVIENDA
- [ ] MEDIOS DE TRANSPORTE
- [ ] CARRERA ESPACIAL
- [ ] AYUDA AL TERCER MUNDO
- [ ] TECNOLOGÍA

$E=m.c^2$

2. Preparad argumentos para defender el orden elegido.

....

....

....

....

....

3. Exponed vuestras opiniones justificándolas y rebatid las opiniones del grupo contrario.

4. Escribid las conclusiones del debate.

....

....

....

....

CONCLUSIONES

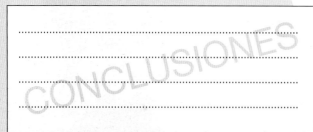

500 EURO

INFORMACIÓN FUNCIONAL Y GRAMATICAL

→ Para pedir una opinión

– *¿Qué te parece(n)* + sustantivo?
  ¿Qué te parece el movimiento okupa?
  ¿Qué te parecen las bajas de paternidad?
– *¿Qué te parece* + infinitivo?
  ¿Qué te parece ocupar una casa vacía?
– *¿Qué opinas / piensas de* + sustantivo?
  ¿Qué opinas / piensas de la evolución del papel de la mujer?

→ Para expresar una opinión

– *(Yo) Creo / pienso / opino* + *que* + indicativo
  (Yo) Creo que las mujeres pueden hacer los mismos trabajos que los hombres.
– *(A mí) Me parece* + *que* + indicativo
  (A mí) Me parece que las asociaciones feministas son muy importantes para la sociedad.
– *(Yo) No creo / no pienso / no opino* + *que* + subjuntivo
  (Yo) No creo que los hombres sean más fuertes que las mujeres.
– *(A mí) No* + *me parece* + *que* + subjuntivo
  (A mí) No me parece que una mujer tenga que dejar de trabajar después de casarse.

→ Presencia de *yo* y *a mí*

– Para tomar el turno de palabra:
  –*Yo creo que los hombres pueden cuidar muy bien de sus bebés.*
  –*A mí me parece que los hombres no tienen el instinto maternal de las madres.*
– Para expresar una opinión contraria:
  –*A mí me parece que las mujeres quieren estar con sus bebés durante los primeros meses…*
  –*Pues yo creo que los hombres también quieren…*

  –*Yo creo que los hombres de ahora son más sensibles que los de antes…*
  –*Bueno, pero (yo) no creo que todos sean así…*

→ Para introducir una opinión contraria

Pues…
Pero…

→ Para aceptar una opinión y añadir otra contraria

Bueno, pero…
Ya, pero…
Vale, pero…

unidad 8

De vacaciones a la playa

Los accidentes geográficos

1 Escribe el nombre correspondiente debajo de cada foto.

bosque

lago

desierto

montaña   volcán   valle   sierra   mar

cueva   río

Emociones fuertes

2 **Escucha a estas personas y completa las frases. Después relaciona las frases con los deportes.**

1. El segundo año que participé tuve un accidente en el .... Iba demasiado deprisa y volqué en una .... ☐

2. El fin de semana pasado fuimos a la .... y las pistas estaban perfectas, con una buena capa de .... ☐

3. Yo hice un curso el año pasado en el .... del Caribe. Aprendí a sumergirme y mantenerme debajo del .... También me enseñaron a controlar la respiración. ☐

4. La primera vez me tiré desde una pequeña .... y planeé sobre el .... ☐

5. El mes pasado subimos a 2.500 metros y sobrevolamos un .... Después bajamos a 1.500 y nos .... uno detrás de otro. ☐

6. Entré dos veces en la .... y la verdad es que la primera pasé miedo, porque me costó encontrar la .... ☐

7. Empezamos a las 7 de la mañana y caminamos por el .... durante 5 horas. ☐

8. La travesía duró 6 días hasta el campamento base y tardamos otros 4 días en .... la .... ☐

9. Yo había aprendido en un ...., y la primera vez que bajé un .... me caí tres veces. ☐

10. Hacía un .... muy fuerte que formaba unas .... gigantes. Era fantástico deslizarse sobre la tabla. ☐

a) senderismo	f) esquí
b) surf	g) alpinismo
c) piragüismo	h) espeleología
d) buceo	i) parapente
e) paracaidismo	j) pilotar coches

3 **¿Qué tiempo atmosférico suele acompañar a los deportes anteriores?**

hace frío;
hace buen tiempo;
hace fresco;
hace mal tiempo;
hace calor llueve;
hace sol;
nieva;
hace viento;
está nublado

....

Buscamos hotel

4 Marta y Eusebio quieren pasar unos días en Gandía (Valencia) y están consultando una guía de hoteles. Mira esta información, escucha las preguntas y contesta.

Categoría y grupo	Mod.	Establecimiento		Temporada Alta Media Baja	Nº habt.	Habitación doble		Desay.	Comida o cena	I.V.A.
1	2	3		4	5	baño 6	Lavabo 7	8	9	10
H ★★★	Py	**Madrid** ◉ $ + ⊕ ⊞ ▥ ▢ ⊠ ▫ ▣ ✆ ∿ ⊗ ▢ ✳ ★ ☎ 🐕 Castilla la Nueva 22 ☎ 284 15 00 LUNA GARCÍA, CARLOS JAVIER	∗	28/5 - 16/10	108	85 € 70 €		6 €	18 €	+IVA
HR ★★★	Py	**Porto** ◉ ◄ $ ⊕ ⓖ ⊞ ▥ ▢ ▫ ☎ 🐕 Avda María Angeles Suárez sn ☎ 284 17 23 SANTIAGO FERRER ROSARIO	SS FL	1/5 - 31/10 1/11 - 1/2 2/2 - 30/4	135	85 € 80 € 75 €				+IVA
HR ★★★		**Riviera** ▣ $ ⓖ ⊞ ▥ ▢ ⊠ ☎ 📖 🚌 🐾 Paseo Neptuno 29 ☎ 284 00 66 GUEROLA ESPI CARMEN	∗	17/3 - 30/9	72	95 € 90 € 80 €		5 €		+IVA
H ★★	T Py	**Gandía Playa** ◉ ⊞ ▥ ▫ ⚓ ∿ 🐾 Devesa 17 ☎ 284 13 00 FERNÁNDEZ BORDAS ÁNGEL		1/4 - 30/9	126	85 € 80 € 75 €		3 €	15 €	+IVA
H ★		**Ernesto** $ + ▥ ▫ 🛁 🐾 Valencia 40 ☎ 286 40 11 MORATAL BLANES ERNESTO		1/7 - 30/9 1/10 - 30/6	86	65 € 60 €		3 €	10 €	+IVA

◉ SITIO CÉNTRICO	⊕ BOTIQUÍN	▤ PISCINA
★ SITIO PINTORESCO	⊠ CAJA FUERTE INDIVIDUAL	⊞ ASCENSOR
H EDIFICIO HISTÓRICO	♿ ACCESOS MINUSVÁLIDOS	📖 SALA DE LECTURA
◄ SALA DE CONVENCIONES	❀ JARDÍN	✳ AIRE ACONDICIONADO EN SALÓN
$ CAMBIO DE MONEDA	🍷 BAR	★ AIRE ACONDICIONADO EN COMEDOR
+ MÉDICO	📺 TERRAZA GENERAL	✳ AIRE ACONDICIONADO EN HABITACIONES

📺 TELEVISIÓN EN HABITACIONES	🚌 BUS A ESTACIÓN	24 ROOM SERVICE 24 HORAS
☎ TELÉFONO EN HABITACIONES	▦ CALEFACCIÓN	🛁 PISCINA INFANTIL
ⓖ GARAJE	📺 CUSTODIA DE VALORES	🐾 PARQUE INFANTIL
✂ PELUQUERÍA	🐕 ADMITE PERROS	
🎾 TENIS	-V VÍDEO EN HABITACIONES	
👓 SAUNA O GIMNASIO	📡 ANTENA PARABÓLICA	

1. ....
2. ....
3. ....
4. ....
5. ....
6. ....
7. ....
8. ....
9. ....
10. ....
11. ....
12. ....

5 Se han decidido por el hotel Riviera y llaman para reservar una habitación. Escucha y completa la conversación.

Recepcionista: Hotel Riviera, bona nit.

Eusebio: Hola, buenas noches. Quería .... una habitación para Semana Santa.

Recepcionista: Creo que el hotel está ...., pero déjeme ver... ¿Cuántas habitaciones?

Eusebio: Una ....

Recepcionista: ¿Para qué .... exactamente?

Eusebio: Para las .... del jueves, viernes y sábado.

Recepcionista: Hum... Sí, tenemos aún dos habitaciones. ¿Cómo la quiere, doble o ....?

Eusebio: Pues mejor de matrimonio, si es posible. Tiene .... completo, ¿verdad?

Recepcionista: Todas las habitaciones son con baño completo, con bañera o ducha y .... de pelo.

Eusebio: Si puede ser con bañera, lo prefiero.

Recepcionista: Muy bien, de matrimonio y con ...., no hay ningún problema. ¿Quieren .... pensión, pensión ....?

Eusebio: No, solo alojamiento y ....

Recepcionista: Muy bien, señor. Veamos, el .... de la habitación las tres noches en .... de alojamiento y desayuno sería de 339 €. ¿Le hago la reserva?

Eusebio: Sí, de acuerdo.

Recepcionista: Dígame su nombre completo, su .... y un número de teléfono, por favor.

Eusebio: Eusebio Gómez Pantoja, 456............ y el teléfono es 91 .... ¿Le tengo que dar mi número de ....?

Recepcionista: No, no es necesario, señor. Ya tiene hecha la .... Se la mantenemos hasta las 18.00 h. del jueves 28 de marzo, así que, si fueran a llegar más tarde, por favor, avísennos.

Eusebio: Muy bien. Si no ocurre nada, llegaremos al mediodía. Muchas gracias.

😊😊 **6** Practica con tu compañero.

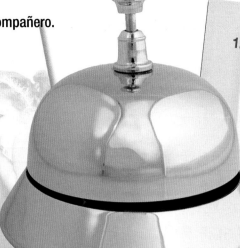

ALUMNO A

1. **Sois 5 de familia (matrimonio con tres hijos) y buscáis un hotel con estas características:**

   - Céntrico y con piscina.
   - Preferiblemente una habitación doble y otra triple.
   - Baño completo, televisión y aire acondicionado.
   - Régimen de media pensión (desayuno y cena).

   Llamas al hotel Bellavista.

2. **Eres el recepcionista del hotel Excelsior y estas son sus características:**

   - Hotel en zona de aeropuerto, con servicio privado de taxi.
   - Habitaciones dobles (200 €) y dobles de uso individual (180 €) en régimen de alojamiento y desayuno. Comidas y cenas a la carta en restaurante de 3 tenedores.
   - Baño completo con hidromasaje, aire acondicionado, minibar, televisión, caja fuerte y conexión a Internet.
   - Gimnasio y piscina climatizada.
   - Dos salones de congresos.
   - Servicio de lavandería y planchado.

ALUMNO B

1. **Eres el recepcionista del hotel Bellavista, cuyas características son:**

   - Primera línea de playa, a media hora del centro. Parada de taxi cercana.
   - Piscina al aire libre, climatizada y canchas de tenis.
   - 35 habitaciones dobles.
   - Régimen de alojamiento y desayuno (75 € por día las dos personas), media pensión (110 €) o pensión completa (140 €).

2. **Sois dos compañeros de trabajo que tenéis un viaje de negocios y necesitáis:**

   - Hotel cercano al aeropuerto.
   - Recogida en el aeropuerto y traslado el último día.
   - Dos habitaciones individuales en régimen de pensión completa.
   - Baño completo, aire acondicionado, acceso a Internet y caja fuerte.
   - Planchado de ropa.
   - Gimnasio y sauna.
   - Pequeña sala para reuniros con los compradores.

   Llamas al hotel Excelsior.

Recuerdos de vacaciones

7 Eusebio quiere ir el año que viene a Cullera (Valencia) porque de pequeño siempre pasaba las vacaciones allí. Completa el texto con estos verbos en imperfecto.

bañarse
correr
jugar
llevar
faltar
ir
ayudar
dar
estar
bajar
olvidarse
hacer
marcharse
pasar
tener
llegar
veranear

Recuerdo que de pequeño siempre .... en el Mediterráneo, en Cullera. Nos .... todos: mis padres, mi hermano y yo, la abuela y Leo, mi perro. Si habíamos aprobado todas las asignaturas, ... 15 días, pero cuando alguno había suspendido algo, solo una semana.

Cuando .... media hora para salir de viaje, mi madre nos .... una pastilla contra el mareo, pero si .... de dársela a Leo, ... que parar varias veces. Cuando por fin .... al apartamento, ... cansados, pero .... en la limpieza.

.... todas las mañanas a la playa, pero cuando .... frío no .... y .... a la pelota con otros chicos. Al anochecer, cuando .... la gente a su casa, ... a Leo a la playa y .... por la arena.

8 Ahora fíjate en las frases con *si* y *cuando*. ¿En qué casos *cuando* y *si* son equivalentes?

Cuando = si
Cuando ≠ si

■ Reescribe el texto anterior intercambiando *cuando* y *si* siempre que sea posible.

9 Estos son Eusebio y su hermano de pequeños. Relaciona los dibujos de cada columna y haz frases con *si* o *cuando*.

10 Eusebio recuerda una anécdota de sus vacaciones, pero se le ha olvidado poner las circunstancias de los sucesos que narra. Añádelas en el lugar adecuado y completa con los verbos en imperfecto o indefinido.

> Hechos → indefinido.
> Circunstancias → imperfecto.

[1] porque el mar nos .... *(arrastrar)* cada vez más hacia dentro

[2] así que aún .... *(haber)* poca gente

[circunstancias]

[3] que también .... *(llevar)* su colchón

[4] y como ya no .... *(hacer)* pie

[5] .... *(estar)* muy preocupados y

[6] el agua .... *(estar)* a muy buena temperatura

UNA MAÑANA .... muy temprano a la playa, [...] y .... coger un buen sitio. [...] y mi hermano y yo .... en el mar con el colchón. Mi madre nos .... que no estuviéramos demasiado tiempo en el agua, pero .... por completo del tiempo. .... con unos amigos [...], y .... jugando a las batallas. Pero la marea nos .... un poco lejos [...] y .... volver a la arena. .... nadar con el colchón, pero no .... llegar a la orilla [..]. .... a gritar y a pedir ayuda, y al final .... dos socorristas en una lancha a rescatarnos. Lógicamente, mis padres [........... ....] cuando nos ...., nos .... y al día siguiente nos .... sin playa.

TAREA: Hablamos sobre las vacaciones

11 Estas son algunas imágenes del reciente viaje de Eusebio y Marta a Gandía. Ordenadlas según lo que cuentan a unos amigos. Después, escribid la historia haciendo uso del indefinido y del imperfecto y añadiendo toda la información que creáis necesaria.

> Para **narrar** → indefinido.
> Para **describir** → imperfecto.

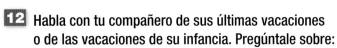

12 Habla con tu compañero de sus últimas vacaciones o de las vacaciones de su infancia. Pregúntale sobre:

- Acompañantes
- Medio de transporte
- Alojamiento
- Destino
- Acontecimientos especiales
- Actividades cotidianas durante las vacaciones
- Fechas del viaje
- Valoración general de las vacaciones
- Circunstancias de esos acontecimientos
- Incidentes durante el viaje

INFORMACIÓN FUNCIONAL Y GRAMATICAL

→ **Expresiones para hacer una reserva de hotel**

Quería una habitación para los días...
individual / doble / de matrimonio
con baño completo, con bañera / ducha
en régimen de alojamiento y desayuno / media pensión / pensión completa

→ **Indefinido / Imperfecto**

Indefinido para narrar acciones o sucesos:
Fuimos a Mallorca de vacaciones.
Imperfecto para describir:
– Personas o cosas:
  Leo era un perro maravilloso.
– Acciones habituales:
  Íbamos todos los días a la playa.
– Circunstancias de acciones o sucesos concretos:
  Estaba muy cansado y me quedé dormido.

Leo era un perro maravilloso.

→ *Si / Cuando* **+ Pasado**

– *Si* + imperfecto expresa una condición en el pasado, es decir, un hecho que no siempre se producía y del que dependía el cumplimiento de otro.
  Si hacía buen tiempo, íbamos a la playa.
– *Cuando* + indefinido sirve para situar en el tiempo un hecho concreto del pasado.
  Cuando llegamos (aquella vez), *estábamos muy cansados.*
– *Cuando* + imperfecto sirve para situar en el tiempo unos hechos que se repetían en el pasado.
  Cuando llegábamos (todas las veces, siempre), *estábamos cansados.*
– *Cuando* + imperfecto equivale a *si* + imperfecto cuando expresa acciones que se producían unas veces sí y otras no.
  Cuando hacía buen tiempo (solo esos días), *íbamos a la playa.*

El viaje de mis sueños

Destinos turísticos

1 Relaciona los destinos turísticos y las posibilidades que ofrecen.

DESTINOS

1. Playa
2. Campo o montaña
3. Grandes ciudades
4. Complejos turísticos
5. Antiguas civilizaciones
6. Lugares exóticos
7. Balnearios

OFERTAS

a) naturaleza
b) compras
c) artesanía
d) gastronomía
e) salud
f) aventura
g) sol
h) tradiciones populares
i) diversión
j) tratamientos de belleza
k) deportes
l) espectáculos
m) historia y cultura
n) descanso
ñ) vida nocturna
o) arte y museos

2 ¿Qué lugares de habla hispana son los mejores si buscas los destinos anteriores?

■ ¿Has estado en alguno de ellos?

Haremos un crucero

3 Escucha la conversación de estos cinco amigos y apunta qué prefiere cada uno para sus vacaciones y por qué. Apunta también las opiniones en contra.

Destino / Tipo de turismo	Razones a favor	Razones en contra

4 Eva está convenciendo a sus amigos de hacer un crucero y ha conseguido información. Busca el significado de estas palabras y después lee el texto y contesta a las preguntas.

embarcar: ....
desembarcar: : ....
a bordo: ....
camarote: ....

VISITAREMOS países en los que **necesitarás** pasaporte (incluido niños y bebés), así que comprueba que tu documentación está vigente. Al embarcar, personal de Pullmantur Cruises te **recibirá** en el puerto para ayudarte con todos los trámites necesarios. Una vez a bordo y durante todo el crucero **estará** siempre a tu disposición. El personal te **entregará** tu equipaje en el camarote, así que recuerda identificarlo y llevar personalmente los objetos de valor y las medicinas. Siempre **encontrarás** a bordo un médico y personal de enfermería que **podrán** atenderte si lo necesitas. El servicio médico no está incluido en el precio, pero si quieres **podremos** hacerte un seguro de asistencia sanitaria.

A bordo **encontrarás** bonitas tiendas y boutiques libres de impuestos con gran variedad de artículos, y para facilitarte el pago de los gastos, al iniciar el crucero te **daremos** una tarjeta identificativa con la que **podrás** ir pagando todos los extras de a bordo. Para ello, **deberás** abrir una cuenta de crédito con cargo a tu tarjeta o a un depósito en efectivo. Al finalizar tu crucero **podrás** liquidar todos tus gastos en efectivo o con las principales tarjetas de crédito.

Folleto publicitario de cruceros Pullmantur (texto adaptado).

1. ¿Los niños y bebés necesitan pasaporte? ....
2. ¿De qué parte del equipaje debes ocuparte personalmente? ....
3. ¿El servicio médico es gratuito? ....
4. ¿Qué característica tienen las tiendas de a bordo? ....
5. ¿Cómo llevan el control de gastos de cada pasajero? ....
6. ¿Qué hay que hacer para obtener esa tarjeta? ....
7. ¿Puedes pagar en metálico o solo con tarjeta? ....

5 Ahora fíjate en la nueva forma verbal que ha aparecido en el texto. Es el futuro simple. Completa el cuadro con las personas que faltan.

Visitar	Necesitar	Deber	Recibir	Poder
visitaré	....	deberé	....	....
....	necesitarás	deberás	....	....
....	necesitará	....	recibirá	podrá
visitaremos	....	....	....	podremos
visitaréis	....	deberéis	....	....
....	necesitarán	....	recibirán	podrán

■ Además de *poder,* hay otros verbos muy frecuentes que hacen el futuro irregular. Completa la tabla.

Saber	Hacer	Decir	Tener	Salir	Querer
sabré	haré	diré	tendré	saldré	querré
....	....	....	....	....	....
....	....	....	....	....	....
....	....	....	....	....	....
....	....	....	....	....	....
....	....	....	....	....	....

■ ¿Cómo crees que se conjugarán *poner, venir, haber* o *caber?*

....

6 Nuestros amigos van a hacer un crucero por la Riviera Maya y están viendo las excursiones opcionales. Ayúdalos a completar el texto con el futuro.

Escalas y excursiones

Las escalas y excursiones son el complemento ideal para tu crucero. .... *(haber)* 3 o 4 excursiones opcionales, de las que te .... *(dar)* el programa completo el primer día y que .... *(tener)* que reservar a bordo al menos con 24 horas de antelación. Estamos seguros de que no .... *(querer)* perdértelas, pero si lo prefieres, ... *(poder)* ir a tu aire visitando los puertos de escala.

Tulum y Playa del Carmen

La noche antes sabremos *(saber)* la hora exacta en la que todos .... *(tener)* que estar preparados en el vestíbulo. .... *(salir)* en ferry privado desde Cozumel y .... *(dirigirse)* a la famosa localidad de Playa del Carmen, situada en la península del Yucatán. Allí .... *(tomar)* los autobuses que nos .... *(llevar)* hasta las impresionantes ruinas mayas de Tulum, única zona arqueológica construida al borde del mar. Una vez en la entrada, un trenecito nos .... *(conducir)* hasta el recinto arqueológico, donde .... *(hacer)* la visita con nuestro guía, que nos .... *(decir)* cuáles eran las funciones de los distintos edificios y nos .... *(explicar)* los amplios conocimientos de esta cultura. Después, ... *(tener)* tiempo libre y .... *(poder)* tomar fotografías del espectacular paisaje con impresionantes vistas del mar Caribe, e incluso .... *(disponer)* de un rato para darnos un baño en una preciosa playa, rodeados de las ruinas mayas en un entorno único. Posteriormente, ... *(regresar)* a Playa del Carmen, principal ciudad de la Riviera Maya, donde .... *(tener)* tiempo libre para pasear por sus calles llenas de bares, restaurantes y tiendas de artesanía.

Folleto publicitario de cruceros Pullmantur (texto adaptado).

Si el barco se mueve, me marearé

7 Los cinco amigos hablan sobre el crucero. Completa las oraciones condicionales con uno de los siguientes verbos en futuro.

poder   descontar   tener   resultar
encargarse   marearse   pasar   hacer
estar   ir   volver   ser

Si + presente + futuro

Eva: Es un crucero estupendo. Si están de acuerdo, me .... de hacer la reserva para los cinco.

Javier: Un momento, Eva. Si hacemos ese crucero, no .... a tener vacaciones en varios años. Es carísimo.

Eva: No tanto. Si reservamos con más de dos meses de antelación, nos .... un 10% y si reservamos con un mes, un 7%.

Carlos: Además, si compartimos el camarote nos .... un precio muy especial.

Ana: Ya, pero si dormimos los cinco en el mismo camarote, ... que compartir el baño y me parece que somos demasiados.

Sara: Podemos dormir tres en un camarote y dos en otro. O mejor: si convencemos a Antonio seremos tres y tres y nos .... más barato, y además nos lo .... mejor.

Eva: Perfecto. También podemos hacer otra cosa. Si vamos en otoño, ... temporada baja.

Carlos: Para el Caribe no lo creo. Además, si vamos en esas fechas el mar .... más agitado y con riesgos de huracanes.

Sara: Calla, no digas eso. ¿Tú crees que el barco se moverá mucho? Si se mueve, me .... Y si hace mal tiempo no .... salir del camarote.

Javier: Sí, mejor en verano. Pero sigo diciendo que no nos lo podemos permitir.

Eva: Pues nada, si no quieren, no .... de crucero.

 Escucha y comprueba.

CD2:19

8 Haced una cadena con oraciones condicionales. ¿Cuántas sois capaces de enlazar?

- Si no se deciden pronto, les saldrá más caro. Si les sale más caro, Javier no irá. Si no va Javier...

- Si la gasolina sigue subiendo, ...

- Si no estudiamos más en clase, ...

 9 Parece que al final se han animado a hacer el crucero. Escucha cómo hablan de acciones futuras y copia dichas acciones en su lugar correspondiente.

CD2:20

No hay voluntad o decisión personal

....
....
....

Hay voluntad o decisión personal

....
....
....

▍ ¿Qué forma verbal se utiliza en cada caso?

....

Así se pronuncia

10 ¿Sabes cuáles de las siguientes secuencias de sonidos no existen en español?

br, bl	mr, ml
cr, cl	pr, pl
dr, dl	tr, tl ....
fr, fl	vr, vl
gr, gl	

11 Escucha y escribe las palabras y tacha las secuencias que contienen. Cuando hayas tachado todas, di ¡ALTO!

br	cr	fr	gr	pr	dr
bl	cl	fl	gl	pl	tl

....

....

TAREA: Organizamos un viaje

12 En grupos, vais a preparar un viaje de una semana. Aquí tenéis diversos datos sobre posibles destinos, medios de transporte y alojamientos, pero tendréis que completar la información. Preparad un breve folleto publicitario describiendo vuestro viaje.

ALBERGUES JUVENILES DE PARÍS

20 € persona/noche. AD.

Solo una noche en cada albergue.
Imprescindible carnet de albergues internacional.

RentCar

Coches en alquiler
Espa ña   y   Europa

Clase B, 5 plazas, 40 € / día
Clase A, monovolumen, 50 € / día

Dto. 10% a partir del 3.er día

Tren Madrid-París, salidas todas las noches a las 20 h. 108,5 € en litera 1.ª clase y 93,08 € en litera 2.ª clase. Cena incluida.

Costa Brava

Hotel	AD	MP	PC
Miramar *** (Bagur)	60	85	95
Girona **** (Lloret de Mar)	72	100	112
Paraíso *** (Lloret de Mar)	58	72	--
Conquistador *** (Girona)	40	50	60
Ramblas *** (Barcelona)	80	102	115
Gaudí ** (Barcelona)	55	--	--

Travesía
Deportes de aventura

Curso de una semana con:
rafting, tirolina, rapel,
vuelo en parapente con monitor.
Alojamiento y pensión
completa en albergue.
Equipo incluido.
Transporte por cuenta propia. 750 €

AirFrancia
Madrid-París
120 € / trayecto + tasas

París

Hotel	AD	MP	PC
OPERA *** A 5 minutos del metro y a 15 minutos en metro del centro de París	80	110	--
BASTILLE ** Céntrico	75	--	--

13 Elegid la mejor opción de las presentadas, pero antes buscad posibles inconvenientes a los viajes propuestos por los demás, utilizando oraciones condicionales.

Ej.: *Si vamos a París, gastaremos demasiado dinero.*

INFORMACIÓN FUNCIONAL Y GRAMATICAL

→ Futuro simple

El futuro regular se forma con el infinitivo +
-é
-ás
-á
-emos
-éis
-án

- Hay varios verbos irregulares:
  – raíz + -ré, como *saber (sabré), haber (habré), caber (cabré), querer (querré)*
  – raíz + -dré, como *tener (tendré), poner (pondré), venir (vendré), salir (saldré)*
  – otros, como *hacer (haré)* y *decir (diré)*

saber	haber	caber	querer	tener	poner	venir	salir	hacer	decir
sabré	habré	cabré	querré	tendré	pondré	vendré	saldré	haré	diré
sabrás	habrás	cabrás	querrás	tendrás	pondrás	vendrás	saldrás	harás	dirás
sabrá	habrá	cabrá	querrá	tendrá	pondrá	vendrá	saldrá	hará	dirá
sabremos	habremos	cabremos	querremos	tendremos	pondremos	vendremos	saldremos	haremos	diremos
sabréis	habréis	cabréis	querréis	tendréis	pondréis	vendréis	saldréis	haréis	diréis
sabrán	habrán	cabrán	querrán	tendrán	pondrán	vendrán	saldrán	harán	dirán

→ Hablar del futuro

– Se emplea *ir a* + infinitivo cuando son hechos o acciones futuras que dependen de la voluntad o decisión del hablante.
Voy a cambiarme de casa.

– Se emplea el futuro simple cuando son acciones futuras que no dependen de la voluntad del hablante.
El examen será a las 10.

– O cuando, aun siendo decisión del hablante, este no quiere asumir la decisión como propia por no estar muy convencido, ser algo muy lejano en el tiempo, etc.
Cuando gane más dinero, me cambiaré de casa.

→ Condicionales

Para acciones probables que se refieren al futuro, se emplea *si* + presente + futuro.
Si vuelvo por aquí, vendré a saludarte.

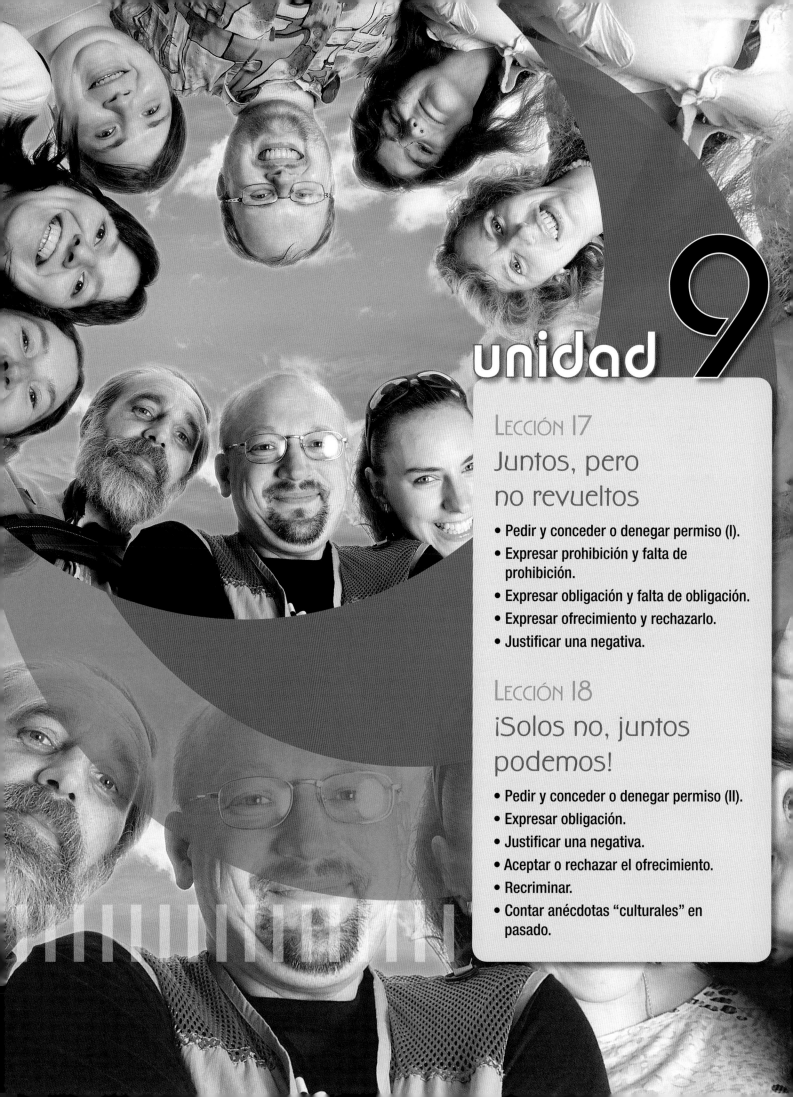

Juntos, pero no revueltos

Permisos y prohibiciones

1 Estos son Marta y Enrique. ¿Qué crees que están diciendo?

CD2:22

Escucha lo que dicen. ¿Qué diálogo corresponde a cada dibujo?

2 Completa los diálogos con lo que has escuchado.

Marta: Te he dicho una y mil veces que .... entrar con el monopatín en el salón. Rayas el parqué. ....

Enrique: Lo sé, mamá, ... Tenía prisa.

Marta: .... terminantemente que lo hagas de nuevo.

Enrique: Sí, mamá, perdona. ....

Enrique: Mamá, ..., ¿puedo irme esta noche de marcha? Todos mis amigos tienen permiso de sus padres.

Marta: ¿Adónde van a ir?

Enrique: .... ¿Puedo, mami?

Marta: Pero ¿adónde vais? ¿A qué hora vas a regresar?

Enrique: Pues… por ahí…, por aquí y por allá… No sé…, pero ....

Marta: ...., sí, ... Pero a las 10 te quiero en casa.

Enrique: Jo, mamá, eso es muy pronto.

Marta: .... Si te dejo salir, ... estar a las 10 en casa.

Enrique: ....

Marta: Enrique, ¡no has quitado la mesa! .... que es tu obligación.

Enrique: .... no me gusta hacerlo. Es aburrido.

Marta: ¡Ah, se siente! Aburrido o no, tienes que quitarla todos los días. .... Los demás también tenemos nuestras obligaciones.

Enrique: ...., mamá.

3 Los padres de Enrique le han comprado una perra, pero con la condición de que la eduque. Ahora Enrique le está enseñando algunas cosas. Escribe las órdenes que debe darle.

Ej.: *Los zapatos no se muerden, Zira. Eso no se hace.*

1. La alfombra ...., Zira. ....

2. .... al sofá, Zira. ....

3. .... mis galletas, Zira. ....

4. .... a los vecinos, Zira. ....

5. ....con mi mochila, Zira. ....

6. .... a los niños, Zira.

4 Ahora Enrique le explica a su amiga Cristina lo que ha estado enseñándole a su perra Zira. Escribe las órdenes que le ha dado.

Enrique: Hoy he estado enseñando a Zira a que haga o que no haga algunas cosas. Le he enseñado que .... la alfombra y que .... al sofá. Luego se ha comido mis galletas, porque me he despistado y le he dicho que .... y que tampoco .... con mi mochila. Por la tarde la saqué de paseo, y le enseñé que no .... a los vecinos, ni .... a los niños; que ....

Marta: ¿Y ha aprendido todo eso en una tarde?

Enrique: No, tengo que repetirle muchas veces: Zira, ...

Poder es querer

5 En el instituto de Enrique y Cristina han decidido hacer una fiesta de bienvenida a los alumnos nuevos. Ahora tienen que comprar todas las cosas que necesitan. Ayúdalos a decidir qué comprar.

Comidas y bebidas

barras de pan y pan de molde (para bocadillos), queso, jamón, patatas fritas, tortilla de patatas, ensaladilla rusa, frutos secos (almendras, cacahuetes, avellanas, etc.), aceitunas, ganchitos de queso, galletitas saladas, chucherías, chocolate, sobaos, galletas, etc.

coca cola, refrescos, limonada, agua, etc.

Cosas que necesitarán

vasos	manteles
platos	servilletas
cucharas	globos
tenedores	piñata
cuchillos	etc.

6 Ahora tienen que ir a pedir permiso a la Jefa de Estudios para que les deje el gimnasio para organizar la fiesta. Escucha el diálogo y completa las palabras que faltan.

CD2:23

Enrique: Hola, Margarita. Venimos en nombre de toda la clase. Vamos a hacer una fiesta de inauguración para dar la bienvenida a los cuatro alumnos nuevos que han llegado. ¿.............................. .... la fiesta en el gimnasio?

Margarita: Hola, Enrique. Hola, Cristina. Sí, ..., pero después tenéis que dejarlo todo limpio y recogido. .... sin más.

Cristina: Sí, sí, por supuesto.

Margarita: Además, ... bebidas alcohólicas. Está prohibido.

Enrique: Sí, sí, claro.

Margarita: Y .... Sois demasiado jóvenes. Eso está también prohibido.

Enrique: Sí, sí, por supuesto. Pero ¿............................... globos y traer música?

Margarita: ...., pero .... muy alta. Habrá una reunión de profesores a esa hora en la sala de al lado.

Cristina: Vale, ¿y.............................. a amigos que no sean alumnos del instituto?

Margarita: Si no son muchos... de acuerdo. .... cada uno de vosotros a un amigo, pero no más. ¿............................ en algo más?

Enrique: No, no queremos nada más. Muchas gracias.

Cristina: Ah, se nos olvidaba. Usted también está invitada.

Margarita: Gracias, Cristina. Veré si ....

7 Fíjate en los significados del verbo *poder* en el texto anterior. ¿Qué valores tiene? Escribe en cada caso las frases que correspondan a cada uno de los distintos valores.

1
Pedir o
conceder permiso
....
....
....
....
....
....

3
Expresar capacidad
de hacer algo
....
....
....
....
....
....

2
Expresar prohibición
....
....
....
....
....

4
Expresar ofrecimiento
....
....
....
....

8 ¡Tú puedes! Lee estas frases y clasifícalas según los valores del cuadro anterior.

1. ¿Puedes alcanzarme esos libros? Yo no llego. ......

2. ¿Seguro que puedes llevar esas maletas tú sola? ......

3. Puedes cenar esta noche conmigo, si quieres, claro. ......

4. No puedes ir en moto sin casco. ......

5. No puedes irte sin el casco de la moto. Te pueden multar por ello. ....

6. La jefa no puede seguir así: trabajando 12 horas diarias. ......

7. ¿Puedes hablar de tu viaje con Miriam, por favor? ......

8. Manuel puede ver 40 canales de televisión desde su casa. ......

9. No se puede fumar aquí. Es un edificio público. ......

10. ¿Podemos llamarte por teléfono, Óscar? ......

11. ¿Podrías saltar 3 metros con la pértiga? Inténtalo. Tú puedes. ......

12. ¿No pudiste contactar con Rafa? ......

13. No puedes conducir si has bebido. ......

14. Si quieres, puedo pasarte mis soluciones de los ejercicios. ......

☺☺ **9** Escribe cinco cosas que eres capaz de hacer tú.

Tú

1. ....
2. ....
3. ....
4. ....
5. ....

▌ Pídele permiso a tu compañero para hacer cinco cosas.

1. ....
2. ....
3. ....
4. ....
5. ....

Tu compañero

▌ Escribe cinco cosas que tienes prohibido hacer.

1. ....
2. ....
3. ....
4. ....
5. ....

▌ Ofrécele a tu compañero cinco cosas.

1. ....
2. ....
3. ....
4. ....
5. ....

10 Lee el siguiente texto. Señala aquellas fórmulas que sirvan para pedir permiso y para concederlo o denegarlo.

Enrique: Perdone, profesor. ¿Puedo faltar mañana a la primera hora de clase?

Profesor: ¿Por qué? ¿Qué te ha pasado?

Enrique: Es que tengo que ir a la comisaría.

Profesor: ¿Te has metido en algún lío?

Enrique: No, bueno, es que el otro día me pusieron una multa por patinar en una zona prohibida.

Profesor: Tú y tu monopatín…

Enrique: ¿Pero puedo?

Profesor: Sí, puedes, pero a ver si aprendes a respetar las normas.

Enrique: Entonces, ¿sí? ¿Y si me retraso? Porque, claro, esto de los papeles…

Profesor: No, Enrique, solo puedes faltar a primera hora, pero nada más. A las diez te quiero ver en clase.

Enrique: Vale… ¡Gracias, profe!

11 Responde a estas peticiones de permiso, concediéndolo y denegándolo.

1. ¿Puedo buscar en tu bolso un pañuelo?

....

2. ¿Puedo comerme tu flan? Me encanta.

....

3. ¿Me dejas hablar con tu móvil?

....

4. ¿Puedo salir con tu novio el sábado?

....

5. ¿Puedo copiar las respuestas de tus ejercicios?

....

■ **Ahora, escucha estos diálogos y toma nota de las respuestas.**

CD2:24

12 Justifica una negativa según el modelo.

Ej.: –¿Quieres gambas?

–No, muchas gracias, no como gambas porque soy alérgica al marisco.

–No, muchas gracias, no como gambas; es que soy alérgica.

1. ¿Quieres más pastel?

....

....

2. ¿Puedes venir con nosotras al cine?

....

....

3. ¿Puedo ayudarte con los ejercicios?

....

....

4. ¿Salimos mañana por la tarde?

....

....

5. ¿Te apetece una caña?

....

....

Cuestión de educación

13 ¿Qué cosas se pueden o no se pueden hacer en estos lugares?

. En clase ....

. En la mesa ....

. En un hospital ....

. En una conferencia ....

5. En el metro ....

6. En la calle ....

7. En España ....

8. En mi país ....

14 Convierte en impersonales estas oraciones.

1. Los españoles crearon la tortilla de patata.
2. Los japoneses comen pescado crudo muy rico.
3. Los italianos comen pasta dos veces por semana.
4. Los escandinavos hacen el mejor salmón ahumado.

1. ....

2. ....

3. ....

4. ....

TAREA: Nos comportamos

15 Juan Cerdo es un compañero de clase de Enrique y Cristina, pero no le cae bien a nadie porque sus costumbres no son muy sociables. Fíjate en sus normas de conducta.

Decálogo del "guarrete maloliente"

1. Come cuanto más mejor, por si acaso... Y habla con la boca llena, para que vean que quieres comer más.

2. Bebe de las copas de tus amigos. A ellos no les importa, aunque tengas la boca llena.

3. Mete la mano en el plato de tus compañeros cuando comen. No tienen que ser egoístas con su plato.

4. Sorbe la sopa, porque así se oye más ruido y te sientes acompañado. Además, en otros lugares se hace.

5. No esperes a los demás para comer. Tú tienes más hambre que ellos.

6. Toma el trozo mayor que haya, aunque los otros se queden sin probar esa comida. ¡Qué espabilen!

7. No te duches ni laves la ropa. Hay que ser ecologista y no malgastar el agua, que es un bien escaso.

8. Tira todo al suelo. Ya vendrán otros a retirarlo. Debes ser solidario con los puestos de trabajo de los basureros. No queremos que los echen.

9. Habla alto e interrumpe a los demás. De esa manera, los otros sabrán que tienes opinión y criterio.

10. Pregunta insistentemente cuando quieras saber algo. No importa que te respondan con evasivas; así podrás saber cuánto ganan, qué tendencia política tienen o cualquier "secretillo" que no quieran contar.

En parejas. ¿Qué opinas del comportamiento de Juan Cerdo? ¿Te parece educado y cortés? ¿Qué cosas cambiarías y cuáles no? ¿Qué cosas odias más de todas estas normas de conducta? Si fuera compañero tuyo, ¿qué le prohibirías hacer a tu lado? Formula oraciones de prohibición y de obligación.

Tomando como modelo este, o cambiando las normas que consideres más oportunas, escribe el decálogo del "educado oloroso".

DECÁLOGO DEL "OLOROSO"

1. ....
2. ....
3. ....
4. ....
5. ....
6. ....
7. ....
8. ....
9. ....
10. ....

INFORMACIÓN FUNCIONAL Y GRAMATICAL

→ Usos del verbo *poder*

– Para expresar las capacidades de algo o de alguien.
*Yo **puedo** traerte las maletas.*
*Esta casa **puede** costar muchos millones.*

– Para pedir permiso.
*¿**Puedo** cambiar de canal?*

– Para ofrecer algo.
*¿**Puedo** invitarte a un café?*
*Si quieres, **puedes** quedarte aquí.*

– Para expresar prohibición en forma negativa, ya sea personal o impersonal con *se*.
***No puedes** hablar en voz alta en la biblioteca.*
*Aquí **no se puede** hablar por el móvil.*

No olvidemos…
Utilizamos *se* + 3.ª persona del singular del verbo para expresar generalidades. Es impersonal, es decir, no tiene sujeto.
*En esta oficina **se trabaja** mucho.*

→ Uso de *eso*

– Para valorar algo.
***Eso** está muy mal.*

– Para recriminar a alguien, generalmente a los niños.
*¡Hijo, **eso** no se hace! ¡Tira el papel en la papelera!*

→ Para expresar obligación

– *Hay que* + infinitivo se utiliza para expresar una obligación general. Es impersonal.
***Hay que** cumplir las normas.*

– *Tener que* + infinitivo se utiliza para expresar una obligación particular, esto es, para decir a alguien lo que tiene que hacer.
*Ana, **tienes que** estudiar más.*

– *Deber* + infinitivo se utiliza también para expresar una obligación particular, esto es, para decir a alguien lo que tiene que hacer.
***Debes** ducharte todos los días.*

→ Para ofrecer algo

– Se utiliza el verbo *querer*.
*¿**Quieres** tomar algo?*
¡Ojo! Lo que se ofrece va entre signos de interrogación.

– O el verbo *poder*.
*¿**Puedo** ayudarte?*

→ Para rechazar algo

Para rechazar algo que se nos ofrece utilizamos *no* y agradecemos el ofrecimiento. Es necesario también justificar nuestra negativa.
***No**, gracias, muy amable. **Es que** tengo que irme.*

¡Solos no, juntos podemos!

Costumbres y normas

1 Lee el siguiente diálogo.

Tracy: Oye, Cristina, ¿te has fijado? Pei-Yu está sorbiendo la sopa. ¡No me lo puedo creer!

Cristina: ¡Y Hyo Sang también!

Enrique: ¿Ya estáis criticando?

Cristina: No, solo comentamos que a estos chicos todavía les queda mucho que aprender. Sorben la sopa y no saben usar los cubiertos…

Pei-Yu Wei: Perdona, Cristina, pero al menos nosotros comemos. Con más o menos etiqueta occidental, pero comemos. No como tú, que no comes nada.

Cristina: Pero si yo como muchísimo.

Enrique: No tanto, pero bueno. Últimamente, estás comiendo muy poco.

Cristina: Es que va a llegar el verano y hay que empezar a cuidarse. Ayer me compré unos pantalones de la talla 36.

Julián: Tiene razón Enrique, comes muy poco. ¿No quieres un poco de chocolate?

Cristina: No, Julián, pero gracias. La dieta me lo prohíbe.

Enrique: Me parece que te prohíbe muchas cosas… Mientras no dejes de comer…

Tracy: Sí, yo tengo una amiga en Estados Unidos que tuvo muchísimos problemas con la comida. Todo por querer estar como las modelos.

Pei-Yu Wei: En China también conozco a muchas chicas obsesionadas con adelgazar.

Cristina: Bueno, ya vale. Además, eso es asunto mío.

Pei-Yu Wei: Cristina, perdona. No quisimos molestarte, solo nos preocupamos por ti.

Cristina: Yo tampoco quise ofenderte. Es normal que todavía no conozcas nuestras costumbres. Ya verás, poco a poco, irás aprendiendo. ¡Dame un abrazo! ¡Tracy, vamos a darle un abrazo!

Tracy: Perdonad, pero yo paso. A mí no me gusta abrazar a la gente así, sin más.

Enrique: ¡Veis, todos tenemos nuestras costumbres o nuestras manías!

Hyo Sang: Ya te digo; por ejemplo, yo no entiendo por qué Tracy está siempre con sus gafas de sol puestas. Eso, por ejemplo, en Corea, no se puede hacer.

Tracy: Pero estamos en España y aquí se puede.

Enrique: La verdad es que tampoco está muy bien visto usar las gafas de sol a todas horas, sobre todo en un sitio cerrado como este.

Hyo Sang: ¿Ves?

Tracy: Pero nadie lo prohíbe, ¿no?

Cristina: Prohibir, lo que se dice prohibir, no. Pero ¿a ti no te pone nerviosa no ver los ojos de la persona con la que hablas?

Tracy: No, a mí eso me da igual. Además, a mí no me gusta que me claven la mirada y aquí en España miráis mucho a los ojos.

Cristina: Sí, eso es verdad. A mí a veces también me molesta, pero es que los españoles tendemos a la cercanía. Nos gusta acercarnos a la gente con la que hablamos, tocarla, achucharla, besarla…

Tracy: En cambio, en Estados Unidos solemos mantener mucho más la distancia.

Hyo Sang: En Corea y en China también pasa y, no creáis, nos cuesta mucho adaptarnos a tanta cercanía.

Julián: Pues menos mal que no habéis ido a Brasil. Entonces sí que ibais a estar incómodos.

 ■ En parejas. ¿Qué costumbres, de todas las que se han citado aquí, son de tu país? ¿Qué otras costumbres no se han dicho? ¿Qué te ha sorprendido más de todo el mundo español? ¿Qué te gusta y qué te molesta de las costumbres españolas?

2 Subraya la opción correcta.

1. **Tracy y Cristina se ríen de los dos chicos orientales porque:**

   a) no saben comportarse en una fiesta.

   b) no saben comer en una mesa.

   c) reaccionan mal si se les toca.

2. **¿Por qué se preocupan sus amigos por Cristina?**

   a) porque le gusta mucho el chocolate.

   b) porque últimamente no come nada.

   c) porque hace días que no come.

3. **¿Cuántas diferencias culturales se han planteado?**

   a) Son 5, a saber, sorber la sopa, usar los cubiertos adecuadamente, usar gafas de sol ante otras personas, mirar fijamente a los ojos cuando se habla con alguien, tocar a las personas cuando se habla o acercarse mucho a ellas.

   b) Son 3, a saber, mirar a los ojos fijamente, sorber la sopa, acercarse mucho a las personas cuando se habla.

   c) Son 4, a saber, usar gafas de sol en el interior de una casa, no mirar a los ojos cuando se habla, usar palillos, tocar a las personas porque se les quiere mucho.

El imperativo: órdenes y cortesía

3 Completa con las formas de imperativo las siguientes frases.

–¿Puedo comer un poco de tortilla?

–.......................... de esta que está más jugosa.

–Pásame las patatas fritas, por favor.

–......................, no me daba cuenta.

–Oye, ¿cambiamos de música?

–...................., que esta es muy monótona.

–¿Vamos a buscar a la directora?

–Espera. Todavía estoy bebiéndome el zumo.

–Uy, perdona, ..., que luego vamos. No hay prisa.

–¿Puedes darme galletitas saladas? Me encantan.

–........................... la bolsa.

4 Escribe las formas de imperativo con el pronombre a su lado. Sigue el modelo.

Ej.: *Sacar al perro de paseo.*

Sácalo de paseo.

1. Retirar *(tú)* la mesa y fregar *(tú)* los platos.

....

8. Prestar *(tú)* a mí el coche.

....

2. Lavar *(tú)* los dientes y preparar *(tú)* tu mochila para mañana.

....

9. Cortar *(vosotros)* el pelo a mí.

....

3. Guardar *(tú)* la ropa en el armario.

....

10. Comer *(vosotros)* la tarta.

....

4. Decir *(tú)* el nombre a tus compañeros.

....

5. Cumplir *(vosotros)* las promesas hechas.

....

6. Acercar *(vosotros)* el libro a la ventana.

....

7. Colgar *(tú)* el cuadro en la pared.

....

5 Escucha estos textos y di cuáles son órdenes y cuáles responden a la cortesía.

CD2:25

ÓRDENES

CORTESÍA

6 Responde a las siguientes preguntas usando el imperativo y los pronombres átonos que correspondan.

1. ¿Puedo abrir la ventana? Hace mucho calor.

.........................., yo también tengo calor.

2. ¿Puedes prestarme tu boli? El mío se ha terminado en este momento.

.... Yo terminé ya de escribir.

3. ¿Podemos comer tortilla de patatas? Tiene una pinta excelente.

................................, está buenísima.

4. ¿Podemos salir ya al recreo?

...................., ya ha acabado la clase.

5. ¿Me dejas un papel en blanco? Tengo que tomar unas notas.

....

6. ¿Has acabado ya con el ordenador? Quiero revisar mis correos electrónicos.

.... Ya los he revisado yo.

7. Por favor, camarero, ¿puede dejarme la sal?

.... Perdone, señor, no me había dado cuenta de que el salero no estaba en la mesa.

8. Perdone, ¿puedo mover un poco hacia atrás el coche?

.... Todavía le queda un poco de espacio.

9. ¿Puedo hacer una llamada desde tu teléfono?

.... No hay problema.

10. ¿Quieres un poco de gazpacho fresquito?

....................., por favor. Tengo mucho calor.

 ▮ Ahora escucha esta audición y comprueba tus respuestas.

Normas de conducta

7 Escribe frases que expresen gusto o disgusto (con los verbos *gustar, encantar, odiar, molestar)*, según tus preferencias.

Ej.: *Colarse cuando estoy esperando para comprar la entrada del cine.*

Me molesta que se cuelen cuando estoy esperando para comprar la entrada del cine.

1. Fumar en los restaurantes. ....

2. Escupir en la calle. ....

3. Tirar al suelo los chicles. ....

4. Sorber la sopa. ....

5. Comer con las manos. ....

6. Comer del plato de los otros. ....

7. Tocar la comida de los otros. ....

8. Hablar en clase e interrumpirla continuamente. ....

9. Dejar el asiento a una persona mayor en el autobús. ....

10. Hablar de religión, de tu sueldo o de política con desconocidos. ....

11. Hablar a gritos en un bar. ....

12. Dormir la siesta. ....

13. Hablar con la boca llena o comer con la boca abierta. ....

14. Mezclar el primer plato con el segundo y el postre. ....

 ▮ Comprueba con tu compañero en cuántos puntos habéis coincidido y en cuántos no. Contrasta con él las costumbres de tu país y las suyas.

8 Completa el texto siguiente con los tiempos verbales que correspondan.

Hace un año ...... *(ir)* con mi hermana a Hong Kong, a Shanghai y a Nanjing. Ella .... *(ser)* profesora de español y .... *(tener)* que impartir un curso allí. Yo la .... *(acompañar)* para que no .... *(ir)* sola. .... *(ser)* un viaje muy largo, pero también muy emocionante. A mí me .... *(resultar)* todo muy llamativo y sorprendente. .... *(desconocer)* la cultura china, y por eso me .... *(llamar)* la atención muchas de las cosas que .... *(ver)*. Yo .... *(viajar)* en otras ocasiones anteriores con mi hermana, pero nada .... *(ser)* tan distinto como China. El primer día en Hong Kong nos .... *(recibir)* Rocío, una profesora muy inteligente, divertida y amable, que .... *(vivir)* allí. Nos .... *(enseñar)* la ciudad, ... *(subir)* con ella al Pike en tranvía y nos .... *(explicar)* cómo ...... *(ser)* la vida allí. A los tres días .... *(viajar)* a Shanghai. Allí nos .... *(recibir)* el profesor Wu, que nos .... *(mostrar)* tradiciones legendarias chinas. Por ejemplo, cómo ...... *(ser)* su escritura, cómo .... *(ser)* las comidas tradicionales y cómo se .... *(agasajar)* a los visitantes. .... *(comer)* en un restaurante de un rascacielos que .... *(estar)* dando vueltas todo el tiempo. Nos .... *(poner)* huevos imperiales, manjar exquisito para los chinos. .... *(ser)* unos huevos que .... *(hacerse)* en lodo y cal durante un tiempo. Su aspecto y su olor nos .... *(resultar)* extraño, pero su sabor ...... *(ser)* exquisito. Mi hermana no .... *(querer)* probarlos, pero yo sí lo .... *(hacer)*. Luego nos .... *(trasla-*

dar) en coche a Nanjing, que .... *(estar)* a 300 kilómetros. Esa ciudad .... *(resultar)* fascinante. .... *(cenar)* en un restaurante en donde .... *(elegir)* los peces que .... *(querer)* comer. .... *(estar)* vivos en sus peceras. Nos .... *(preparar)* un banquete extraordinario, con muchísimos platos y todos .... *(ir)* dando vueltas a una gran mesa redonda donde .... *(encontrarse)* las distintas bandejas con comida. Lo más sorprendente ...... *(ser)* que nos .... *(servir)* la sopa al final. Me .... *(encantar)* China, y .... *(querer)* volver algún día para enseñar español en ese lejano país. Sin embargo .... *(haber)* algo que no nos .... *(gustar)*: las personas .... *(trabajar)* mucho. .... *(pasarse)* todo el día en los comercios. Allí .... *(comer)* y .... *(dormir)*. En España eso ...... *(ser)* impensable.

😊😊 **9** En parejas, preparad una relación de las costumbres que más os han llamado la atención de España. No recurráis solo a las comidas; pensad también en la siesta, los bares, el fútbol, etc. Luego escribidlas en estas columnas según sean positivas y negativas para vosotros. Comparad con el resto de la clase.

POSITIVAS

NEGATIVAS

10 Leed estas anécdotas.

Somos iguales, somos diferentes: costumbres españolas

MALIK es árabe y cuando vino a España no conocía nuestras costumbres. Él había estudiado gramática, pero no sabía nada de la vida cotidiana, así que cuando vino a España la primera vez tuvo algunas experiencias simpáticas y otras desagradables.

Como no sabía muy bien cómo comportarse a la mesa, se sentó y esperó a que todos estuvieran listos. Él observaba todo lo que hacían los demás y lo imitaba. Pero, claro, hay algunas cosas que salen espontáneamente y, al terminar de comer, eructó. En la mesa todos se quedaron en silencio. Malik no sabía qué hacer, así que su familia le explicó que en España eso no se hacía. Malik lo entendió y pidió disculpas. Tampoco era necesario, era una cuestión cultural, pero ahora estaba en España y él quería comportarse de acuerdo con las normas de conducta de este país. Cada vez que se acuerda de aquel primer día no puede evitar reírse. Ahora esas cosas ya no le ocurren.

UN DÍA BRYAN se fue a comer con sus compañeros de trabajo. La conversación era muy animada, hablaban de todo un poco, así que Bryan, que tenía mucha curiosidad, les preguntó cuánto dinero ganaban ellos... Solo quería saber si había mucha diferencia entre el sueldo de unos y otros. Los demás se miraban un tanto asustados. No daban crédito a lo que acababan de oír. A todos se les pasó la misma idea por la cabeza: ¿en qué piensa este chico?, ¿no sabe que esas cosas no se preguntan a un español?

■ ¿Alguna vez os ha pasado algo similar? ¿Conocéis a alguien a quien le haya pasado? Escribid un pequeño texto contando vuestra experiencia.

TAREA: Las buenas costumbres

CD2:27

11 Escucha los cuatro diálogos y después, en grupos de distintas nacionalidades, escribid cinco normas universales de buenos modales en...

La fiesta

1 ....
2 ....
3 ....
4 ....
5 ....

La clase

1 ....
2 ....
3 ....
4 ....
5 ....

El transporte público

1 ....
2 ....
3 ....
4 ....
5 ....

La mesa

1 ....
2 ....
3 ....
4 ....
5 ....

12 En parejas, redactad un decálogo de las buenas costumbres en todos los ámbitos de la convivencia. Luego comparadlo con los que hayan redactado vuestros compañeros. ¿Cuál define mejor las buenas costumbres? ¿Por qué?

1 ....

6 ....

2 ....

7 ....

3 ....

8 ....

4 ....

9 ....

5 ....

10 ....

INFORMACIÓN FUNCIONAL Y GRAMATICAL

→ Para conceder / denegar permiso

– Para conceder permiso utilizamos:
El doble imperativo. *Pasa, pasa.*

El imperativo más algún otro elemento afirmativo. *¡Pasa, sí, claro!*

– Para denegar permiso utilizamos:
La negación más el presente de subjuntivo. *–¿Puedo poner la televisión? –**No, no** la **pongas** porque estoy estudiando.*

→ Colocación de los pronombres átonos

– La forma afirmativa del imperativo lleva los pronombres detrás del verbo y forma una sola palabra. Al añadir sílabas, el acento cambia. *Mira - míra**la**; come - cóme**la**; escriba - escríba**los**.*

– Cuando hay un pronombre complemento directo y otro complemento indirecto, se coloca primero el indirecto y después el directo. *Pón**telo**; láva**telos**; dí**selo**.*

– Con los verbos pronominales la persona VOSOTROS pierde la -d. *Senta**os**; marcha**os**; levanta**os**.*

– La forma negativa lleva los pronombres delante del verbo. Si hay dos pronombres, se coloca primero el complemento indirecto y después el complemento directo. *No **lo** mires; no **las** escribáis; no **os** sentéis; no **se lo** digas.*

→ Pretérito perfecto

– Sirve para contar acciones pasadas relacionadas con el presente del hablante.
Esta tarde he visto a Manolo en la biblioteca.

– Para hablar de experiencias pasadas sin indicar el tiempo en el que se realizaron.
Hemos estado en París y nos ha encantado.

– Para valorar acontecimientos relacionados con el presente del hablante.
La película ha sido muy aburrida. No tenía acción.

– Para excusarse o justificarse por sucesos pasados que tienen consecuencias en el presente.
Siento llegar tarde, pero es que se me ha parado el reloj.

→ Pretérito indefinido

Sirve para contar sucesos del pasado que no tienen relación con el presente del hablante.
Ayer fui a tu casa.

→ Pretérito imperfecto

– Sirve para hablar de costumbres y hábitos en el pasado. *El año pasado iba al gimnasio todos los días.*

– Sirve para describir a personas y cosas. *Mi tía era una mujer muy guapa, tenía el pelo largo y moreno, siempre llevaba falda corta y zapatos sin tacón.*

– Sirve para describir las situaciones o los contextos de las acciones. *Cuando estaba en la Universidad, iba a clase todos los días.*
Antes las mujeres no fumaban mucho.

→ Contraste pretérito perfecto e indefinido

Se usa el pretérito perfecto cuando los sucesos pasados tienen relación con el presente del hablante (*hoy, esta semana, hace diez minutos,* etc.) y el indefinido se usa cuando las acciones pasadas no tienen relación con el presente (*ayer, el año pasado, en 1960,* etc.).
***Ayer se acostó** muy tarde y **hoy no ha ido** a la clase de español.*

unidad10

Pintar el mundo

Grandes pintores

1 Escucha la descripción que unos estudiantes de Bellas Artes hacen del estilo de algunos pintores famosos y relaciona los cuadros con los nombres.

CD2:28

GOYA. *Duelo a garrotazos* ☐
DALÍ. *Persistencia de la memoria* ☐
PICASSO. *El Guernica* ☐

BOTERO. *Familia presidencial* ☐
DIEGO RIVERA. *Indígenas realizando diversos oficios* ☐
FRIDA KALHO. *Mis abuelos, mis padres y yo* ☐

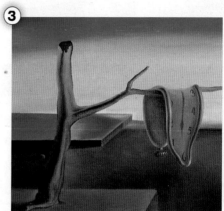

Goya es un pintor difícil de clasificar, pues su pintura tiene much... "Goya interior" que... unas circunstancias v... sas (enfermedad, an... Este cuadro que tene... a esta época. Es una... las más misteriosas... atormentado. Son... oscuros, en los qu... siempre presente. P... considera el padre d...

Me gusta **Frida Kall**... y por el colorido de... utilizaba una fanta... dos en el arte popu... Sus cuadros repres... su experiencia pers... aspectos dolorosos,... pues fue una mujer... largo tiempo enfern...

Diego Rivera es... la pintura mexica...

El estilo de **Botero** es inconfundible: es el pintor de las formas grandes, del humor y de la ironía. Sus principales fuentes de inspiración son la historia del arte, la vida burguesa, la cultura colombiana y los personajes históricos. Botero emplea la gordura como base de una burla cariñosa para comentar muchos aspectos de la vida cotidiana. Sin duda, él hace belleza de la gordura y la voluptuosidad.

A **Dalí** se le considera el artista más importante del movimiento surrealista y uno de los pintores más destacados del siglo XX. Durante su vida, Dalí dio muestras de muchas excentricidades. Su personalidad causó contro-

gran medida de la mezcla de Gauguin y la...

versia; fue considerado por unos un genio y por otros un loco. Su pintura está muy relacionada con el psicoanálisis y el subconsciente. Él la denominaba actividad "paranoico-crítica" y se caracterizaba por la representación de escenas oníricas, del mundo de los sueños, realizadas con gran precisión y minuciosidad técnica.

Picasso es uno de los pintores más universales de la historia del arte. Es el creador y máximo representante del cubismo, aunque fue un pintor de muchos estilos. Aquí tenemos su obra más famosa. Representa la cólera, la ira del pintor ante el horror de la guerra. Para intensificar ese drama que quería reflejar.

¿Con qué adjetivos describirías cada cuadro?

colorista, tenebrista, oscuro, surrealista, divertido, personal, triste, nostálgico, vital, realista, romántico, intimista, irónico, burlón

1. ....
2. ....
3. ....
4. ....
5. ....
6. ....

😊😊 **2** Piensa en un pintor que te guste y explica los rasgos que lo definen como artista y que caracterizan su estilo. Habla con tu compañero y cuéntaselo. Después, tratad de buscar un pintor que os guste a los dos.

Mi pintor favorito es .... porque ....

A mi compañero le gusta .... porque ....

A los dos nos gusta .... porque ....

Ser o estar: esa es la cuestión

3 Juan Pedro y Víctor Manuel, dos de los estudiantes de Bellas Artes, han encontrado estos anuncios en Internet. Léelos y contesta a las preguntas.

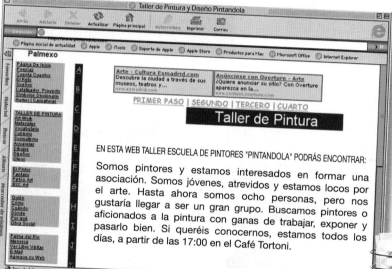

Centro de Arte XXL
NUEVAS MIRADAS AL MUNDO
Exposición de pintura joven
Si te gusta el arte, te invitamos a que vengas a conocer el trabajo de algunos artistas noveles. La inauguración de la exposición será el próximo 12 de abril. Estaremos aquí hasta el 30 de junio.
Avda. de Mayo, 56.

1. ¿Qué y cómo son las personas que han escrito el anuncio? ....

2. ¿Cuántos son? ....

3. ¿Dónde están habitualmente? ....

4. ¿Cuándo será la inauguración de la exposición de arte joven? ....

5. ¿Hasta cuándo estará la exposición? ....

6. ¿Dónde está la sala? ....

■ Recuerda lo que has estudiado sobre *ser* y *estar* y explica cada uno de los usos anteriores.

SER / ESTAR

• Utilizamos el verbo *ser* para definir, clasificar, describir:
Es alto y muy simpático.

• Utilizamos el verbo *estar* para hablar de cómo se encuentran las personas, las cosas, los hechos: resultados de procesos.
Está preocupado porque tiene problemas económicos.

4 Estos son algunos de los pintores del grupo. Descríbelos.

1 ....

2 ....

③ ....

4 ....

5 ....

5 Forma frases con *ser* o *estar* + adjetivo según el ejemplo.

1. Estas frutas tienen un sabor muy agradable. *Están muy ricas.*

2. Eva siempre escucha con mucha atención. ....

3. Venga, ya nos podemos ir. Ya lo tengo todo preparado. ....

4. Este niño se porta fatal, hace muchas travesuras. ....

5. A Juan le ha tocado la lotería. ....

6. Es muy amable con todo el mundo, se preocupa siempre por los demás.

....

> **Adjetivos que cambian de significado según lleven SER o ESTAR**
>
> | | |
> |---|---|
> | rico | delicado |
> | claro | abierto |
> | bueno | listo |
> | malo | despierto |
> | atento | verde |

6 Juan Pedro y Víctor Manuel han enviado un correo electrónico contestando al anuncio, pero un "virus informático" ha borrado las formas verbales de *ser* y *estar*. Vuelve a escribirlos tú.

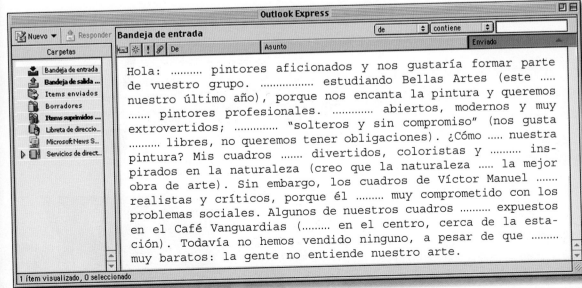

Hola: .... pintores aficionados y nos gustaría formar parte de vuestro grupo. .... estudiando Bellas Artes (este ..... nuestro último año), porque nos encanta la pintura y queremos .... pintores profesionales. .... abiertos, modernos y muy extrovertidos; .... "solteros y sin compromiso" (nos gusta .... libres, no queremos tener obligaciones). ¿Cómo ..... nuestra pintura? Mis cuadros .... divertidos, coloristas y .... inspirados en la naturaleza (creo que la naturaleza ..... la mejor obra de arte). Sin embargo, los cuadros de Víctor Manuel .... realistas y críticos, porque él .... muy comprometido con los problemas sociales. Algunos de nuestros cuadros .... expuestos en el Café Vanguardias (......... en el centro, cerca de la estación). Todavía no hemos vendido ninguno, a pesar de que .... muy baratos: la gente no entiende nuestro arte.

Cada persona es un mundo

7 A Juan Pedro le encanta pintar animales. Estos son algunos de sus cuadros. ¿Qué animales son?

1. ....

2. ....

3. ....

4. ....

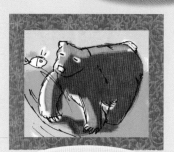

7. ....

8. ....

9. ....

▌ ¿Sabes cuáles son los femeninos de estos nombres de animales?

....

CD2:29

8 Escucha lo que dicen estos jóvenes pintores y explica qué les gusta, qué quieren o no quieren y qué les divierte.

1. Violeta: ....

2. Patricia: ....

3. Rubén: ....

4. Sergio: ....

▌ Ahora, forma frases según el ejemplo.

A Violeta le encanta que la gente se divierta con sus cuadros y no quiere pintar por encargo.

5. ....

6. ....

■ Descríbenos a tu mascota o animal favorito. Danos cinco pistas y dos minutos de tiempo para descubrir de qué animal se trata.

Mi mascota / animal favorito es

....

Tiene ....

Le gusta ....

Se llama .... porque ....

😊😊 ■ Habla con tu compañero y decid cuál es…

10. ....

el más fiel → ....

el más gracioso → ....

el más ruidoso → ....

el más fiero → ....

el más veloz → ....

el más goloso → ....

el más rico → ....

el más independiente → ....

el más bravo → ....

el más elegante → ....

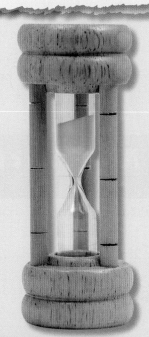

😊😊 **9** Lee el texto y reflexiona sobre cómo eres, qué te gusta y qué te fastidia, sobre tus relaciones con los demás, etc. Después, entrevista a tu compañero y rellena su ficha.

Todos tenemos cosas en común con los demás y cosas que nos diferencian del resto, que nos hacen particulares. Cuando estas diferencias son muchas, la gente nos considera extraños, raros. Y cuando somos un poco raros, las relaciones con los demás se complican, nos fastidia que nos hablen, no nos gusta comportarnos como ellos, queremos que todo el mundo se dé cuenta de que somos diferentes.

FICHA DE MI COMPAÑERO

- Cinco adjetivos que le definan: ....

- Su principal virtud: ....

- Su principal defecto: ....

- Sus aficiones favoritas son: ....

- No le gusta: ....

- Le encanta (que): ....

- Le gusta que la gente: ....

- No le gusta que la gente: ....

- Odia: ....

- Su mayor deseo es que: ....

TAREA: La unión hace la fuerza

10 El anuncio en Internet para formar una asociación de pintores ha tenido buena respuesta. Os habéis reunido 50 personas. En grupos decidid las siguientes cuestiones y elaborad un manifiesto.

ASOCIACIÓN CAMINO HACIA OTRO ARTE

• Para pertenecer a la asociación es necesario: ....
....

• Cuota que hay que pagar: ....

• Acciones que vamos a emprender: ....
....

• No vamos a permitir: ....
....

tolerancia
respeto
sensibilidad
compromiso
espíritu crítico
elitismo
moralidad
integración

Asociación Camino hacia otro arte
MANIFIESTO

• Como artistas que somos pensamos que el arte es…
1. ....
2. ....
3. ....

• Somos…
1. ....
2. ....
3. ....

• Lo que caracteriza a nuestra Asociación es…
1. ....
2. ....
3. ....

• A nosotros (no) nos gusta (que)…
1. ....
2. ....
3. ....

• Queremos (que)…
1. ....
2. ....
3. ....

11 Aquí tienes tres cuadros muy representativos de la obra de Goya. Reuníos en grupos y decidid cuál de ellos elegiríais como emblema e imagen de una asociación dedicada a este pintor.

INFORMACIÓN FUNCIONAL Y GRAMATICAL

→ Verbos *ser* / *estar* + cualidades

SER

Definir, clasificar, describir: ESENCIA

– Identidad:
  Buenos días. Soy Patricia Pérez.

– Origen, nacionalidad:
  Somos argentinos.

– Profesión:
  José es pintor.

– Descripción física de personas, objetos y lugares:
  Patricia es bajita y rubia.

– Descripción del carácter:
  Ignacio es un poco egoísta, pero es muy simpático.

Valoración general de hechos, actividades:
Es bueno hacer deporte.

ESTAR

Hablar de cómo se encuentran las personas, las cosas, los hechos: ESTADOS

– Estados físicos de personas o animales:
  He pintado este cuadro en una noche y estoy agotado.

– Estados psíquicos de personas:
  Está muy contento.

– Estados civiles:
  Estamos solteros.

– Circunstancias y estados de objetos y lugares:
  Los alumnos están de viaje.
  La cafetería está cerrada.

Valoración de objetos, cosas y hechos:
La carne estaba muy salada.

→ Verbos *ser* / *estar* + *bueno, malo, bien, mal*

Los adjetivos *bueno* y *malo* y los adverbios *bien* y *mal* cambian su significado:

– Según vayan con el verbo *ser* o con *estar.*
– Según se refieran a personas o a cosas.

	SER				ESTAR			
	BUENO	BIEN	MALO	MAL	BUENO	BIEN	MALO	MAL
con persona	bondadoso		malvado		guapo, sano	contento, sano	enfermo	enfermo, triste
con cosa	de buena calidad		de mala calidad, perjudicial		buen sabor	correcto, acertado	mal sabor, en mal estado	incorrecto

→ Expresar sentimientos y deseos

Sentimientos y deseos que recaen en el sujeto o de carácter general:

– Verbo principal + infinitivo

  Quiero pertenecer a esta asociación.
  Nos gusta conocer nuevas técnicas.
  Les alegra exponer sus cuadros en esta sala.

Sentimientos y deseos que recaen en otra persona distinta del sujeto o agente principal:

– Verbo principal + *que* + subjuntivo

  Quiero que pertenezcas a esta asociación.
  Nos gusta que conozcas nuevas técnicas.
  Les alegra que expongas sus cuadros en esta sala.

Un espacio para el arte

El Café Tortoni

1 La asociación de artistas porteños se reúne en uno de los cafés míticos de Buenos Aires: el Café Tortoni. Lee la historia de este café y contesta a las preguntas.

EL CAFÉ TORTONI, situado en la Avenida de Mayo de Buenos Aires, es uno de los lugares más característicos y bohemios de la ciudad porteña. No se trata de un simple café: el Tortoni es un importante foro cultural de gran tradición, donde se reunían Alfonsina Storni, Jorge Luis Borges, Federico García Lorca, José Ortega y Gasset y Carlos Gardel, entre otros. Además de la literatura, otras artes y actividades encuentran allí un lugar de expresión: el tango, el jazz, el billar e, incluso, la radio; todas las noches se emite desde allí un famoso programa de radio, *La venganza será terrible*, al que se puede asistir mientras se disfruta de una cerveza o una sidra.

El Tortoni es, pues, el paradigma del café porteño. Nació cuando un inmigrante francés de apellido Touan decidió inaugurarlo a finales de 1858. Tomó prestado el nombre de un establecimiento del parisino Boulevard des Italiens, en el que se reunía la elite de la cultura de la capital francesa del siglo XIX.

A finales del siglo XIX, el café Tortoni fue adquirido por otro francés: don Celestino Curutchet. El local era frecuentado por un grupo de pintores, escritores, periodistas y músicos que formaban la "Agrupación de Gente de Artes y Letras", liderada por Touan. En mayo de 1926 formaron "La Peña" y le pidieron a don Celestino Curutchet que les dejase usar la bodega del sótano. El dueño aceptó encantado, porque según sus palabras "... los artistas gastan poco, pero le dan lustre y fama al café...".

En este café parece que el tiempo se hubiera detenido como en una fotografía antigua cuando en él la gente juega al billar, a las cartas, o simplemente toma un café entre amigos. El local es cada vez más una parte indispensable de la historia porteña.

(Adaptado de www.cafetortoni.com)

1. ¿Por qué se llama Café Tortoni? ....
2. ¿Qué se puede hacer en él? ....
   ....
3. ¿Quién fue Touan? ....
4. ¿Quiénes formaban la "Agrupación de Gente de Artes y Letras"?
   ....
5. ¿Qué pensaba don Celestino Curutchet de los artistas? ....
6. ¿En qué parte del café se reunía "La Peña"? ....
7. ¿Existe algún café como este en tu ciudad? ....
   ....

Se busca local artístico

2 Los miembros de la asociación se han reunido en el Café Tortoni para decidir qué actividades va a desarrollar la asociación. Subraya las que tú creas más adecuadas.

- Restaurante
- Venta de souvenirs
- Exposiciones
- Retratos de encargo
- Cursos
- Publicidad
- Charlas y coloquios
- Excursiones
- Fusión de géneros artísticos
- Retransmisión de un programa de radio
- Yoga
- Una "sala de obras inconclusas"

CD2:30 ▮ Escucha y comprueba.

3 Los artistas siguen hablando en el Tortoni. Necesitan un lugar donde desarrollar sus actividades. Escucha y escribe las características que desean para su sede.

CD2:31

Necesitan un lugar que…

....
....
....
....
....
....
....
....

Oraciones relativas

- *Que* + indicativo
  *Quiero un local **que está** en el barrio de Palermo.*
  (El hablante sabe que ese local existe.)
- *Que* + subjuntivo
  *Quiero un local **que esté** en el barrio de Palermo.*
  (El hablante no sabe si ese local existe.)

4 Observa los siguientes espacios y descríbelos en tu cuaderno con oraciones de relativo.

1. Un local

2. Un galpón (Hispanoamérica)

3. Una nave

4. Una buhardilla

5. Una mansión

▮ ¿Qué tipo de vivienda se adapta mejor a las necesidades de la asociación?

Barrios de Buenos Aires

5 Han encontrado estas ofertas en algunos barrios emblemáticos de Buenos Aires.
Para conocerlos lee la información y completa con *que, el / la que, quien* y *donde*.

LOCAL (BOCA)
C/ Caminito, 7
220 m²
Subte próximo
Luminoso
AR $ 4 000 mes
Tfno.: 4313-577921

LOCAL (SAN TELMO)
C/ Perú, 21
240 m²
Reformado
Almacén
AR $ 3 500 mes
Tfno.: 4313-559553

GALPÓN (PALERMO)
C/ Paraguay, 12
300 m²
Necesita reforma
Dos entradas
AR $ 2 000 mes
Tfno.: 4313-891440

LOCAL (RECOLETA)
C/ Copérnico, 5
270 m²
Gran escaparate
Patio
AR $ 4 200
Tfno.: 4313-190002

SAN TELMO fue en su origen un barrio aristocrático. Actualmente es un barrio .... abundan los talleres artesanales, las calles estrechas, los patios coloniales y el ambiente tanguero.

Todos los domingos, en la plaza Dorrego, se puede visitar la famosa Feria de Antigüedades de San Telmo, en .... se encuentran objetos de gran valor. Como en otros barrios porteños, el ambiente es animado por cantantes y bailarines de tango.

LA BOCA es un barrio .... muchos artistas han situado sus estudios. Su calle más característica es la calle Camini-to, a .... llamaron así por el conocido tango del mismo nombre .... cantaba Carlos Gardel. Es una calle peatonal de unos 100 metros, muy bonita por las planchas de zinc pintadas de colores .... cubren las casas y por las obras de arte expuestas al aire libre: los artistas locales cuelgan allí sus pinturas, ... se pueden comprar. También hay otros artistas callejeros, ... cantan y bailan tangos famosos acompañados por una guitarra o un bandoneón.

"PALERMO HOLLYWOOD" es una parte del barrio de Palermo a .... también se llama "El Soho porteño". Se la llama así debido a los numerosos canales de televisión y estudios de cine .... se hallan allí. Además, es un foro cultural .... se reúnen gran cantidad de artistas. Paseando por sus calles se puede ver una mezcla de arquitectura de principios del siglo xx y de decoración de vanguardia. Alrededor de la plaza Julio Cortázar, ... es conocida como "La placita", hay muchos pubs, restaurantes, discotecas, galerías de arte y bares alternativos.

LA RECOLETA es un barrio residencial y lujoso en .... se encuentran restaurantes y cafés muy elegantes. En este barrio se halla también uno de los cementerios más bellos del mundo, ... se reúnen esculturas funerarias realizadas por famosos artistas argentinos. Una de las tumbas más visitadas es la de Eva Perón, ...

representa uno de los mitos argentinos.

En este barrio también se concentran numerosas galerías de arte y museos; allí se encuentra el Centro Cultural Recoleta, ... está situado en un antiguo convento de 1732 y .... alberga pinturas, esculturas y fotografías en sus variadas exposiciones.

Cómo llegar

CD2:32

6 Escucha cómo se informa Juan Pedro por teléfono sobre el local de San Telmo.
¿A qué distancia se encuentra este local de los siguientes puntos?

- Subte Perú: ....
- Plaza de la Constitución: ....
- Plaza Dorrego: ....
- Avenida 25 de mayo: ....
- Avenida 9 de julio: ....

> En Buenos Aires, al metro lo llaman *subte*.

▌¿De qué forma expresa el dueño del local la distancia?

Distancia exacta: ....

Distancia aproximada: ....

7 Observa el plano del subte de Buenos Aires. Imagina que estás en la Plaza de Mayo.
¿A cuántas paradas de subte te encuentras de los siguientes lugares?

- Retiro: ....
- Palermo: ....
- Lavalle: ....
- Carlos Gardel: ....
- Acoyte: ....

▌¿Y a cuánto tiempo están esas paradas de la Plaza de Mayo, aproximadamente?

- Retiro: ....
- Palermo: ....
- Lavalle: ....
- Carlos Gardel: ....
- Acoyte: ....

> **¡Ojo!**
> *A una hora* y *a un cuarto de hora* expresan medida exacta.

Plano del subte de Buenos Aires:

Premetro — 20' — S/N — CENTRO CIVICO — INT. SAGUIER — ARMADA ARGENTINA — JUMBO — S/N — PLAZA DE LOS VIRREYES (LINEA E) — PARQUE DE LA CIUDAD — BALBASTRO — GRAL. SAVIO — MINISTRO CARRILLO — S/N — FUERZA AEREA — GABINO EZEIZA — PTE. ILLIA — FERNANDEZ DE LA CRUZ — 22'

(B) 22' — LOS INCAS — TRONADOR — FEDERICO LACROZE — DORREGO — MALABIA — ANGEL GALLARDO — MEDRANO — CASTRO BARROS — CARLOS GARDEL — PUEYRREDON — PASTEUR — PASCO — CONGRESO — SAENZ PEÑA — LIMA

(D) 30' — CONGRESO DE TUCUMAN — JURAMENTO — JOSE HERNANDEZ — OLLEROS — MINISTRO CARRANZA — PALERMO — PLAZA ITALIA — SCALABRINI ORTIZ — BULNES — AGÜERO — PUEYRREDON — FACULTAD DE MEDICINA — CALLAO

(E) 22' — PLAZA DE LOS VIRREYES — VARELA — MEDALLA MILAGROSA — EMILIO MITRE

(A) 19' — PRIMERA JUNTA — ACOYTE — RIO DE JANEIRO — JOSE M. MORENO — AV. LA PLATA — BOEDO — GENERAL URQUIZA — JUJUY — ALBERTI — PICHINCHA — ENTRE RIOS — SAN JOSE — INDEPENDENCIA

PLAZA MISERERE — CALLAO — URUGUAY — TRIBUNALES — CARLOS PELLEGRINI — LAVALLE — FLORIDA — LEANDRO N. ALEM — GENERAL SAN MARTIN — RETIRO

(C) 13' — CONSTITUCION — SAN LUIS — INDEPENDENCIA — SAN JOSE — MORENO — AV. DE MAYO — DIAGONAL NORTE — 9 DE JULIO — BELGRANO — PIEDRAS — PERU — BOLIVAR — CATEDRAL — PLAZA DE MAYO

Combinacion entre Lineas

TAREA: Un lugar para el arte

8 Los miembros de la asociación se han reunido en el Tortoni para decidir qué sitio alquilar. Escucha y apunta las opiniones de cada uno.

CD2:33

- *Lo* + adjetivo + *es* + *que*
  + **indicativo:** valoración de hecho constatado.
  Lo mejor es que el local está ya reformado.
  + **subjuntivo:** valoración de hecho no constatado.
  Lo ideal es que el local esté ya reformado.

Opinión n.º 1:

....
....
....

Opinión n.º 2:

....
....
....

Opinión n.º 3:

....
....
....

Opinión n.º 4:

....
....
....

SE ALQUILA

▌ ¿Qué piensas tú?

9 Al final se han decidido por el local de la calle Caminito. Este es el plano. Por grupos, proponed una división y utilización del espacio. Después exponed las propuestas y votad la que más os guste.

INFORMACIÓN FUNCIONAL Y GRAMATICAL

→ Oraciones relativas

– *Que* + indicativo
Quiero un local que está en el barrio de Palermo. (El hablante sabe que ese local existe.)

– *Que* + subjuntivo
Quiero un local que esté en el barrio de Palermo. (El hablante no sabe si ese local existe.)

→ Conectores relativos

QUE
Con toda clase de antecedentes (personas, cosas, situaciones…).
En todos los contextos: tras el antecedente, tras coma, tras preposición (culto).
Silvia, que no sabía dónde estaba el Tortoni, no vino a la reunión.

EL / LA / LOS / LAS QUE
Con toda clase de antecedentes (personas, cosas, situaciones…).
Tras preposición (en el caso de personas, es más usual que preposición + *quien*).
Palermo Hollywood, al que llaman "El Soho porteño", es un barrio muy bonito.

QUIEN / QUIENES
Con antecedente de persona.
Tras coma o tras preposición.
Eva Perón, quien está enterrada en el Cementerio de la Recoleta, es un símbolo para Argentina.

DONDE
Con antecedente de lugar.
Tras el antecedente, tras coma y tras algunas preposiciones *(a, por, para, de, desde, en, hacia, hasta).*
La calle Caminito, donde se reúnen tantos artistas, es una de las calles más famosas de Buenos Aires.

→ Expresar distancia

– Distancia exacta: *a* + cantidad de metros / tiempo
El Tortoni está a cinco minutos del subte.

– Distancia aproximada: *a* + *un* / *-a* / *-os* / *-as* + cantidad de metros / tiempo
Caminito está a unos quince minutos del Riachuelo.
El local está a una veintena de metros.

¡Ojo!
A una hora y **a un cuarto de hora** expresan medida exacta.

→ Expresar opinión

• *Lo* + adjetivo + *es* + *que* + indicativo: valoración de hecho constatado.
Lo mejor es que tiene patio.

• *Lo* + adjetivo + *es* + *que* + subjuntivo: valoración de hecho no constatado.
Lo ideal es que tenga patio.

1 Dibuja un monstruo con las siguientes partes del cuerpo.

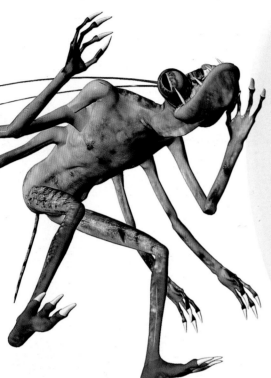

- 5 cabezas
- 7 ojos
- 3 ombligos
- 4 piernas
- 5 rodillas
- 2 cinturas
- 9 pies
- 4 narices
- 8 bocas
- 20 orejas
- 6 brazos
- 12 manos
- 40 dedos
- 5 dientes
- 12 codos

☺☺ **2** Pregunta a tu compañero y descubre en qué aspecto de su vida ha cambiado más y en cuál ha cambiado menos en un periodo de 10 años.

	En el año...	En este año...
Mi ropa		
Mis gustos musicales		
Mi peinado		
Mis amigos		
Mis fines de semana		
Mi cuenta corriente		
Mis conocimientos		
Otros aspectos...		

3 Hemos hablado del pasado. Ahora vamos a hablar del futuro. Escribe cinco planes que vayas a realizar con seguridad.

1. ....
2. ....
3. ....
4. ....
5. ....

■ Ahora escribe cinco planes que realizarás si se cumple una condición.

1. ....
2. ....
3. ....
4. ....
5. ....

4 Reacciona ante lo que te sugieren estas imágenes con verbos de sentimiento.

1. ....
2. ....
3. ....
4. ....
5. ....

5 Completa estos deseos.

1. Quiero un/a novio/a que ....
2. Quiero un coche que ....
3. Quiero un/a profesor/a que ....
4. Quiero un ordenador que ....
5. Quiero unos zapatos que ....
6. Quiero una cama que ....
7. Quiero unas gafas que ....

Transcripciones

LECCIÓN 1

Ejercicio 2

A: Estamos haciendo una encuesta a estudiantes de español para saber cómo creen ellos que es la escuela de idiomas perfecta, qué debe tener, cómo tiene que ser.

B: Para mí, debe tener buenos profesores, con ganas de trabajar.

C: Tiene que estar bien situada, en el centro de la ciudad, por ejemplo.

D: En mi opinión, debe tener buen ambiente, agradable, para que nos sintamos a gusto, como en casa.

E: Tienen que utilizar métodos modernos de enseñanza de idiomas.

F: En mi opinión, tienen que contar con buenas instalaciones: biblioteca, sala de informática, laboratorio de idiomas, aulas grandes y cómodas.

G: Tienen que organizar muchas actividades extraacadémicas, fuera de las clases, como por ejemplo excursiones, fiestas, proyecciones de películas, charlas…

Ejercicio 5

Roberta: Hola, buenos días, me llamo Roberta da Silva. Hoy es mi primer día en la escuela. Soy la becaria de Relaciones Internacionales.

Mar: Hola, Roberta, encantada de conocerte. Soy Mar, la secretaria de la escuela. ¿Qué tal estás?

R: Muy bien, gracias. ¿Y usted?

M: Muy bien también, pero, por favor, tutéame. Ven, acompáñame. Te voy a presentar al equipo. Buenos días, M.ª Ángeles.

M.ª Ángeles: Buenos días, Mar.

M: Mira, Roberta, te presento a M.ª Ángeles Álvarez, es la directora académica. Es Roberta da Silva, la nueva becaria.

R: Mucho gusto.

M.ª A: Encantada. Y bienvenida a nuestra escuela.

R: Muchas gracias.

M: Bueno, vamos a continuar con las presentaciones. Hasta luego.

M.ª A: Hasta luego. Y, bueno, si necesitas algo, aquí estoy.

R: Sí, gracias. Hasta luego.

Mar: Hola, Carlos, buenos días.

Carlos: Buenos días.

M: Quiero presentarle a Roberta, la becaria de Relaciones Internacionales. Él es Carlos, el jefe de contabilidad.

C: Encantado, ¿qué tal está?

Roberta: Encantada.

M: Y mira, este es Ismael, nuestro administrativo. Ismael, te presento a Roberta.

Ismael: Hola, Roberta, ¿qué tal?

R: Hola, ¿qué tal?

M: Ismael después te explicará qué tienes que hacer, ¿de acuerdo? Vamos a continuar. Hasta luego.

C: Hasta luego, buenos días.

I: Hasta luego.

Mar: Vamos por aquí. Aquel es Rafa, el jefe de estudios, con algunos de los profesores.

Hola, Rafa. Es Roberta, la becaria. Este es Rafa, que, como te he dicho, es el jefe de estudios.

Rafa: Encantado. Me alegro de que estés ya por aquí.

Roberta: Mucho gusto. Yo también tenía ya ganas de venir.

R: Roberta, mira, te presento a Alicia, a Javier y a Clara, son tres de los profesores.

Alicia: Hola, ¿qué tal?

Javier: ¿Qué tal?

Clara: Hola.

Roberta: Hola, encantada.

Rafa: Es Roberta, y ha venido con una beca de estudios. Asistirá a clase y además nos ayudará en algunas tareas.

C: Bueno, pues por aquí nos veremos.

M: Sí, voy a terminar de enseñarle la escuela. Nos vemos.

J: Sí, venga, hasta ahora.

Ejercicio 11

– En mi trabajo cada uno tiene sus funciones. Todos somos importantes, por eso formamos un gran equipo. Yo soy informático; mi trabajo consiste en cuidar de los ordenadores para que no entren virus, arreglarlos cuando se estropean, es decir, mantenerlos en pleno funcionamiento.

– Francisco es el administrativo: él se encarga de hacer las facturas, de ir al banco, de archivar todos los documentos.

– Eva es una de las comerciales; su trabajo consiste, sobre todo, en vender, pero también se encarga de informar a los clientes de las nuevas ofertas, de hacer informes para el departamento de márketing y de ir a las ferias para mostrar nuestros productos.

– Pablo es el secretario del departamento: él atiende el teléfono, se encarga de la correspondencia, es decir, de las cartas, y nos ayuda a todos en nuestro trabajo.

Ejercicio 13

Profesor: Existen muchos recursos que nos pueden ayudar a aprender mejor una lengua. Cada estudiante utiliza unos en concreto porque son los que le funcionan mejor, es decir, porque son con los que más aprenden. Todos ellos son buenos. Jenny, ¿tú qué es lo que haces para mejorar tu español?

Jenny: Yo intento participar mucho en clase; además, siempre le pregunto al profesor todas mis dudas. Eso me ayuda mucho a reflexionar sobre mis errores y buscar la causa. Para mí es muy importante entenderlo todo: si hay algo que no comprendo no puedo aprenderlo.

Profesor: Gunter, ¿y tú?

Gunter: A mí me gusta practicar la gramática y el vocabulario, por eso hago muchos ejercicios en casa. Yo creo que es necesario conocer bien las reglas gramaticales y, para ello, lo mejor es hacer muchos ejercicios. También me gusta aprender listas de palabras y de frases: hago juegos mentales para recordarlas; es divertido y muy útil. Además, estudio de memoria la gramática que nos recomienda el profesor: conocer las reglas me da seguridad; si no las sé, no me atrevo a hablar.

Jenny: Pues yo intento hablar español aunque no sepa bien cómo tengo que hacerlo. Aprovecho cualquier ocasión para hablar con nativos. Cuando no puedo hacer esto, escucho música en español: me he aprendido muchas canciones. Además, siempre que puedo, voy durante el

verano a un país hispano. Este año quiero ir a Costa Rica. Trabajo por las tardes en un restaurante y ya he ahorrado para el viaje.

Gunter: A mí me encanta el cine y, por eso, aprovecho cualquier oportunidad para ver cine en español. Si no hay ninguna película nueva, veo programas de televisión; no es lo mismo pero, al menos, oigo hablar español y aprendo muchas cosas. También me gusta leer en español, sobre todo, novelas; ahora hay grandes novelistas que escriben en español, pero también los hubo en el pasado. La novela hispana me parece excelente. ¡Ah!, y como me gusta mucho leer, también busco en Internet noticias en español y las leo: eso me mantiene siempre informado.

LECCIÓN 2

Ejercicio 2

1. –He perdido el bolígrafo. ¿Puedes dejarme uno?
   –Sí, claro, toma.

2. –No entiendo esta palabra. ¿Me dejas tu diccionario?
   –Lo siento, es que hoy no lo he traído. Pero si puedo ayudarte…

3. –¿Te importa darme unos folios? Se me han acabado los míos.
   –Toma unos cuantos.

4. –¿No tengo tijeras para cortar esto? ¿Tú tienes?
   –Sí, además tengo dos. Toma, puedes quedártela.

Ejercicio 4

1.
   –Hola, Pedro, ¿qué tal?
   –Hola, Jesús. Bien, ¿y tú?
   –Bien, bien. ¿Qué haces? Pareces preocupado.
   –Estoy buscando mis apuntes de Historia. La semana que viene es el examen y no los encuentro.
   –¡Los has perdido! Eres un poco desastre, ¿no?
   –Sí, tienes razón. Oye, ¿puedes dejarme los tuyos? Los fotocopio y te los devuelvo.
   –Sí, claro. Ven conmigo a casa y te los doy. Y, por favor, cuídalos: yo también tengo que estudiar.
   –No te preocupes, los cuidaré.

2.
   –Sara, ¿te importa si hago una llamada desde tu móvil? Es que me he dejado el mío en casa y tengo que llamar a mis padres un momento.
   –Claro que sí, toma.
   …
   –¡Vaya, qué lata!
   –¿Qué pasa?
   –No puedo llamar: parece que no tiene crédito.
   –Ah, es verdad, lo siento. Es que hasta mañana no tengo dinero: mañana cobramos.

3.
   –Uf, qué calor hace hoy. ¿Me das un poco de agua fresquita?
   –¿Fresquita? Lo siento, no tengo. Nunca me acuerdo de meter la botella de agua en el frigo. Si quieres un refresco…
   –No, gracias.
   –¿Una cerveza? ¿Un zumo?
   –No, de verdad, gracias.

Ejercicio 13

goma, cenicero, celo, tijeras, cuaderno, carpeta, boli, ventana, pizarra, tiza, queja, dibujo, colegio, caja, esquina, dígito, gimnasio, consejo, alojamiento, bebida, diccionario, lápices, jugar, zumo, sábado, gente, cocina, azotea, ciego, zapato, vaso, querer, envidia, volar, kilo, vuelo, pegamento

Ejercicio 14

cara, rosa, pizarra, barato, carro, pero, rama, parra, morena, cadera

UNIDAD 2

LECCIÓN 3

Ejercicio 6

1. Se las regalan a las mujeres cuando tienen un hijo. Las hay de muchos colores y olores diferentes.
2. Todo el mundo las tiene. Solemos guardarlas para recordar. Hacemos muchas cuando vamos de viaje; después, se las enseñamos a nuestros amigos y familiares.
3. Las necesitas para viajar. Las hay de muchos tamaños. Algunas personas las llevan muy grandes, grandísimas. No pueden casi con ellas y se las tienen que llevar en taxi. Otras las utilizan muy pequeñas y meten solo lo imprescindible.
4. Las llevan los hombres con las camisas. Se las regalan sus hijos el día del Padre.

Ejercicio 7

1.
Hijo: Toma, enhorabuena por tu ascenso.

Padre: ¿Es para mí? ¡Qué sorpresa! Muchas gracias. Son mis autores favoritos. Esta noche empezaré a leerlos.

2.
Chico: Muchas gracias, es estupenda. Me viene muy bien porque no tengo ninguna. Este invierno no pasaré frío.

3.
Chica 1: Toma, si no te gusta puedes cambiarlo.

Chica 2: Marta, ¡qué bonito! Es precioso, de verdad. Me encanta. Esta noche me lo pongo.

4.
Niño: ¿Son para mí? ¿Me los das?
Niña: Sí, como hoy es tu cumpleaños…
Niño: Estos me encantan, son mis preferidos.

5.
Mujer: Cariño, ¡qué sorpresa! ¡Es una maravilla! Pero, tonto, no tenías que haberte gastado tanto dinero. ¡Qué preciosidad!

6.

Novio: Muchas gracias, es estupenda. ¿Quién te ha dicho que es lo que quería? ¡Vaya cámara! Fíjate, tiene un montón de memoria. Voy a hacerte una foto ahora.

Ejercicio 12

En torno al día de la boda, existen muchos elementos simbólicos de larga tradición.

Normalmente el vestido de la novia es de color blanco, ya que este tono se identifica con la pureza y la inocencia. Todas las novias deben llevar algo nuevo, algo viejo y algo usado. Lo nuevo significa la esperanza de comenzar una nueva vida en la que se halle prosperidad y felicidad. Lo viejo simboliza lo que se deja atrás, la conexión de la novia con su pasado. La costumbre de llevar algo usado o prestado parte de una antigua superstición según la cual se puede atraer la felicidad usando algo de alguien que sea feliz. Es un símbolo de amistad. También deben llevar algo azul, que es el color de la fidelidad. La tradición de intercambiar alianzas entre los contrayentes viene de la antigua Grecia, donde se creía que colocar un anillo en el dedo anular de la mano izquierda era un símbolo de eternidad, de lo ilimitado. Los griegos pensaban que la vena de ese dedo conectaba directamente con el corazón. Las arras representan el deseo de compartir los bienes a través de la entrega mutua de 13 monedas.

En cuanto al arroz, este cereal está considerado como un símbolo de fertilidad y, por tanto, al finalizar la ceremonia, los invitados lanzan arroz a los novios con el deseo de que engendren muchos hijos. Actualmente, la tradición ha evolucionado y a las parejas también se les lanzan pétalos de flores, que representan el deseo de un futuro dulce. Tras la ceremonia, los recién casados se besan en símbolo de consumación de la unión a los ojos de todos.

LECCIÓN 4

Ejercicio 3

Esta es la foto de familia de mi boda: una gran familia, ¿verdad? Mira, te los voy a presentar. La mujer que está a mi lado sonriendo es mi madre; mi padre es el del traje gris, el que está al lado de mi madre. Mi suegra, es decir, la madre de Ernesto, es la señora del vestido negro, la más gordita, y mi suegro, el que está a su lado. Aquí está muy serio, pero es un hombre alegre y divertido. En esta foto también está mi abuela: es esta señora del pelo gris que se está riendo. Detrás de nosotros están mis hermanos y la hermana de Ernesto. El rubio del pelo largo es Fernando, mi hermano, y este de aquí, el más alto de todos, es Juan Manuel. Esta chica tan guapa que está al lado de mi hermano es Carmen, mi cuñada. Iba muy elegante, ¿verdad? Bueno, seguimos. Estos señores que están aquí a la izquierda son mis tíos, Teresa y Juan, y el que está al lado de Carmen es su tío Felipe, sí, el del traje negro. Yo creo que se parecen un poco, pero Ernesto dice que no. Ya solo quedan los niños, mis sobrinos: la niña es Patricia y este con cara de travieso es Guillermo, su hermano.

Ejercicio 9

Presentador: Buenos días, estimados oyentes. Hoy vamos a hablar de un tema que preocupa a todos: las relaciones entre padres e hijos y los conflictos familiares. Tenemos con nosotros a la Dra. Violeta Morales, autora de una investigación reciente sobre el tema.
Buenos días, Dra. Morales. Y encantados de tenerla hoy con nosotros.

Dra. Morales: Buenos días. Para mí también es un gran placer compartir esta mañana con todos ustedes.

Presentador: Dra. Morales, ¿son más difíciles hoy día las relaciones con nuestros hijos que en el pasado? ¿Vivimos una época marcada por los conflictos familiares?

Dra. Morales: Los conflictos generacionales han existido siempre, si bien a lo largo de la historia han ido cambiando las causas de tales conflictos. También ha cambiado la concepción misma del conflicto. Así, hace años la existencia de conflictos entre padres e hijos o hijas era considerada negativamente, como índice de disfunción familiar; sin embargo, en la actualidad se ha comprobado que cumple un papel adaptativo en el desarrollo de los jóvenes y en el funcionamiento familiar general, pues contribuye a que los miembros de la familia toleren mejor las diferencias de opinión y a que aprendan a resolver los conflictos manteniendo la relación.

Presentador: Entonces, ¿es bueno que haya conflictos?

Dra. Morales: Es absolutamente normal en las relaciones humanas.

Presentador: ¿Cuáles son, en la actualidad, los focos principales de conflicto entre padres e hijos?

Dra. Morales: Por una parte, cuestiones relacionadas con las opciones y costumbres sociales, como, por ejemplo, la elección de los amigos y de la pareja, pasar la noche fuera de casa, el tipo de actividades de ocio, la hora de volver a casa, la elección de la ropa y el peinado. Por otra parte, la responsabilidad, y dentro de este grupo incluimos la realización de las tareas familiares, el uso del dinero, el cuidado personal y de cosas personales, el uso del coche, el uso del teléfono y de Internet, el trabajo fuera de casa. Un tercer grupo es el de los estudios: calificaciones y nivel de rendimiento, hábitos de estudio, asistencia a clases, actitud respecto a los estudios y los profesores, comportamiento en el instituto. En cuarto lugar, hay que señalar las relaciones familiares, como por ejemplo el respeto a los padres, peleas con los hermanos, relaciones con los abuelos, deseo de independencia familiar. Por último, también son causas de conflictos cuestiones relacionadas con valores morales, entre los que podemos citar las conductas perjudiciales —como beber, fumar o consumir drogas—, el tipo de lenguaje, la conducta sexual…

Presentador: ¿Cuál es la causa de discusión más frecuente entre padres e hijos españoles?

Dra. Morales: Sin lugar a dudas, la hora de llegar a casa por la noche, la realización de las tareas en la casa, los estudios, levantarse muy tarde y el uso del dinero.

Ejercicio 11

1. ¡Qué agotamiento! No puedo más. Me duele la cabeza, las piernas...
2. ¡Qué guapo! ¡Y qué amable ha sido! Es el hombre perfecto: atractivo, inteligente, simpático.

3. ¡Qué pena! Se va Laura y nos quedamos solos.
4. ¡Qué asco de vida! Toda la vida con tus amigas, haciendo cosas juntas, haciendo planes, y luego, ya ves, se casan y todo se acaba.

5. Es que no aguanto más sus impertinencias. ¡Qué mal educado! No pienso volver a decirle nada.
6. Empiezo una nueva vida. Yo creo que todo va a ir bien. Tenemos tantos planes... Queremos hacer muchas cosas juntos.

UNIDAD 3

LECCIÓN 5

Ejercicio 3

A. Estimados clientes: visiten nuestra planta de moda joven, donde encontrarán grandes ofertas en moda vaquera. Cazadora vaquera para él o para ella, por solo 55 euros.

B. En la sección hogar encontrarán de todo para su casa y a precios increíbles: vajilla de porcelana, decorada en colores, modelo Sofía, de 30 piezas, por solo 30 euros.

A. Últimos días de descuento en prendas de abrigo. Consiga hasta el 50% de descuento: chaquetón de señora, 100% lana, disponible en varios colores, por 99 euros.

B. Expoelectrónica en los Almacenes Arias. Televisor de 29 pulgadas Soni, con pantalla extraplana, sistema de 4 altavoces, doble entrada de RGB, zoom panorámico, autovolumen, 750 euros. No deje de visitarnos en la planta 3.ª.

Ejercicio 5

1.
A: Quería unos zapatos marrones, como estos que tiene en el escaparate, de tacón fino, que están rebajados.
B: Sí, tienen un precio estupendo. ¿Qué número usa?
A: El 36.
B: Lo siento, del 36 no queda. Solo quedan números altos.

2.
A: Me gustan los pantalones de pana, en azul oscuro.
B: En azul no quedan. Los tiene en rojo, negros y verdes.

3.
B: Todos los productos de perfumería tienen un gran descuento. Las colonias y perfumes se han rebajado al 40%.
A: ¡Qué bien! Tengo que comprar un re-

galo para mi madre y había pensado en una colonia.
B: ¿Alguna en especial?
A: Sí, Chanel n.º 5: a mi madre le encanta cómo huele. Es su favorita.
B: ¡Cuánto lo siento! Acabo de vender el último frasco.

4.
A: Bueno, como no tienen la colonia que me gusta, le voy a comprar a mi madre un CD. A ella siempre le ha gustado Joan Manuel Serrat y hace poco ha salido un CD con sus grandes éxitos.
B: Sí, por aquí estaba. Además, lo tenemos en promoción con un gran descuento. A ver, a ver; vaya, parece que se han agotado.

5.
A: Quería un diccionario de español.
B: Aquí solo tenemos obras de lectura. Las obras de consulta, libros de texto, etc. los puede encontrar en el edificio de Gran Vía.

Ejercicio 9

1.
A: Buenos días, ¿qué quería?
B: Buenos días. Busco unos pantalones para mi hija.
A: ¿Qué tipo de pantalones buscaba?
B: Pues... unos vaqueros; son los que a ella le gustan.

2.
A: Alfonso, ¿qué chaqueta te gusta más, la verde o la marrón?
B: A mí me gusta más la marrón, te queda mejor.

3.
A: Quería unas botas, como las que tiene en el escaparate.

B: ¿De qué número?
A: Del 36 o 37.

4.
A: Pilar, mira los jerseys. Son bonitos, ¿verdad?
B: ¿Cuál te gusta más? Te lo regalo.

5.
A: Aquí tiene sus camisas. Puede probárselas si quiere.
B: Sí, me las voy a probar.
B: Elena, ¿cuál me queda mejor, la de cuadros o la de rayas?
C: Las dos te quedan muy bien. ¿Cuál es la más barata?
B: La de cuadros.
C: Pues llévate la de cuadros.
A: Bueno, ¿con cuál se queda?
B: Pues..., no sé, no sé... la de rayas.

Ejercicio 12

A: La polémica sobre los horarios comerciales sigue en la calle. Pero ¿qué opinan los diferentes colectivos afectados por las restricciones que propone el Gobierno? Hoy estamos aquí con representantes de algunas de las asociaciones implicadas para conocer su punto de vista.
Señor Ramírez, ¿qué opina la OCU?
B: Pues la Organización de Consumidores y Usuarios rechaza la propuesta por considerar que da la espalda a la realidad social y que va en contra de los nuevos deseos y hábitos del consumidor.
A: Señora Benítez, ¿qué dice al respecto la Asociación de Grandes Empresas de Distribución?
C: La Asociación que represento considera que supone un recorte de la libertad de empresa y de elección de los consumidores, y opina que la reducción a ocho del número mínimo de aperturas comerciales

en domingo o festivo supone la pérdida de entre 5.000 y 7.000 empleos.

A: Es el turno ahora del pequeño comercio, representado por la Confederación Española de Comercio. Señor Galíndez.

D: Nosotros no estamos de acuerdo con las opiniones anteriores, pues creemos que esta medida propuesta por el Gobier-no de reducir el número de días festivos de apertura beneficia a los consumidores y que, además, establece un equilibrio entre los formatos comerciales.

A: Y, por último, ¿qué opina la Asociación de Centrales de Compra y de Servicios, señora Martínez?

E: Pues, mire usted, la Asociación de Centrales de Compra y de Servicios está absolutamente segura de que abrir más festivos llevaría a un desequilibrio económico y social en España e implicaría, a medio plazo, una crisis en el sector, más dificultad para la conciliación de los horarios laborales y familiares y una pérdida del carácter propio de nuestra cultura mediterránea.

LECCIÓN 6

Ejercicio 2

1.
El mes pasado le compré a mi hijo unos pantalones en unos grandes almacenes. Cuando los lavé, los pantalones perdieron su color y se han quedado a manchas, unas más claras y otras más oscuras. En la etiqueta no ponía que no se pudiera lavar. ¿Qué puedo hacer?

2.
La semana pasada alquilamos un apartamento en la playa a través de una agencia de viajes. Queríamos un apartamento grande, puesto que íbamos cuatro adultos (mis padres, mi hermana y yo) y cuatro niños. Pagamos por el apartamento, para quince días, 1.600 €. El apartamento no reunía las condiciones pactadas (era muy pequeño), pero lo peor es que estaba en una zona de bares y discotecas, que funcionaban hasta las 6 o 7 de la mañana. No hemos podido dormir en los 15 días y las vacaciones se han convertido en una pesadilla, especialmente para mis padres, que iban a descansar, y para los bebés. ¿Tengo derecho a reclamar?

3.
Me he comprado un televisor que estaba de oferta en unos grandes almacenes. Cuando he ido a firmar la garantía (quince días después), me han dicho que, como estaba en oferta, solo tiene tres meses de garantía. ¿Es esto posible?

Ejercicio 8

comprador, mercado, pantalón, básico, reclamación, análisis, consumidor, etiqueta, ventaja, sólido, cremallera, analógico, botón, calidad, escaparate, defensa, devolución, fácil.

Ejercicio 10

Todo el mundo sale de compras. Es un hecho en nuestras vidas. Algunas personas disfrutan paseando por las distintas secciones del hipermercado y analizando las buenas ofertas. Otros odian estar entre la muchedumbre, hacer filas en la caja de pago y la pesadumbre de encontrar un aparcamiento que se encuentre lo suficientemente cerca del comercio. Veamos el comportamiento de diferentes tipos de compradores:

1.° Disfruta paseando tranquilamente por los pasillos del centro comercial, preferentemente acompañado de un buen amigo. No suele tener en mente comprar algo en particular, pero le encanta el ambiente que se crea con las compras, sobre todo los días festivos. Disfruta viendo las últimas modas en los escaparates de las tiendas y ver a la gente pasar sentado en un banco.

2.° Es una persona muy cuidadosa con sus gastos, siempre en busca de ofertas. Espera pacientemente a que llegue la época de rebajas para hacer sus compras. Pero algunas veces se sobrepasa y compra artículos por el simple hecho de ser una ganga: "¡Es una oferta que no se debe desperdiciar! Para algo me servirá", piensa, pero a veces algunas de sus compras se quedan en el armario sin estrenar.

3.° No compra muy frecuentemente, pero cuando lo hace, sabe exactamente lo que quiere y dónde encontrarlo. Es organizado y conoce bien las tiendas, lee los anuncios de ofertas con regularidad y lleva una lista cuando sale de compras. Camina rápido entre los demás "compradores-paseantes" que constantemente bloquean el camino. Tiene siempre muy presente cuál es su límite para gastar y no compra lo que no necesita, especialmente si el precio no es el justo. Prefiere comprar solo.

4.° Es un adicto a las compras y disfruta haciéndolo. Compra sin pensar. A veces utiliza las compras para animarse cuando se siente un poco triste. Siempre encuentra una buena razón para salir de compras: las rebajas, la Navidad, las vacaciones. Compra mucho más de lo necesario y gasta mucho más de lo que tiene.

5.° El concepto de tener que caminar por el centro comercial durante los días festivos o para los cumpleaños le da pánico. Los estacionamientos llenos, las largas filas en las cajas y los bebés que gritan y lloran hacen que ir de compras al centro comercial sea una de las actividades con menor atractivo para él. Realmente, odia ir de compras. Se pasea por los centros comerciales renegando como un gruñón y les hace difíciles las compras a otros compradores. Siempre encuentra algo de que quejarse.

6.° Azul. No, gris. No, azul. Desespera a la gente cuando trata de decidir el color del jersey que desea comprar. En realidad, a nadie le gusta salir de compras con él. A veces va a cinco tiendas diferentes para comparar la calidad y el precio de un solo artículo y después no lo compra. Desperdicia su tiempo y se causa un estrés totalmente innecesario. Necesita ser un comprador con más decisión, pero no sabe cómo.

Transcripciones

LECCIÓN 7

Ejercicio 4

Yo nací en Oviedo en 1930, antes de la guerra civil española. A los dos años, mi familia se trasladó a Lugo. Allí viví toda mi infancia y mi adolescencia. Fueron unos años muy difíciles, pero mi familia estuvo unida todo el tiempo. Cuando cumplí los veinte años, conocí a Teresa. Me enamoré de ella al instante y después de un noviazgo de un año me casé con ella en la catedral. Fue una ceremonia muy bonita. Cantó el coro de sus alumnos, porque fue profesora en un colegio de primaria. Mis dos primos, que eran pequeños todavía, llevaron las arras. Mis hermanas y mi madre arreglaron la catedral con muchas flores de azahar, margaritas y rosas. Tengo un recuerdo entrañable de tu abuela Teresa entrando en la iglesia vestida de blanco, y tú, pequeña mía, te pareces bastante a ella.

Ejercicio 12

Entrevistador: Buenos días, Natalia. Gracias por haber aceptado nuestra invitación.

Natalia: De nada. Gracias a ustedes por la oportunidad que me ofrecen.

E: Queremos aprovechar este programa para conocer un poco mejor a la actriz y a la mujer que está detrás de Natalia Martínez del Valle. Sabemos que usted viajó a Venezuela hace una semana, ¿verdad?

N: Sí. Fue un viaje espantoso. Hubo una gran tormenta sobre la República Domini-cana y no pudimos tomar el avión, así que tuvimos que viajar en barco.

E: ¿Es cierto que se compró un chalé en isla Margarita?

N: Sí, así es. Quiero un lugar de descanso, lejos de los periodistas y fotógrafos para descansar.

E: ¿Ha estado de gira por Hispanoamérica promocionando su última película?

N: Sí, el mes pasado estuve en Argentina. Como mi última película la rodé en Buenos Aires, quisimos que el primer país donde se promocionara fuera Argentina.

E: ¿Qué pasó con su hijo mientras estaba de gira por Argentina?

N: Uf, fue terrible. Me llamaron para decirme que mi hijo se había caído y se había roto un brazo. Regresé inmediatamente a casa y me encontré a mi pequeñín –solo tiene dos años– con el brazo escayolado. Pobrecito. Pero ya está bien.

E: Menos mal. Díganos, ¿dónde conoció a su novio actual?

N: Pues en Estados Unidos… cuando rodaba hace un año. Yo estaba ya divorciada de mi marido. Fue en el momento en que tuve que rechazar hacer una película con Antonio Banderas por problemas de salud. Luis Alfredo me ayudó muchísimo.

E: Usted se hizo famosa en España porque rodó cuatro películas en un año. ¿Cómo recuerda aquella época?

N: Fue para mí muy interesante y productiva. Aarón Acevedo me dio mi primera oportunidad con una película maravillosa. Con él interpreté a una mujer divorciada que tuvo que luchar por la custodia de sus hijos. Fue un papel entrañable y emotivo que supuso para mí un gran esfuerzo, porque yo estaba felizmente casada. Lo recuerdo con mucho cariño.

E: ¿Cuándo decidió dedicarse a la interpretación?

N: La verdad es que desde pequeña siempre sentí una gran atracción por la interpretación. Pero el momento decisivo fue durante la representación de una obra de teatro en el colegio. Yo tenía 10 años y quedé fascinada por los aplausos del público. En ese momento decidí que toda mi vida la dedicaría a la interpretación.

Ejercicio 13

1. Me dijo que no vino por la tarde.

2. Habló conmigo sólo de los estudios que hizo el año pasado.

3. Creyeron que no se presentó al concurso literario porque no pudo terminar el cuento.

4. No tuvisteis otra alternativa: él no os dio su palabra.

5. Leyeron en el periódico que, por fin, se tradujo el *Quijote* al suahili.

6. Puse todas mis esperanzas en que Pedrito anduviera sin muletas. No fue posible.

7. Viajaron por toda Colombia sin ningún problema.

LECCIÓN 8

Ejercicio 4

Cuando viajé a España por primera vez me encontré con un país pobre y atrasado. Fue en el año 1959. Vine con mis padres y visité diversas ciudades: Madrid, Barcelona, Sevilla, Córdoba y Granada. Vimos a todos nuestros familiares que vivían en España. A mí me gustó mucho Córdoba, por sus calles estrechas y sus casas llenas de flores en las rejas de la ventana, que me recordaban a mi ciudad natal. Un año después mi padre me dijo que me pagaba los estudios de doctorado en España, y viajé entonces sola a Granada. Sentí mucha pena de dejar mi casa, a mis padres y a mis hermanos, pero me atraía la idea de venir a España a estudiar. Yo estudié Filosofía y Letras en mi país, por lo que decidí especializarme en la influencia de la literatura árabe en la literatura española. Creo que fui la primera mujer que accedió a los estudios de doctorado en la Facultad de Letras de Granada. Allí conocí a tu abuelo Martín y me casé con él en 1961. Tu madre nació en Granada en 1962. Tu abuelo y yo trabajamos mucho y fuimos muy felices. Sin embargo, tu abuelo enfermó y finalmente murió en 1972. Entonces yo, llena de tristeza, dediqué mi vida a mi hija y a mi trabajo: daba clases de literatura en la Facultad de Granada. Por las noches, bordaba lentamente el ajuar de mi hija, para cuando llegara el día de su boda. Mi hija creció sana y fuerte. Conoció a un chico en la Universidad, cuando estudió Veterinaria, y luego volvieron a encontrarse cuando los dos trabajaban en Cúllar. A los dos les gustaban mucho los animales. Finalmente, se casaron en 1984, y al año siguiente naciste tú. Fue un día muy feliz para mí. Otra mujer más en la familia.

Ejercicio 9

–Investigaciones Cido, dígame.

–Buenos días, inspector Cido. Quiero que haga una investigación secreta sobre el robo de un collar. Le cuento los hechos: El viernes pasado los ricachones Millonetis dieron una fiesta en su chalé de la sierra. La señora Plúmez, invitada especial, conoció allí a un hombre joven, muy guapo y misterioso, con el que bailó gran parte de la noche. Ese hombre joven miró durante todo el tiempo, con descaro e interés, el fabuloso collar de brillantes de la señora Plúmez. Cuando acabaron de bailar un tango, para sorpresa de todos, un camarero torpe se acercó por detrás de la pareja, con varias copas y una cubitera llena de cubitos de hielo. No se supo bien cómo le lanzó todo el contenido de la bandeja encima de la señora Plúmez, que se volvió muy enfadada. Todos los asistentes, al escuchar sus gritos, corrieron a ayudarla. Unos limpiaron el vestido, otros quitaron los restos de hielo, otros le intentaron secar la mancha en su traje de Versicco. Cuando se terminó todo el alboroto, la señora Plúmez se dio cuenta de que no tenía el collar de brillantes. Muy furiosa gritó: "Me han robado el collar. Que nadie salga del salón".

–¿Qué pasó entonces?

–Solo dos personas salieron del salón en medio de la confusión. El camarero, que se llevó los restos de vidrio y hielo, y salió a buscar nuevas toallas para secar el vestido; y el hombre joven, que salió para llamar a la policía, aunque durante todo el lío tuvo en sus manos el móvil.

Ejercicio 12

Rosalía: Hola, Teresa. Te presento a Motoko. ¿Te acuerdas? Es la chica japonesa de la que te hablé el jueves pasado. Quiere conocerte para que le expliques lo del *Marco común de referencia de enseñanza de lenguas*. Ella también es profesora de español en su país. Te cuento: Cuando cumplió 18 años, sus padres le regalaron un viaje a Europa, y ella eligió España. ¿Por qué? Pues porque le gustaban el flamenco, la música española y los paisajes de España. Así que hizo su maleta y vino para acá. Estuvo viviendo en Alcalá de Henares un año. En aquella época no sabía nada de español, por lo que se matriculó en un curso en la Universidad de Alcalá y aprendió enseguida. Estudió con el método *Sueña* y se interesó por cómo enseñar una lengua extranjera. Por eso, cuando regresó a su país, decidió que quería ser profesora de español. Después de cinco años, volvió a Madrid y vivió en esta ciudad durante dos años. Ahora necesita terminar su máster de enseñanza de español como lengua extranjera, para poder ser profesora titulada, pero está muy confusa por todo lo que significa el *Marco de Referencia Europeo*. ¿Puedes explicarle en pocas palabras en qué consiste?

Ejercicio 13

Sí, claro, pero en pocas palabras… *El Marco de Referencia Europeo* es un gran proyecto de enseñanza de lenguas. Se busca desarrollar con él la movilidad de los europeos de un lugar a otro y que las distintas lenguas no sean un problema para esto. En parte, se intenta crear una identidad europea, que no existe ahora, con el conocimiento de las lenguas europeas. Así, las personas que emigran sienten que su cultura enriquece otras culturas y se enriquece a la vez con las otras. De esta manera, se camina hacia una multiculturalidad y una interculturalidad absolutas.

Ejercicio 14

Profesor: La multiculturalidad y la interculturalidad son dos conceptos que están muy de moda en la actualidad. Surgieron de la necesidad de integración de todos los movimientos migratorios que se produjeron en Europa y Estados Unidos en el siglo xx. En un primer momento se pensó que todos podían vivir en paz, pero las desigualdades sociales y laborales, junto a las diferencias culturales y religiosas, ocasionaron roces y enfrentamientos. La idea surgió entonces para que todos convivieran pacíficamente.

Alumno: Entonces, ¿esos conceptos son nuevos?

P: No. Siempre hubo convivencia de distintas razas, religiones y culturas, porque los hombres desde la Antigüedad se han trasladado mucho.

A: Entonces, ¿multiculturalidad e interculturalidad significan lo mismo?

P: No, aunque van relacionados. La multiculturalidad consiste en la convivencia de dos o más culturas distintas en un mismo país, con respeto y tolerancia, mientras que la interculturalidad supone la integración de las diversas culturas en una única, que ya no es de nadie, pero es válida para todos.

UNIDAD 5

LECCIÓN 9

Ejercicio 5

1.

–Hola, Luci, ¿qué tal fue todo?

–Fue fenomenal. Mira, hoy precisamente hace un mes. Nos hizo un día horroroso, pero todo resultó estupendo: la ceremonia, los salones, la comida…

–¿Dónde la celebrasteis?

–En el pueblo de Javier.

–Pero ¿dónde estáis viviendo?

–Aquí, en Santiago.

2.

–¡Hombre, Santiago! ¿Qué os pasó el sábado?

–Fue una pena, la verdad, pero un mal día lo tiene cualquiera.

–Y eso que jugabais en casa.

–Hizo mucho calor en Madrid y eso benefició al Sevilla.

3.

–¿Qué has hecho este fin de semana?

–El domingo tuve invitados para celebrar lo de Jorge, y si ves la casa, parece que

hubo un terremoto. De todas formas, fue muy agradable.

–Yo prefiero hacer las celebraciones fuera y así me evito problemas y preocupaciones.

4.

–Me acabo de enterar. ¿Cuándo ha sido?

–Esta mañana. Parece que se ha debido a un cortocircuito.

–¿Y cómo ha quedado el restaurante?

–Nada, se ha quemado. Ha sido un desastre.

Ejercicio 10

1.

–¡Qué miedo he pasado! Se ha ido la luz y he tenido que subir los 5 pisos andando y a oscuras.

–Es que tú te asustas con nada. Yo una vez pasé una noche solo en mitad del campo. ¡Eso sí que da miedo!

–Tenéis que venir los dos a la casa de mi abuela, en el pueblo. Hace unos años oí

unos ruidos extraños, como golpes y gemidos que venían del desván, pero lo curioso es que el desván siempre ha estado vacío.

–A mí me da más miedo la gente real. El año pasado entró un ladrón en casa.

–¿Y tú estabas allí?

–No, llegué unos minutos después. Por suerte, al verme se fue corriendo.

2.

–¡Qué vergüenza! Me he caído por las escaleras delante de todo el mundo.

–¡No me digas! ¿Y te has hecho daño?

–Sí, en la rodilla, pero eso no importa… ¡Qué vergüenza!

–Pues si os digo lo que me pasó a mí ayer… Estuve con la bragueta bajada más de media hora.

–¿Y te diste tú cuenta o alguien te avisó?

–Me di cuenta por la mirada de una señora.

–Bueno, pues yo estaba ayer hablando con mi profesora y se me cayó el chicle de la boca sobre su mesa.

–¡No!

–Lo que oyes.

3.

–¡Qué cabeza tengo! Me he dejado el monedero en casa.

–Yo también tengo una cabeza… El otro día me equivoqué y le puse sal a la leche en lugar de azúcar.

–Pues yo llamé a Isabel el jueves para felicitarla.

–Pero si su cumpleaños fue el miércoles.

–Ya, pues eso.

Ejercicio 11

¡Qué miedo he pasado!

¡Qué vergüenza!

¡Eso sí que da miedo!

¡Qué suerte tuviste!

¡Qué gracia!

¡Qué asco!

¡Vaya situación!

¡No es posible!

¡Fue horrible!

¡Ha sido increíble!

LECCIÓN 10

Ejercicio 5

a)

–Buenos días. Soy Jorge Patiñas y quisiera hacerle unas preguntas.

–Buenos días. Encantada.

–Ayer estuvo aquí Valentín Lasarte, ¿no es así?

–Sí, es un buen cliente.

–¿Viene con frecuencia?

–Sí, desde hace años. La semana pasada se llevó un collar y unos pendientes. Tiene muy buen gusto.

–Ajá. Y ayer, ¿qué compró?

–Bueno, no sé si debo decírselo… una pieza sencilla, juvenil.

–¿Le dijo para quién era?

–Supongo que para su mujer, como siempre.

–Muy bien. Pues muchas gracias, señora.

b)

–Buenos días. Soy Jorge Patiñas.

–Buenos días. ¿Qué le pongo?

–Nada, gracias; quería hacerle unas preguntas…

–¿Preguntas? Si no se toma nada, no hay preguntas.

–Pues póngame una caña.

–Pero usted qué es, ¿policía?

–No, soy periodista, de la revista *Sensacional*.

–Ah, sí, el de los cotilleos.

–Bien. Ayer estuvo comiendo aquí el actor Valentín Lasarte.

–Sí, le pedí un autógrafo.

–¿Comió solo?

–¡Qué va! Con una rubia guapísima.

–¿Sabe quién era? ¿Oyó usted su nombre?

–No, ni idea.

–¿Pero le pareció a usted que eran una pareja de enamorados?

–Se rieron mucho, pero nada más.

–¿Y vio usted si Lasarte le regaló algo a la chica?

–Pues sí, una pulsera, creo. A ella le gustó mucho y le dio un beso.

–¿En los labios?

–No, no, en la mejilla.

–Bien, pues muchas gracias.

–Es un euro, cincuenta.

c)

–Buenas tardes, soy Jorge Patiñas y me gustaría hacerle unas preguntas.

–Usted dirá.

–Ayer vinieron a cenar Valentín Lasarte y Ana Alarcón, los actores. ¿Notó usted si ocurrió algo especial entre ellos?

–Nada, que yo sepa.

–¿Quizá estuvieron un poco serios…?

–Aquí no escuchamos las conversaciones de nuestros clientes, y desde luego me pareció que estaban muy contentos. Incluso brindaron con cava tras los postres. Pero, discúlpeme, tengo que seguir trabajando.

–De acuerdo, gracias.

Ejercicio 8

¿Sabes qué?

¿Sabes que…?

¡No me digas!

¿Cómo?

¡Es increíble!

¡No!

¡Qué me dices!

¿Te has enterado de que…?

¿Has oído que…?

¡Cómo!

¿De verdad?

Ejercicio 9

a)

–¿Sabes qué? Según parece, Valentín Lasarte tiene una amante.

–¡No! ¿Valentín Lasarte? ¡No me lo puedo creer!

–Dicen que el otro día lo vieron con una jovencita en un restaurante.

–Pero ¿ya tenían problemas antes?

–Se comenta que últimamente no iba bien la cosa.

b)

–¿Os habéis enterado? Valentín Lasarte y Ana Alarcón se van a separar.

–¡No me digas! ¿Y eso?

–Parece ser que tiene una aventura con una chica que podría ser su hija.

–¡Qué vergüenza! Y con lo encantador que parecía…

–Sí, sí, pues fíate tú de las apariencias.

c)

–¿Has oído? Hay rumores de que Lasarte tiene una amiguita.

–¿De verdad? Parece mentira. Ana Alarcón y él siempre han sido una pareja modélica.

–Pues ya ves. Aunque quizá sea un montaje.

–Lo mismo. Así se sacan un dinero extra.

UNIDAD 6

LECCIÓN 11

Ejercicio 4

1.

–No puedo dar más palmas, ¡me duelen las manos!
–A mí también.

2.

–¡Toda la tarde oyendo ese horrible piano! ¡Qué dolor de cabeza tengo!

3.

–¡Cómo me duele la garganta!
–¡Yo no puedo hablar!

4.

–¡Cuánto pesa la mochila! ¡Me duele mucho la espalda!

5.

–Mmm, ¡qué buenos están los bombones! Pero no puedo comer más, me duele el estómago…

6.

–¡Doce horas delante del ordenador! Me duelen los ojos…
–Y a mí, los tengo rojos.

7.

–¡Aaaay! ¡Mi pieeeeeeeeeeeee!
–Perdona, hijo.

Ejercicio 7

La gripe se caracteriza por síntomas como tener tos, fiebre, congestión nasal y dolor de garganta. A veces la gripe también afecta al estómago y se tiene diarrea o náuseas.

El catarro o constipado tiene síntomas parecidos a los de la gripe, como la congestión nasal y el dolor de garganta. Sin embargo, no se caracteriza por la fiebre, aunque es posible tener mareos cuando se está acatarrado.

Decimos que estamos mal del estómago cuando tenemos diarrea, náuseas o dolor de estómago.

Los síntomas de la alergia pueden ser diferentes y afectar a distintas partes del cuerpo según la causa. Se puede tener picor, congestión nasal e incluso fiebre.

Ejercicio 9

1.

Me encuentro fatal. Me duele la garganta, tengo tos y treinta y nueve de fiebre. También me duele un poco el estómago.

2.

Estoy mala, me duele la tripa, a veces tengo náuseas y desde hace tres días tengo diarrea.

3.

No me siento bien, tengo la nariz tapada y estoy un poco mareada. Pero no tengo fiebre.

4.

Estoy enfermo, el otro día comí marisco y desde entonces tengo fiebre y me pica todo el cuerpo.

Ejercicio 10

1.

A: Hola, Pedro.
B: Hola.
A: Uy, qué mala cara tienes, ¿te encuentras bien?
B: Sí, sí, bueno, regular, creo que estoy malito. Me he levantado más mareado… y me parece que tengo fiebre.

A: ¿A ver? ¡Estás ardiendo!
B: ¿Sí? Por cierto, ¿tienes un pañuelo de papel?
A: ¡Madre mía, cómo estás! Toma.
B: Y lo peor es la garganta…
A: Tú has cogido la gripe, Pedro.

2.

A: Ay, qué tos, no me encuentro bien.
B: ¿Qué te pasa? ¿Tienes gripe?
A: No, no creo, es solo un catarro.
B: ¿Tienes fiebre?
A: No, solo me duele un poco la garganta; aunque la nariz la tengo más congestionada.

3.

A: Me parece que no puedo ir a la barbacoa de Beatriz. Estoy enferma…
B: ¿Qué te pasa? ¿Qué te duele?
A: Ay, me duele la tripa, creo que he comido algo malo.
B: ¡Estás pálida!
A: Sí, estoy fatal, tengo fiebre y náuseas…
B: Llama a Beatriz, no debes comer nada de barbacoa.
A: Sí, la voy a llamar. Además, desde ayer tengo diarrea.

4.

A: Hola, Luis, ¿qué tal tu alergia? ¿Cómo te encuentras hoy?
B: Pues, hombre, me siento mal, pero me lo tomo con paciencia.
A: Sí, mi hermano está igual que tú por culpa del polen. Tiene una congestión nasal…
B: Como yo, que casi no puedo respirar y no sabes cómo me pica todo el cuerpo.
A: Ánimo, que ya falta poco para que termine la primavera.

LECCIÓN 12

Ejercicio 6

Enfermera: Ambulatorio Vallejo, buenos días.

Paciente: Hola, buenos días, quería pedir una cita para la consulta de la Dra. Prieto.

E: ¿Para hoy?

P: Sí, para esta tarde si es posible.

E: Pues… a ver… no, lo siento, la Dra. Prieto no viene esta tarde, ¿le cito con otro médico?

P: No, prefiero esperar, ¿mañana está la doctora?

E: Sí, mañana sí viene, ¿le apunto entonces?

E: Sí, por favor, me da igual la hora.

P: A ver, dígame su nombre.

E: Miguel López del Río.

P: Muy bien, pues a las cuatro y cuarto puede usted venir. No olvide traer su tarjeta sanitaria.

E: Gracias, hasta luego.

P: A usted, buenos días.

Ejercicio 7

Médico: Adelante, pase usted.

Paciente: Buenos días, doctor.

M: Siéntese. Cuénteme, ¿qué le pasa?

P: Pues que últimamente no me encuentro bien y a veces siento que no puedo respirar.

M: ¿Fuma usted?

P: Sí, mucho.

M: ¿Y con qué frecuencia hace ejercicio?

P: Pues no muy a menudo, la verdad. De vez en cuando juego al fútbol con mi hijo, pero nada más.

M: ¿Y su alimentación? Está un poco gordito. ¿Come usted verduras?

P: No, la verdad es que casi nunca como verduras.

M: ¿Y bebe alcohol?

P: Bueno, todos los días me tomo un vaso de vino en la comida y otro en la cena, pero, vamos, es bueno beber un poco de vino, ¿no, doctor?

M: Hombre, sí, aunque no hay que beber demasiado. Para tener una vida sana hay que beber un vaso al día, no más.

P: ¿Entonces solo tomo el de la comida?

M: Sí, y además tiene que cambiar esos hábitos tan poco saludables. Tiene que cuidar más su alimentación y, sobre todo, no puede fumar. También es bueno que haga algo de deporte.

P: Lo sé, doctor. Siempre he estado un poco gordo, pero nunca he tenido ningún problema de salud grave.

M: Bueno, le voy a mandar unos análisis de sangre. Ya sabe que para hacerse un análisis es necesario venir en ayunas. Y además tiene que tomar estas pastillas, una cada doce horas. Tome la receta.

P: Muy bien, doctor. Muchas gracias.

M: De nada. Y vuelva cuando tenga los resultados de los análisis.

UNIDAD 7

LECCIÓN 13

Ejercicio 3

Óscar: Papá, ¿cómo era antes nuestro barrio?

Padre: Pues… muy diferente. Por ejemplo, donde ahora está el supermercado había un cine de verano.

Óscar: ¿Qué es un cine de verano?

Padre: Pues un cine al aire libre; íbamos en verano por la noche.

Óscar: Ah, qué raro. ¿Y qué más cosas había?

Padre: Pues… la farmacia ya estaba. Pero la joyería no. En su lugar había una peluquería. Y donde está el edificio alto del final de la calle había una casa baja con un jardín muy grande.

Óscar: ¿Y el banco?

Padre: El banco tampoco estaba. Había un bar donde mi padre, tu abuelo, se tomaba un vino con los amigos.

Óscar: ¿Y la calle era igual?

Padre: No, había más árboles y muchos menos coches.

Ejercicio 6

–Isabel, muchas gracias por concedernos esta entrevista.

–Es un placer.

–Usted canta desde los años sesenta, desde que era muy joven. ¿Cómo era su vida antes de ser famosa?

–Pues… Era una chica normal, estudiaba, salía a menudo con mis amigas… Y me gustaba mucho la música, solía comprar discos y cantaba en mi habitación mientras los escuchaba…

–Y un día, un programa de radio le da la fama y cambia su vida. ¿Le gustaba esa situación?

–Bueno, al principio sí, aunque no sabía muy bien lo que pasaba. Al poco tiempo ya no podía ir sola por la calle ni salir con mis amigas. Y trabajaba mucho.

–¿Qué solía hacer cuando no tenía que grabar o cantar?

–¡Siempre tenía que grabar o cantar! Desde mi primer éxito no he dejado de trabajar. Pero si tenía alguna tarde libre, me ponía un gorro y unas gafas de sol y me iba a pasear.

–¿Cuál es su mejor recuerdo de aquella época?

–Mmm… Bueno, no sé, muchos… El Festival de la Canción, por ejemplo, los premios… Pero sobre todo la compañía de mi hermano Alfredo. Él me representaba y solía acompañarme a todos los conciertos, a las grabaciones, a la televisión… Formábamos un buen equipo.

–Su hermano escribía a menudo canciones para usted, además, ¿no?

–Sí, era y es un gran músico.

–Y después de los primeros éxitos, en los años setenta y ochenta, ¿su vida era muy diferente?

–Bueno, ya no era una niña. Además, la sociedad vivía muchos cambios y sabía que tenía que adaptarme.

–Hasta encontrar un nuevo estilo musical, ¿no?

–Sí, ¡y un nuevo estilo de vestir! Solía llevar unas pintas…

– Bueno, todos íbamos igual en los ochenta.

Ejercicio 10

Periodista: Hoy dedicamos nuestro programa a recordar algunas cosas del pasado que echamos de menos y otras que han mejorado con el tiempo. Mari Carmen, de Santander, cuéntenos.

Mari Carmen: Hola, Pablo, felicidades por el programa, te escucho todas las mañanas.

Periodista: Gracias.

Mari Carmen: Pues yo echo de menos las máquinas de discos que había en los bares…

Periodista: ¿Aquellas en que se echaba una moneda y se podía elegir una canción?

Mari Carmen: Sí, esas. Yo solía ir mucho a un bar de mi barrio con mi marido, que entonces era mi novio, y la gente ponía canciones todo el tiempo.

Periodista: ¡Qué recuerdos, señora! A ver si nuestro siguiente amigo comparte el gusto por la música de entonces. Santiago, de Madrid.

Santiago: Hola, a mí también me gustaban esas máquinas, pero lo que no echo de menos es la televisión de entonces.

Periodista: ¿Le gusta más ahora?

Santiago: Bueno, ahora hay más canales. Entonces solo había uno y, además, la televisión era en blanco y negro.

Periodista: ¡Qué tiempos! Vamos con nuestra siguiente amiga, Paqui, de Sevilla.

Paqui: Hola, yo quiero decir que lo que más echo de menos son los juegos de los niños. Ahora todos están jugando en el ordenador, con los videojuegos. Antes jugábamos más al aire libre, corríamos…

Periodista: Y no necesitábamos tanto dinero para divertirnos, ¿verdad?

Paqui: No, en cambio ahora todos los juguetes son muy caros.

LECCIÓN 14

Ejercicio 1

1.

Hace treinta años los pisos no eran tan caros como ahora. No era necesario pagar durante toda la vida para tener una casa y los jóvenes podíamos comprar una más fácilmente que ahora.

2.

En mi época los jóvenes nos íbamos de la casa de nuestros padres antes que ahora. Los que no íbamos a la universidad empezábamos a trabajar a los diecisiete o dieciocho años y antes de los veinticinco ya estábamos casados. Entonces los jóvenes se iban a vivir solos cuando se casaban.

3.

En los años sesenta y setenta los jóvenes que vivíamos en un pueblo y queríamos ir a estudiar a la ciudad teníamos que ir a una residencia o a la casa de un familiar. No nos íbamos a vivir a un piso compartido como hacen los jóvenes de ahora.

4.

Cuando yo era joven muy pocas mujeres íbamos a la universidad. La mayoría de las chicas querían casarse pronto, tener hijos y cuidar de su casa. Se casaban muy jóvenes, a los veinte o veintidós años, y entonces se iban de la casa de sus padres.

Ejercicio 3

1.

Creo que los jóvenes no se van de la casa de sus padres porque les gusta vivir con muchas comodidades. Cuando yo era joven no nos importaba vivir en una casa sin calefacción ni televisión.

2.

Yo pienso que los jóvenes estudiamos ahora más porque no tenemos otra cosa que hacer. Encontrar un buen trabajo es muy difícil y por eso estudiamos hasta los veintitantos.

3.

A mí me parece que vivir con los padres es mejor que vivir en un piso compartido, porque los compañeros de piso a veces no son muy limpios.

4.

Yo opino que el precio de la vivienda es un gran problema, porque hay muchos jóvenes de más de veinticinco años que no pueden independizarse ni formar una familia. Solo se independizan los que tienen la ayuda de sus padres.

Ejercicio 6

Periodista: Carmen, usted es una de las pocas mujeres alcaldesas. ¿Por qué cree que hay pocas mujeres que se dedican a la política?

Carmen: Bueno, pienso que la política es difícil para las mujeres porque tradicionalmente ha sido un mundo de hombres. De hecho, hasta 1931 las mujeres no tenían derecho al voto en España…

Periodista: Usted también es presidenta de una asociación feminista, Mujeres Libres. ¿Cree que las mujeres son libres hoy en día?

Carmen: Pues me parece que las mujeres son más libres que antes, aunque aún hay que luchar más por su independencia económica. No creo que haya libertad sin independencia económica.

Periodista: ¿Qué piensa de las mujeres que dejan de trabajar cuando se casan?

Carmen: Bueno, yo no pienso que los hombres tengan que mantener a las mujeres. Cuando yo era joven casi todas las chicas dejaban de trabajar después de casarse. Pero hoy son muchas las mujeres que piensan como yo.

Periodista: ¿Qué opina de la expresión "sexo fuerte", referida a los hombres?

Carmen: Pues no me parece que los hombres sean más fuertes que las mujeres, vamos, son más fuertes en algunas cosas… Pero las mujeres pueden tener un hijo y trabajar al poco tiempo.

Ejercicio 8

–A mí me parece que los hombres no pueden cuidar de un bebé igual que una madre, al menos en los primeros meses de vida.

–Pues yo creo que sí. Me parece que es bueno compartir responsabilidades entre hombres y mujeres.

–Bueno, pero hay cosas que no puede hacer un padre, como amamantar a un hijo.

–Ya, pero puede dar biberones. Además, yo pienso que si el hombre cuida del bebé la mujer puede volver a su trabajo antes.

–Vale, pero, de todas maneras, no creo que haya muchos hombres que quieran pedir una baja por paternidad.

–Pues cada año hay más. Yo creo que es una buena manera de solucionar algunos problemas laborales de las mujeres.

–Pero los problemas laborales de las mujeres no se solucionan solo con las bajas por paternidad de los hombres.

–En eso estoy de acuerdo, aún queda mucho por hacer.

UNIDAD 8

LECCIÓN 15

Ejercicio 2

1.

El segundo año que participé tuve un accidente en el desierto. Iba demasiado deprisa y volqué en una duna.

2.

El fin de semana pasado fuimos a la sierra y las pistas estaban perfectas, con una buena capa de nieve.

3.

Yo hice un curso el año pasado en el mar del Caribe. Aprendí a sumergirme y mantenerme debajo del agua. También me enseñaron a controlar la respiración.

4.

La primera vez me tiré desde una pequeña montaña y planeé sobre el valle.

5.

El mes pasado subimos a 2.500 metros y sobrevolamos un volcán. Después bajamos a 1.500 y nos tiramos uno detrás de otro.

6.

Entré dos veces en la cueva y la verdad es que la primera pasé miedo, porque me costó encontrar la salida.

7.

Empezamos a las 7 de la mañana y caminamos por el bosque durante 5 horas.

8.

La travesía duró 6 días hasta el campamento base y tardamos otros 4 días en escalar la montaña.

9.

Yo había aprendido en un lago y la primera vez que bajé un río me caí tres veces.

10.

Hacía un viento muy fuerte que formaba unas olas gigantes. Era fantástico deslizarse sobre la tabla.

Ejercicio 4

1. ¿Cuáles son hotel residencia?
2. ¿De cuántas estrellas es el hotel Gandía Playa?
3. ¿En cuáles es posible comer?
4. ¿Admiten animales en todos?
5. ¿Todos tienen ascensor?
6. ¿Cuáles tienen piscina para adultos?
7. ¿Alguno tiene servicio médico?
8. ¿Cuáles tienen parque infantil?
9. ¿En todos tienen cambio de moneda?
10. ¿Qué periodo comprende la temporada alta en el hotel Porto?
11. ¿Cuánto vale la habitación doble en temporada alta en el hotel Porto?
12. ¿Hay alguno situado en un lugar pintoresco?

Ejercicio 5

Recepcionista: Hotel Riviera, bona nit.

Eusebio: Hola, buenas noches. Quería reservar una habitación para Semana Santa.

Recepcionista: Creo que el hotel está completo, pero déjeme ver… ¿Cuántas habitaciones?

Eusebio: Una doble.

Recepcionista: ¿Para qué fechas exactamente?

Eusebio: Para las noches del jueves, viernes y sábado.

Recepcionista: Hum… Sí, tenemos aún dos habitaciones. ¿Cómo la quiere, doble o de matrimonio?

Eusebio: Pues mejor de matrimonio, si es posible. Tiene baño completo, ¿verdad?

Recepcionista: Todas las habitaciones son con baño completo, con bañera o ducha y secador de pelo.

Eusebio: Si puede ser con bañera, lo prefiero.

Recepcionista: Muy bien, de matrimonio y con bañera, no hay ningún problema. ¿Quieren media pensión, pensión completa…?

Eusebio: No, solo alojamiento y desayuno.

Recepcionista: Muy bien, señor. Veamos, el precio de la habitación las tres noches en régimen de alojamiento y desayuno sería de 339 €. ¿Le hago la reserva?

Eusebio: Sí, de acuerdo.

Recepcionista: Dígame su nombre completo, su DNI y un número de teléfono, por favor.

Eusebio: Eusebio Gómez Pantoja, 456........ y el teléfono es 91 .... ¿Le tengo que dar mi número de tarjeta?

Recepcionista: No, no es necesario, señor. Ya tiene hecha la reserva. Se la mantenemos hasta las 18.00 h. del jueves 28 de marzo, así que, si fueran a llegar más tarde, por favor, avísennos.

Eusebio: Muy bien. Si no ocurre nada, llegaremos al mediodía. Muchas gracias.

Ejercicio 11

Marta: Fueron unas vacaciones un poco complicadas, la verdad.

Eusebio: Sí, ya el primer día, durante el viaje de ida, pinchamos en mitad de una carretera y tuve que poner la rueda de repuesto.

Marta: Y la habitación no era como nos habían dicho: en lugar de cama de matrimonio, tenía dos camas pequeñas.

Eusebio: Pero aunque nos quejamos, el hotel estaba lleno y nos tuvimos que aguantar.

Marta: Encima, el jueves por la mañana llovía muchísimo y nos quedamos en la habitación jugando a las cartas. Por la tarde llovía algo menos, así que decidimos salir un rato y nos fuimos de compras.

Eusebio: Los precios no estaban nada baratos, pero Marta compró un montón de cosas.

Marta: Tú también compraste algunas, no digas que no. Además, ¿qué otra cosa podíamos hacer? Al día siguiente ya fuimos a la playa, porque hacía un día maravilloso.

Eusebio: Y nos lo pasamos muy bien, ¿verdad, cariño? Nos bañamos, paseamos por la orilla… y por la noche cenamos en una terraza estupenda.

Marta: El pescado estaba buenísimo. Los problemas serios llegaron al día siguiente por la mala cabeza de este hombre.

Eusebio: ¡Ya estamos! Me quedé dormido, simplemente.

Marta: Sí, dormido bajo un sol abrasador. Cuando salí del agua, vi que estaba totalmente quemado. Tenía una insolación y tuvimos que ir al médico. Se pasó todo el sábado en la cama, con fiebre. La verdad es que me alegré de volver a casa.

LECCIÓN 16

Ejercicio 3

Carlos: Yo este año quiero un sitio tranquilo, relajante y saludable. Un buen balneario, y recibir un tratamiento de salud y belleza para volver como nuevo.

Sara: ¡Qué dices! Los balnearios son para gente poco activa.

Carlos: ¿Poco activa? Tú no sabes cuánta gente joven va.

Sara: Bueno, pero tiene que ser muy aburrido. Yo necesito hacer cosas nuevas, divertidas… Por ejemplo, hacer deportes de riesgo o de aventura por ríos y montañas. Tiene que ser excitante.

Ana: Más bien peligroso. Yo para eso prefiero un buen complejo turístico en una playa fabulosa, con piscinas, restaurantes, salas de ocio, actividades deportivas y vida nocturna; vamos, un lugar divertido y relajante a un mismo tiempo, sin necesidad de coger el coche.

Javier: No puede haber nada menos interesante. Con todas las cosas que hay que ver en el mundo. El arte y la oferta cultural de las grandes ciudades es para mí mucho más atractivo. Si pudiera, visitaría todos los grandes museos del mundo.

Eva: No hay nada más cansado que estar todo el día viendo museos. Además, ya vivís todo el año en una ciudad y es agobiante. Ahora están muy de moda los cruceros, con todas las comodidades de los complejos turísticos pero con escalas en preciosas ciudades llenas de cosas que ver.

Javier: Eso tiene que ser estupendo, pero todavía más caro que el balneario o el complejo en la playa. Yo creo que acabaremos en una playa nacional o en la montaña, que tampoco está mal.

Ejercicio 7

Eva: Es un crucero estupendo. Si están de acuerdo, me encargaré de hacer la reserva para los cinco.

Javier: Un momento, Eva. Si hacemos ese crucero, no volveremos a tener vacaciones en varios años. Es carísimo.

Eva: No tanto. Si reservamos con más de dos meses de antelación, nos descontarán un 10% y si reservamos con un mes, un 7%.

Carlos: Además, si compartimos el camarote nos harán un precio muy especial.

Ana: Ya, pero si dormimos los cinco en el mismo camarote, tendremos que compartir el baño y me parece que somos demasiados.

Sara: Podemos dormir tres en un camarote y dos en otro. O mejor: si convencemos a Antonio seremos tres y tres y nos resultará más barato, y además nos lo pasaremos mejor.

Eva: Perfecto. También podemos hacer otra cosa. Si vamos en otoño, será temporada baja.

Carlos: Para el Caribe no lo creo. Además, si vamos en esas fechas el mar estará más agitado y con riesgos de huracanes.

Sara: Calla, no digas eso. ¿Tú crees que el barco se moverá mucho? Si se mueve, me marearé. Y si hace mal tiempo no podremos salir del camarote.

Javier: Sí, mejor en verano. Pero sigo diciendo que no nos lo podemos permitir.

Eva: Pues nada, si no quieren, no vamos de crucero.

Ejercicio 9

Sara: Quiero estar preparada, así que voy a comprar pastillas contra el mareo.

Javier: No te preocupes, en el barco habrá una farmacia.

Eva: Mañana voy a hacer la reserva del viaje, ¿me acompañas?

Carlos: Mañana saldré tarde del trabajo. Tenemos reunión a última hora.

Ana: Voy a ponerme a régimen. Quiero adelgazar un poco antes de ponerme el bañador.

Sara: No aguantarás ni una semana. Además, no necesitas adelgazar.

Carlos: Por la noche hará frío.

Eva: Pues yo me voy a llevar un par de chaquetas.

Javier: ¿Vas a llevar la cámara de vídeo?

Carlos: Claro, iremos a muchos sitios preciosos.

Ejercicio 11

plegable, problema, partido, incluso, forma, lágrima, frente, crucero, cable, perder, petróleo, coliflor, cárcel, catedral, iglesia, palabra, plural, pulcro, piedra, cortar, clavo, tratado, frío, grasiento, compra

UNIDAD 9

LECCIÓN 17

Ejercicio 1

1.

Marta: Te he dicho una y mil veces que no puedes entrar con el monopatín en el salón. Rayas el parqué. Sabes que no puedes hacerlo.

Enrique: Lo sé, mamá, pero me he despistado. Tenía prisa.

Marta: Te prohíbo terminantemente que lo hagas de nuevo.

Enrique: Sí, mamá, perdona. Lo siento.

2.

Enrique: Mamá, por favor, ¿puedo irme esta noche de marcha? Todos mis amigos tienen permiso de sus padres.

Marta: ¿Adónde van a ir?

Enrique: ¿Puedo ir? ¿Puedo, mami?

Marta: Pero ¿adónde vais? ¿A qué hora vas a regresar?

Enrique: Pues… por ahí…, por aquí y por allá… No sé…, pero ¿me das permiso?

Marta: Bueno, sí, de acuerdo. Pero a las 10 te quiero en casa.

Enrique: Jo, mamá, eso es muy pronto.

Marta: No se hable más. Si te dejo salir, tienes que estar a las 10 en casa.

Enrique: Vale…

3.

Marta: Enrique, ¡no has quitado la mesa! Sabes muy bien que es tu obligación.

Enrique: Ya lo sé, pero no me gusta hacerlo. Es aburrido.

Marta: ¡Ah, se siente! Aburrido o no, tienes que quitarla todos los días. Te toca. Los demás también tenemos nuestras obligaciones.

Enrique: Ya voy, mamá.

Ejercicio 6

Enrique: Hola, Margarita. Venimos en nombre de toda la clase. Vamos a hacer una fiesta de inauguración para dar la bienvenida a los cuatro alumnos nuevos que han llegado. ¿Podemos celebrar la fiesta en el gimnasio?

Margarita: Hola, Enrique. Hola, Cristina. Sí, claro que podéis, pero después tenéis que dejarlo todo limpio y recogido. No podéis marcharos sin más.

Cristina: Sí, sí, por supuesto.

Margarita: Además, no podéis traer bebidas alcohólicas. Está prohibido.

Enrique: Sí, sí, claro.

Margarita: Y no podéis fumar. Sois demasiado jóvenes. Eso está también prohibido.

Enrique: Sí, sí, por supuesto. Pero ¿podemos poner globos y traer música?

Margarita: Podéis, pero no la podéis poner muy alta. Habrá una reunión de profesores a esa hora en la sala de al lado.

Cristina: Vale, ¿y podemos invitar a amigos que no sean alumnos del instituto?

Margarita: Si no son muchos… de acuerdo. Podéis invitar cada uno de vosotros a un amigo, pero no más. ¿Puedo ayudaros en algo más?

Enrique: No, no queremos nada más. Muchas gracias.

Cristina: Ah, se nos olvidaba. Usted también está invitada.

Margarita: Gracias, Cristina. Veré si puedo ir.

Ejercicio 11

1. ¿Puedo buscar en tu bolso un pañuelo?
a) Sí, puedes. Toma el bolso.
b) Ni hablar. Mi bolso es "sagrado".

2. ¿Puedo comerme tu flan? Me encanta.
a) Bueno, pero a mí también me gusta.
b) ¡Caradura! Claro que no.

3. ¿Me dejas hablar con tu móvil?
a) Bueno, vale. Toma.
b) Por supuesto que no. ¡Qué fresco!

4. ¿Puedo salir con tu novio el sábado?
a) Sí, claro, sal. He roto con él.
b) ¿Pero qué te has creído? Rotundamente no.

5. ¿Puedo copiar las respuestas de tus ejercicios?
a) Sí, pero no vas a aprender así nada.
b) ¡Fresco! Trabájalos tú, como he hecho yo.

LECCIÓN 18

Ejercicio 5

1. Alberto, soy tu madre. No has traído todavía la compra del súper para que te prepare la comida de tu fiesta. Por favor, tráela esta tarde sin falta. Un beso.

2. Alberto, soy Anabel. Vente esta tarde con nosotros al cine, anda. Estaremos en la "galería" a las 8.30 tomando unas cañas. No faltes, ¿eh? Te esperamos. Hasta luego.

3. Alberto, soy Germán. Necesito los planos del piso para decidir los muebles que compremos. Déjamelos encima de mi mesa en la oficina, por favor. Es muy urgente. Hasta luego.

4. Hola, Alberto, soy Cristina. Llámame, por favor. Tengo que decirte algo. Espero tu llamada, ¿vale? Un beso.

Ejercicio 6

1. ¿Puedo abrir la ventana? Hace mucho calor.
   Ábrela, ábrela, yo también tengo calor.

2. ¿Puedes prestarme tu boli? El mío se ha terminado en este momento.
   Sí, claro, tómalo. Yo terminé ya de escribir.

3. ¿Podemos comer tortilla de patatas? Tiene una pinta excelente.
   Comedla, comedla, está buenísima.

4. ¿Podemos salir ya al recreo?
   Salid, salid, ya ha acabado la clase.

5. ¿Me dejas un papel en blanco? Tengo que tomar unas notas.
   Sí, por supuesto, toma.

6. ¿Has acabado ya con el ordenador? Quiero revisar mis correos electrónicos.
   Sí, sí, siéntate. Ya los he revisado yo.

7. Por favor, camarero, ¿puede dejarme la sal?
   Sí, tome, tome. Perdone, señor, no me había dado cuenta de que el salero no estaba en la mesa.

8. Perdone, ¿puedo mover un poco hacia atrás el coche?
   Sí, muévalo. Todavía le queda un poco de espacio.

9. ¿Puedo hacer una llamada desde tu teléfono?
   Llama, llama. No hay problema.

10. ¿Quieres un poco de gazpacho fresquito?
    Sí, sí, dame, por favor. Tengo mucho calor.

Ejercicio 11

1.

–La verdad, yo a Un Kiung no la entiendo. El sábado pasado fuimos a una fiesta. Nos había invitado Juan. Todos llevamos un regalo: unos, una botella de vino; otros, flores; otros, bombones; algunos, un plato de comida típica de su país, pero ella no llevó nada. Cuando le preguntamos que por qué no había llevado nada, contestó que nadie le había pedido que llevara nada.

–A lo mejor es que no es costumbre en su país.

–A lo mejor…, pero cuando no sabes cómo comportarte en otro lugar, preguntas a los demás cuál es la costumbre, ¿no?

2.

–Pues el otro día Michael fue un grosero. Subíamos los dos al autobús y él salió corriendo y pasó por delante de todos los que estaban esperando antes que él.

–Tendría prisa, mujer.

–Sí, para sentarse y quitarle el sitio a una madre con su bebé en los brazos. No se levantó ni cuando entró un señor mayor, que casi no podía mantenerse en pie. Me sentí avergonzada por él, y él tan fresco.

3.

–Hoy la profesora de Literatura nos ha reñido mucho.

–¿Sí? ¿Por qué?

–Porque dos estudiantes se descalzaron en el aula. Y luego pusieron los pies sobre el pupitre.

–¡Qué barbaridad! ¿Y no les dijo nada?

–Sí, claro. Nos dijo que cuando estamos en clase, debemos comportarnos adecuadamente, que no podemos descalzarnos, que no podemos comer ni beber, que no podemos dormirnos, que no podemos eructar ni hurgarnos la nariz en público, que no podemos hablar ni interrumpir al profesor…

–¿No sabían esas cosas tan elementales?

–Debe de ser que en sus países sí se puede.

–No creo.

4.

–¿Te has fijado en cómo come Megumi?

–Sí, sorbe la sopa, no ha usado la servilleta, levanta el plato para comer el arroz y agarra los cubiertos como si fuera a asesinar el filete.

–Sí, ¿pero te imaginas cómo comeríamos nosotras con palillos?

–Bueno, el filete no podríamos comerlo sino a mordiscos.

–Es que en Japón nunca te pondrían la carne así, sino en trozos pequeñitos, para que puedas cogerla bien con los palillos.

UNIDAD 10

LECCIÓN 19

Ejercicio 1

Goya es un pintor difícil de clasificar, pues su pintura tiene muchas vertientes. Hay un "Goya interior" que refleja en sus pinturas unas circunstancias vitales difíciles y adversas (enfermedad, amargura, desengaños). Este cuadro que tenemos aquí corresponde a esta época. Es una de las pinturas negras, las más misteriosas y extremas de su genio atormentado. Son cuadros tenebristas, oscuros, en los que la muerte está casi siempre presente. Por su técnica Goya se considera el padre del arte moderno.

Me gusta Frida Kalho por su estilo ingenuo y por el colorido de sus cuadros, en los que utilizaba una fantasía y un estilo inspirados en el arte popular de México, su país. Sus cuadros representan fundamentalmente su experiencia personal; en muchos casos, aspectos dolorosos, muy tristes, de su vida, pues fue una mujer que sufrió mucho (estuvo largo tiempo enferma, no pudo tener hijos).

Diego Rivera es uno de los pilares de la pintura mexicana. Su arte depende en gran medida de la mezcla de Gauguin y la escultura azteca y maya. Gran parte de su obra son murales, dibujos e ilustraciones. Caracterizan su pintura la sencillez y el colorido, así como ciertos temas recurrentes: la tierra, el campesino y el obrero, las costumbres, el folclore. Fue un pintor revolucionario que buscaba llevar el arte al gran público, a la calle, con un estilo directo y realista.

El estilo de Botero es inconfundible: es el pintor de las formas grandes, del humor y de la ironía. Sus principales fuentes de inspiración son la historia del arte, la vida burguesa, la cultura colombiana y los personajes históricos. Botero emplea la gordura como base de una burla cariñosa para comentar muchos aspectos de la vida cotidiana. Sin duda, él hace belleza de la gordura y la voluptuosidad.

A Dalí se le considera el artista más importante del movimiento surrealista y uno de los pintores más destacados del siglo xx. Durante su vida, Dalí dio muestras de muchas excentricidades. Su personalidad causó controversia; fue considerado por unos un genio y por otros un loco. Su pintura está muy relacionada con el psicoanálisis y el subconsciente. Él la denominaba actividad "paranoico-crítica" y se caracterizaba por la representación de escenas oníricas, del mundo de los sueños, realizadas con gran precisión y minuciosidad técnica.

Picasso es uno de los pintores más universales de la historia del arte. Es el creador y máximo representante del cubismo, aunque fue un pintor de muchos estilos. Aquí tenemos su obra más famosa. Representa la cólera, la ira del pintor ante el horror de la guerra. Para intensificar ese drama que quería reflejar, Picasso alarga los miembros, deforma las caras y los cuerpos. Las caras de sus personajes muestran un dolor terrible. Uno de los aspectos más interesantes es el color, bueno, la ausencia de color. Todo está pintado en blanco y negro y en una amplísima gama de matices entre estos dos colores. Con ello consigue profundizar en la idea de tristeza y de muerte.

Ejercicio 8

1. Yo me llamo Violeta. Soy estudiante de Económicas pero me encanta pintar y pinto cada vez que tengo un rato libre. Para mí la pintura tiene que ser algo alegre, que dé color a la vida. Por eso mis cuadros son muy coloristas y representan escenas divertidas. A mí me encanta que la gente se divierta con mis cuadros, que se rían. Yo pinto para mis amigos, para mi familia y también para venderlos y sacar algo de dinero, pero no pinto por encargo. Cuando es una obligación pierdo la inspiración.

2. Yo me llamo Patricia. He pintado desde pequeña. Mis padres también son pintores y ellos me enseñaron. Yo pinto porque me divierte y me gusta, pero también es mi forma de ganarme la vida. Me gusta pintar para los demás lo que ellos me piden. Muchos me piden que dibuje a sus familiares, a sus hijos, a sus padres. Me divierte mucho ver la cara que ponen cuando se ven en los cuadros.

3. Yo soy Rubén. A mí me gusta pintar grafitis y pintar en la calle. Yo soy un pintor urbano. Me encanta que la gente participe cuando estoy pintando y que me digan cosas que puedo pintar o cómo puedo pintarlas. Yo quiero que la gente pinte conmigo porque así es más divertido, conoces y hablas con muchos desconocidos, haces amigos para dos horas. Yo no quiero estar encerrado en un estudio pintando. Mi estudio es la ciudad.

4. Yo soy Sergio y estudio Bellas Artes. Cuando termine mis estudios, quiero dedicarme profesionalmente a la pintura y ganar mucho dinero. También me gusta mucho dibujar cómics, ilustrar libros. Quiero ser un gran ilustrador. Me divierte mucho dibujar para niños. A mí también me pasa como a Rubén: me encanta que los niños participen y pinten conmigo y que me digan cómo imaginan ellos los personajes de sus cuentos.

LECCIÓN 20

Ejercicio 2

A: Buenas noches a todos y bienvenidos a una reunión más de nuestra asociación. Como nuestro nombre indica, vamos a buscar un camino hacia otro arte. A la mayoría de nosotros nos une la pintura, aunque también aceptamos a artistas de otros géneros, y esperamos crecer cada vez más en el futuro. El objetivo de esta reunión es decidir qué actividades va a llevar a cabo la asociación y compartir nuestras ideas y sugerencias. Así que, si alguien quiere empezar…

B: Sí… Yo creo que la asociación puede montar exposiciones de pintura, escultura…

C: Sí, pero con publicidad, para que no las veamos solo nosotros.

B: Claro, eso es fundamental.

D: Yo creo que también se pueden ofrecer cursos.

E: Y charlas o coloquios.

C: Sí, pero ¿cómo podríamos atraer al público de la calle? La idea es extender nuestro arte, ¿no?

A: Sí, en eso pensamos cuando fundamos la asociación.

C: Pues yo creo que hay que atraer al público de alguna manera. Si solo exponemos cuadros seremos una asociación más. Hay que aportar algo nuevo que nos diferencie.

E: ¿Quieren que hagamos una sala-restaurante?

C: Pues, sí, algo así.

B: A mí no me parece mala idea…

F: Yo creo que sería bueno mezclar elementos diferentes, aunque lo del restaurante… No sé…

A: ¿Qué elementos podemos mezclar?

F: Pues… este… Para empezar, todas las artes, debemos crear un espacio en el que quepa todo tipo de expresión artística.

C: Sí, este… Pero eso es crear otro centro cultural, como los que ya hay.

B: Podríamos crear una "sala de obras inconclusas", una sala con obras casi terminadas. El visitante podría terminarlas y participar como un artista.

C: ¡Bravo!

F: Sí, vamos a hacerlo. Nuestra asociación será diferente al resto.

E: Sí, es una idea genial.

Ejercicio 3

A: Bueno, otra cuestión importante es el espacio donde queremos situar nuestra sede. Con la cuota que pagamos los socios podemos hacer frente a un alquiler mensual de, no sé, un local, un apartamento, un galpón… ¿Qué piensan? ¿Cómo creen que ha de ser nuestro espacio?

C: Este… Yo pienso que tiene que ser un espacio que tenga 200 o 300 metros cuadrados. No importan tanto las condiciones de equipamiento como que sea espacioso.

B: Bueno, pero con unos mínimos: que tenga electricidad, aseos… Que esté dividido en distintas estancias…

F: Sí, y sobre todo que nos permita darle múltiples usos, según cada momento: que sirva tanto para montar una exposición como para dar un curso o proyectar una película.

D: Este… Yo estoy de acuerdo. Y tampoco importa que no tenga grandes lujos, nosotros lo decoraremos con nuestras obras. Pero tenemos que buscar un lugar que sea amplio.

E: Y que tenga luz natural, para poder pintar.

Ejercicio 6

B: ¿Aló?

A: Buenas tardes, soy Juan Pedro Genovese, le llamo por el anuncio del local.

B: Sí, decime.

A: Bueno, somos una asociación de artistas y queríamos saber un poco más sobre el local.

B: Sí, encantado, ahora les informo, este… El local está recién reformado, pintura, iluminación… Cuenta con un almacén… Y está muy bien situado: a dos minutos del subte de Perú, a unos quince minutos de la Plaza de la Constitución, a unos veinte de la de Dorrego. Este… También se halla a 400 metros de las avenidas 9 de julio y 25 de mayo.

Ejercicio 8

A: Buenas noches a todos. Esperamos que la próxima reunión podamos hacerla ya en nuestra sede. Aunque no dejaremos de venir por el Tortoni. Bueno, pueden ver las opciones en la fotocopia que les hemos repartido.

B: Sí, a mí me parece que el galpón de Palermo es muy amplio y muy barato… Lo malo es que necesita reformas.

C: Sí, el galpón no es la mejor opción. A mí el que más me gusta es el local de la Recoleta. Es muy caro, pero lo bueno es que tiene patio y escaparate.

D: Ya, pero yo prefiero un barrio más popular, como la Boca o San Telmo. El de la calle Caminito está en un sitio excepcional y no es excesivamente caro. Lo normal es que en esa calle sean más caros los locales.

E: Sí, la calle Caminito es ideal. De todas formas a mí también me gusta el local de San Telmo, es más grande y lo mejor es que ya está reformado y es más barato que el de la calle Caminito.

Apéndice gramatical

- Posesivos.
- Demostrativos.
- Comparativos y superlativos.
- Pronombres personales.
- Preposiciones.
- Imperativo.
- Presente de indicativo.
- Pasados de indicativo: pretérito perfecto.
- Pretérito indefinido.
- Pretérito imperfecto.
- La expresión del futuro.
- Condicional.
- *Ser / estar.*
- Presente de subjuntivo.
- Oraciones condicionales.
- Oraciones de relativo.
- Oraciones sustantivas: Indicativo/Subjuntivo.

POSESIVOS

1 FORMAS ÁTONAS

masculino		femenino	
singular	plural	singular	plural
mi	mis	mi	mis
tu	tus	tu	tus
su	sus	su	sus
nuestro	nuestros	nuestra	nuestras
vuestro	vuestros	vuestra	vuestras
su	sus	su	sus

2 FORMAS TÓNICAS

masculino		femenino	
singular	plural	singular	plural
mío	míos	mía	mías
tuyo	tuyos	tuya	tuyas
suyo	suyos	suya	suyas
nuestro	nuestros	nuestra	nuestras
vuestro	vuestros	vuestra	vuestras
suyo	suyos	suya	suyas

3 USOS

- Los posesivos concuerdan en género y número con la cosa poseída y en número con el poseedor.

  Este coche es mío → Una cosa poseída masculina singular (= *coche*) y un poseedor (= *yo*).

  ¿Vuestros padres están de viaje? → Varias cosas poseídas masculinas plural (= *padres*) y varios poseedores (= *vosotros/as*).

- Las formas átonas se colocan delante del sustantivo.

  Su cartera está encima de la mesa.

- Las formas tónicas se colocan detrás de un sustantivo, un verbo o un artículo.

  Te presto unos guantes míos.

¿Los diccionarios de español son tuyos?

Tus guantes son iguales que los míos.

¡OJO!

Solo es posible colocar el posesivo detrás del sustantivo cuando este va acompañado de un adjetivo numeral o indefinido.

He encontrado en mi casa dos bolígrafos tuyos.

Mis padres también se llevaron varias fotos nuestras.

- Cuando el posesivo va solo, sin acompañar al sustantivo, funciona como pronombre; entonces se utiliza la forma tónica.

  Me gustan los dos bolsos, pero el tuyo es de mejor piel.

DEMOSTRATIVOS

1 PRONOMBRES

masculino		femenino		neutro
singular	plural	singular	plural	
este	estos	esta	estas	esto
ese	esos	esa	esas	eso
aquel	aquellos	aquella	aquellas	aquello

2 ADJETIVOS

masculino		femenino	
singular	plural	singular	plural
este	estos	esta	estas
ese	esos	esa	esas
aquel	aquellos	aquella	aquellas

- *Este* se relaciona con *aquí*, *ese* con *ahí* y *aquel* con *allí*.
- Los pronombres tienen el mismo género y número que el sustantivo al que se refieren.
  Esta es la nueva casa de Marta.
- Los pronombres neutros no tienen plural.
  Yo no entiendo esto. ¿Puedes explicármelo?

- Los adjetivos demostrativos se colocan delante del sustantivo.
  Mira, ese reloj es igual que el que trajo Ana de París.
- Los adjetivos concuerdan en género y número con el sustantivo.
  Me gustan estos coches: ¡son tan elegantes!

COMPARATIVOS Y SUPERLATIVOS

1 COMPARATIVOS

de superioridad	**más** +	adjetivo adverbio **que...** sustantivo		*Es más pequeño que tú.* *Siempre llega más tarde que yo.* *Tiene más dinero que Eva.*
de igualdad	**igual de** +	adjetivo adverbio	**que...**	*Javi es igual de alto que su madre.* *Vivo igual de lejos que tú.*
	tan **tanto** +	adjetivo adverbio **como...** sustantivo		*Esta casa es tan bonita como esa.* *Vivo tan lejos como tú.* *Tiene tanto dinero como Eva.*
de inferioridad	**menos** +	adjetivo adverbio **que...** sustantivo		*Juan es menos tímido que Pedro.* *Trabaja menos rápido que él.* *Mi salón tiene menos luz que el tuyo.*

- Hay algunos adjetivos que presentan dos formas para el comparativo: una que sigue los procedimientos anteriores y otra, irregular.

  – más bueno que / mejor que

  – más malo que / peor que

  – más pequeño que / menor que

  – más grande que / mayor que

  – más arriba que / superior a

  – más abajo que / inferior a

2 SUPERLATIVOS

1. El superlativo de los adjetivos se forma añadiendo a la raíz el sufijo -ísimo: grand-ísimo, buen-ísimo. Si el adjetivo termina en -ble, añadimos el sufijo -bilísimo: amabilísimo.

2. También podemos expresar grado superlativo con las siguientes estructuras:

absoluto		relativo	

el más ⎫
        ⎬ + adjetivo
el menos ⎭
	el mejor, el peor, el mayor, el menor…	el más ⎫
		        ⎬ + adj. + de + sust/adv.
		el menos ⎭
			el mejor de, el peor de, el mayor de…

– Juan es el más alto.	– Juan es el mayor.	– Juan es el más alto de la clase.	– Juan es el mayor de la familia.
– Este coche es el menos caro.	– Este coche es el mejor.	– Este coche es el menos caro de la tienda.	– Este coche es el mejor de esta marca.

3. Como en el caso de los comparativos, hay algunos adjetivos irregulares en su grado superlativo. Ambas formas –regulares e irregulares– son correctas. Las formas irregulares se utilizan, sobre todo, en contextos formales.

   – el más bueno / óptimo

   – el más malo / pésimo

   – el más pequeño / ínfimo

   – el más grande / máximo

PRONOMBRES PERSONALES

Sujeto	Complemento indirecto	Complemento directo	Reflexivos Recíprocos	Con preposición
yo	me	me	me	mí -conmigo
tú	te	te	te	ti- contigo
él / ella / usted	le	lo-la	se	él / ella / usted
nosotros /-as	nos	nos	nos	nosotros /-as
vosotros /-as	os	os	os	vosotros /-as
ellos / ellas / ustedes	les	los-las	se	ellos / ellas / ustedes

1 PRONOMBRES SUJETO

- En español, la terminación del verbo nos indica en muchos casos la persona a la que se refiere; por eso, no es obligatoria la presencia del sujeto. Sin embargo, hay casos en los que es necesaria su aparición.

   – Identificación de personas → –¿Ainoa Pérez? –Sí, soy yo.

   – Al contestar a una pregunta dirigida a varias personas → –¿Quiénes van a la excursión? –Nosotros, nosotros vamos.

   – Con también y tampoco → –He comprado el libro de español. –Yo también.

                                        –Todavía no tengo coche. –Yo tampoco.

   – Para establecer un contraste con otros sujetos → –Repartimos las tareas: tú limpias el polvo y yo preparo la comida.

   – Para evitar ambigüedad → Él / ella / usted no dice nada (no sabemos qué persona es).

2 PRONOMBRES COMPLEMENTO DIRECTO E INDIRECTO

FORMA

- Los pronombres complemento directo de tercera persona presentan cambios de género y número, pero los de complemento indirecto, solo de número. El resto presenta la misma forma.

  Hemos comprado **un ordenador** → **Lo** hemos comprado.

  Hoy he visto **a tu madre** → **La** he visto.

  Ignacio cuida muy bien **las plantas** → **Las** cuida.

  María contó todo **a su profesor** → **Le** contó todo.

  He traído regalos **para los niños** → **Les** he traído regalos.

- Cuando el complemento directo se refiere a una persona masculina singular, el pronombre correspondiente puede ser **lo** o **le**.

  Vimos **a Juan** en la biblioteca → **Lo** / **le** vimos en la biblioteca.

POSICIÓN

- Si hay un complemento directo y un indirecto en una misma oración, el CI *(le, les)* se coloca en primer lugar y se convierte en **se**.

  He comprado rosas para Luisa → **Se** las he comprado.

- Los pronombres se colocan delante del verbo, excepto con el imperativo afirmativo, el gerundio y el infinitivo (en estos casos se colocan detrás).

  Cómetelo.

  Haciéndolo así no conseguirás nada.

  Solo de pensarlo me da miedo.

- Si hay un verbo conjugado + gerundio / infinitivo, los pronombres personales pueden colocarse delante o detrás.

  Voy a dejártelo. / Te lo voy a dejar.

  Estoy buscándolo. / Lo estoy buscando.

PREPOSICIONES

1 UBICACIÓN EN EL TIEMPO

A

- Relaciona el tiempo en el que ocurre un hecho con una hora, fecha o un momento concreto.

  A + artículo + hora / expresión de tiempo: *a las doce / a la mañana siguiente*.

  Estamos a + día: *Por fin estamos a viernes*.

DESDE

- Indica el origen temporal.

  No viene a trabajar desde el lunes.

- Cuando el punto de origen es una acción se utiliza **desde que.**

  Desde que salí de mi país, no sé nada de mis amigos.

EN

- **En** + años / expresión de tiempo.

  Se conocieron en 1998.

  En Semana Santa vamos a ir a esquiar.

- Duración de un plazo de tiempo.

  Lo entregaré en un mes.

- Equivale a **durante.**

  No han llamado en toda la semana, a lo mejor ha pasado algo.

- **Estamos en** + año / mes / estación / siglo.

  Estamos en primavera; me encanta esta estación porque la gente parece más feliz.

HASTA

- Indica el límite temporal.

  Estuvimos de fiesta hasta las seis de la mañana.

- Cuando el límite es una acción se utiliza **hasta que.**

  Todos se llevaban muy bien hasta que él llegó.

PARA

- Indica plazo.

  Quiero el trabajo para el lunes.

  Iremos para el día de San José.

POR

- Indica tiempo aproximado.

  Estaré allí por Navidades, no sé qué día llegaré pero iré, no te preocupes.

- Indica frecuencia. Equivale a **al / a la.**

  Tengo clases dos veces por semana.

HACIA / SOBRE

- Indican tiempo aproximado.

  Hacia + fecha

  Hacia / **sobre** + artículo + horas

  Llegará hacia el 15 de marzo.

  Iré a buscarte sobre / hacia las diez.

DE... A, DESDE... HASTA

- Expresan el recorrido temporal marcando el principio y el final de un periodo. Con días y horas, *de... a* no lleva artículo, *desde... hasta* sí.

  Los pedidos se hacen de lunes a miércoles, de 9 de la mañana a 2 de la tarde.

  El Dr. González pasa consulta desde las 10 de la mañana hasta las 6 de la tarde.

2 UBICACIÓN EN EL ESPACIO

EN

- Sirve para localizar en el espacio.

  Argentina y Perú están en el continente americano.

POR

- Indica un movimiento en el espacio. Equivale a **a través de.**

  Hemos viajado por toda Europa.

- Indica localización aproximada.

  –Creo que el sábado estuvimos por tu barrio. Tú vives en Carabanchel, ¿verdad?

  –No exactamente, pero más o menos cerca.

PARA

- Indica un movimiento en el espacio: destino.

  Me marcho para mi país el lunes próximo.

A

- Indica dirección a un lugar.

  –Voy en coche a Madrid, ¿te vienes?

  –Gracias, ¿me puedes dejar en Coslada?

- Indica la distancia.

  El pueblo más próximo está a 50 kilómetros.

HACIA

- Indica la dirección.

  –¿Vas hacia la Plaza de Cervantes?

  –Sí.

  –Pues te acompaño.

DESDE

- Indica el punto de partida espacial.

  Te escribo este correo desde mi casa.

HASTA

- Indica el punto final espacial.

  Esta mañana he ido andando hasta la Universidad.

DESDE... HASTA / DE... A

- Expresan un recorrido espacial marcando el principio y el final.

  El viaje fue muy bueno, pero desde Toledo hasta Madrid yo me mareé.

  Este salón es bastante grande, de pared a pared hay unos 15 metros.

3 CONTRASTE *POR / PARA*

POR	PARA
• Causa *Este regalo es por tu cumpleaños.*	• Finalidad y destinatario *La harina es para hacer el pastel.* *Esta carta es para Julián.*
• Localización aproximada *Creo que tu lápiz está por el salón.*	• Movimiento en el espacio: destino *Ya salimos para tu casa.*
• Tiempo aproximado *Iremos a visitaros por vacaciones.*	• Plazo (fecha límite) *El trabajo es para el 22 de abril.*
• Sustitución *Alicia está enferma, así que yo voy a hablar por ella.*	• Opinión *Para mí, el culpable de la situación es el que habla mal de los demás.*
• Precio *Me he comprado esta chaqueta por 25 euros.*	• Comparación *Para ser extranjero, habla muy bien español.*

IMPERATIVO

1. VERBOS REGULARES AFIRMATIVOS

	1.ª Conjugación Mir-ar	2.ª Conjugación Beb-er	3.ª Conjugación Sub-ir
Tú	mir-**a**	beb-**e**	sub-**e**
Usted	mir-**e**	beb-**a**	sub-**a**
Vosotros / vosotras	mir-**ad**	beb-**ed**	sub-**id**
Ustedes	mir-**en**	beb-**an**	sub-**an**

2. VERBOS REGULARES NEGATIVOS

	1.ª Conjugación Mir-ar	2.ª Conjugación Beb-er	3.ª Conjugación Sub-ir
Tú	no mir-**es**	no beb-**as**	no sub-**as**
Usted	no mir-**e**	no beb-**a**	no sub-**a**
Vosotros / vosotras	no mir-**éis**	no beb-**áis**	no sub-**áis**
Ustedes	no mir-**en**	no beb-**an**	no sub-**an**

3. VERBOS IRREGULARES AFIRMATIVOS

	Decir	Ir	Hacer	Poner	Oír	Venir
Tú	di	ve	haz	pon	oye	ven
Usted	diga	vaya	haga	ponga	oiga	venga
Vosotros / vosotras	decid	id	haced	poned	oíd	venid
Ustedes	digan	vayan	hagan	pongan	oigan	vengan

	Traer	Tener	Salir	Cerrar	Encender	Seguir
Tú	trae	ten	sal	cierra	enciende	sigue
Usted	traiga	tenga	salga	cierre	encienda	siga
Vosotros / vosotras	traed	tened	salid	cerrad	encended	seguid
Ustedes	traigan	tengan	salgan	cierren	enciendan	sigan

4. VERBOS IRREGULARES NEGATIVOS

	1.ª Conjugación Cerr-ar	2.ª Conjugación Ten-er	3.ª Conjugación Segu-ir
Tú	no cierr-es	no teng-as	no sig-as
Usted	no cierr-e	no teng-a	no sig-a
Vosotros / vosotras	no cerr-éis	no teng-áis	no sig-áis
Ustedes	no cierr-en	no teng-an	no sig-an

5. OTRAS PERSONAS

	1.ª Conjugación Cerr-ar	2.ª Conjugación Ten-er	3.ª Conjugación Segu-ir
Él / ella	que cierre	que tenga	que siga
Ellos / ellas	que cierren	que tengan	que sigan
Nosotros / nosotras	que cerremos	que tengamos	que sigamos

1 COLOCACIÓN DE LOS PRONOMBRES

- La forma afirmativa lleva los pronombres detrás del verbo y forma una sola palabra. Al añadir sílabas, el acento cambia.

  mira - mírala   bebe – bébelo   escriba - escríbalos

- Cuando hay un pronombre complemento directo y otro complemento indirecto, se coloca primero el indirecto y después el directo.

  póntelo   lávatelos   díselo

- Con los verbos pronominales la persona vosotros /-as pierde la **-d.**

  sentaos   marchaos   levantaos

- La forma negativa lleva los pronombres delante del verbo. Si hay dos pronombres, se coloca primero el complemento indirecto y después el complemento directo.

  no lo mires   no me las escribáis
  no se lo digas   no os sentéis

- Para influir en el oyente:
  - Consejos y recomendaciones.

  No levantes peso, te vas a hacer daño en la espalda.

  - Petición.

  Por favor, cierra la ventana. Tengo frío.

  Señorita López, por favor, llame a la agencia de viajes y confirme mi billete.

  - Orden.

  Pon la televisión.

  Llaman al timbre, abre la puerta.

  - Prohibición.

  No vuelvas más tarde de las diez.

  No te pongas mi vestido.

- Para conceder y/o denegar permiso. Cuando se concede permiso se suele repetir el imperativo.

  –¿Puedo pasar? –Sí, claro. Pasa, pasa.

  –¿Puedo poner la televisión? –No, no la pongas porque estoy estudiando.

- Para dar instrucciones.

  –¿La Puerta del Sol? –Sí, está muy cerca. Siga todo recto y gire a la derecha.

- Para ofrecer cosas.

  Tómate otro café.

PRESENTE DE INDICATIVO

1. VERBOS REGULARES

	1.ª Conjugación Am-ar	2.ª Conjugación Beb-er	3.ª Conjugación Sub-ir
Yo	am-**o**	beb-**o**	sub-**o**
Tú	am-**as**	beb-**es**	sub-**es**
Él / ella / usted	am-**a**	beb-**e**	sub-**e**
Nosotros / nosotras	am-**amos**	beb-**emos**	sub-**imos**
Vosotros / vosotras	am-**áis**	beb-**éis**	sub-**ís**
Ellos / ellas / ustedes	am-**an**	beb-**en**	sub-**en**

2. VERBOS IRREGULARES

2.1. Verbos *ser / estar / ir*

	Ser	Estar	Ir
Yo	soy	estoy	voy
Tú	eres	estás	vas
Él / ella / usted	es	está	va
Nosotros / nosotras	somos	estamos	vamos
Vosotros / vosotras	sois	estáis	vais
Ellos / ellas / ustedes	son	están	van

2.2. Verbos con irregularidades vocálicas en todas las personas excepto en la 1.ª y en la 2.ª persona del plural

	E → IE Querer	O → UE Poder	U → UE Jugar	E → I Pedir
Yo	qu**ie**r-o	p**ue**d-o	j**ue**g-o	p**i**d-o
Tú	qu**ie**r-es	p**ue**d-es	j**ue**g-as	p**i**d-es
Él / ella / usted	qu**ie**r-e	p**ue**d-e	j**ue**g-a	p**i**d-e
Nosotros / nosotras	quer-emos	pod-emos	jug-amos	ped-imos
Vosotros / vosotras	quer-éis	pod-éis	jug-áis	ped-ís
Ellos / ellas / ustedes	qu**ie**r-en	p**ue**d-en	j**ue**g-an	p**i**d-en

E → IE: *acertar, apretar, ascender, atravesar, calentar, cegar, comenzar, defender, despertar, divertir, empezar, encender, encerrar, enterrar, extender, fregar, gobernar, helar, hervir, manifestar, merendar, negar, nevar, pensar, perder, preferir, recomendar, regar, sembrar, sentar(se), sentir, sugerir, temblar.*

O → UE: *acordar(se), acostar, apostar, aprobar, avergonzar, colar, colgar, comprobar, cocer, contar, demostrar, descolgar, descontar, desenvolver, despoblar, devolver, disolver, doler, encontrar, esforzarse, forzar, llover, mostrar, mover, poblar, recordar, reforzar, renovar, rodar, rogar, soler, soltar, soñar, volar, volver.*

U → UE: *esta irregularidad se da solo en el verbo jugar.*

E → I: *competir, conseguir, corregir, despedir, elegir, freír, impedir, perseguir, reír, reñir, repetir, seguir, servir, sonreír, vestir.*

2.3. Verbos con cambios consonánticos en la 1.ª persona del singular

	C → ZC Conocer	U → UY Concluir	OTROS CAMBIOS			
			Hacer	Salir	Poner	Traer
Yo	cono**zc**-o	conclu**y**-o	ha**g**-o	sal**g**-o	pon**g**-o	trai**g**-o
Tú	conoc-es	conclu**y**-es	hac-es	sal-es	pon-es	tra-es
Él / ella / usted	conoc-e	conclu**y**-e	hac-e	sal-e	pon-e	tra-e
Nosotros / nosotras	conoc-emos	conclu-imos	hac-emos	sal-imos	pon-emos	tra-emos
Vosotros / vosotras	conoc-éis	conclu-ís	hac-éis	sal-ís	pon-éis	tra-éis
Ellos / ellas / ustedes	conoc-en	conclu**y**-en	hac-en	sal-en	pon-en	tra-en

C → ZC: *abastecer, agradecer, aparecer, carecer, conducir, deducir, desaparecer, desconocer, desfavorecer, desobedecer, empobrecer, enriquecer, entristecer, envejecer, establecer, favorecer, fortalecer, introducir, merecer, nacer, obedecer, ofrecer, parecer, permanecer, pertenecer, producir, renacer, restablecer.*

Excepciones: *hacer y sus derivados, cocer, escocerse, recocer, mecer.*

U → UY: *atribuir, constituir, contribuir, construir, destituir, destruir, disminuir, distribuir, excluir, huir, incluir, influir, reconstruir.*

2.4. Verbos con doble irregularidad

	Tener	Venir	Decir	Oír
Yo	ten**g**-o	ven**g**-o	di**g**-o	oi**g**-o
Tú	t**ie**n-es	v**ie**n-es	d**i**c-es	o**y**-es
Él / ella / usted	t**ie**n-e	v**ie**n-e	d**i**c-e	o**y**-e
Nosotros / nosotras	ten-emos	ven-imos	dec-imos	o-ímos
Vosotros / vosotras	ten-éis	ven-ís	dec-ís	o-ís
Ellos / ellas / ustedes	t**ie**n-en	v**ie**n-en	d**i**c-en	o**y**-en

1 USOS

- Para hablar de acciones presentes.
  –¿Qué haces? –Veo la televisión.
  Soy médico y trabajo en un hospital.
- Para expresar acciones habituales.
  Siempre voy al trabajo en autobús.
- Para ofrecer, pedir y sugerir.
  ¿Te subo la maleta al coche?
  ¿Me ayudas a hacer los ejercicios de gramática?
  ¿Por qué no vamos al cine esta noche?
- Para expresar frecuencia.
  Veo a Carmen cada quince días.
- Para expresar verdades absolutas.
  Los perros son animales mamíferos.

- Para referirnos a acciones futuras. La acción se siente como cercana. Normalmente, se acompaña de marcadores temporales del tipo: *luego, dentro de, mañana, después, ¿cuándo…?, la semana / el mes / el año que viene…*
  Luego me paso por tu casa y hablamos un rato, ¿vale?
- Para referirnos a acciones pasadas. Normalmente va acompañado de marcadores temporales del tipo *hace* o de fechas, nombres de hechos históricos u otro pasado.
  Presente histórico: *En 1492 Cristóbal Colón descubre América.*
  Presente conversacional: *Hablo con ella el martes y no me dice nada.*
- Para referirse a acciones pasadas, cuando se acompañan de los marcadores *por poco* o *casi*, siempre se utiliza presente:
  El año pasado estuve en la playa y por poco me ahogo.

2 MARCADORES TEMPORALES DE PRESENTE

- Los marcadores temporales que van con verbos en presente expresan acciones habituales, costumbres y frecuencia.

+

siempre

cada día / mes / semana...; todos los días / todas las semanas / todos los años...; casi siempre, por lo general, normalmente, generalmente, habitualmente

a menudo, con frecuencia, frecuentemente, muchas / bastantes veces

cada vez que; cada dos / tres... días / semana / verano...; cuatro, cinco... veces al día / a la semana, al mes, al año; a veces; algunas veces; de vez en cuando

casi nunca, apenas, rara vez, raramente, ocasionalmente

nunca, jamás, nunca jamás

−

todos /-as	+	los / las	+	días, meses, años
todos /-as	+	los / las	+	lunes, martes..., veranos, inviernos..., vacaciones Navidades..., fines de semana, festivos
una vez	+	al / a la		día, mes, año, semana
una vez por	+			semana, día, mes...
(una vez)	+	cada	+	dos, tres, cuatro... años, fines de semana, veranos...

¡OJO!

nunca	/ no ... nunca
Nunca voy al cine por la noche.	No voy al cine nunca por la noche.
casi nunca	/ no ... casi nunca
Casi nunca veo la televisión.	No veo la televisión casi nunca.

PASADOS DE INDICATIVO: PRETÉRITO PERFECTO

1 FORMA

Se forma con el presente de indicativo del verbo *haber* y el participio del verbo conjugado.

	1.ª Conjugación Am-ar	2.ª Conjugación Beb-er	3.ª Conjugación Dorm-ir
Yo	he am-**ado**	he beb-**ido**	he dorm-**ido**
Tú	has am-**ado**	has beb-**ido**	has dorm-**ido**
Él / ella / usted	ha am-**ado**	ha beb-**ido**	ha dorm-**ido**
Nosotros / nosotras	hemos am-**ado**	hemos beb-**ido**	hemos dorm-**ido**
Vosotros / vosotras	habéis am-**ado**	habéis beb-**ido**	habéis dorm-**ido**
Ellos / ellas / ustedes	han am-**ado**	han beb-**ido**	han dorm-**ido**

1. Participios regulares

Infinitivo	Participio
-AR	-ADO
-ER	-IDO
-IR	-IDO

2. Participios irregulares

abrir	**abierto**
decir	**dicho**
descubrir	**descubierto**
escribir	**escrito**
hacer	**hecho**
morir	**muerto**
poner	**puesto**
romper	**roto**
ver	**visto**
volver	**vuelto**

2 USOS

- Sirve para contar acciones pasadas relacionadas con el presente del hablante. Suele aparecer con marcadores temporales del tipo: *hoy, esta semana, este mes, este año, esta mañana, hace un rato, hace una hora, ya, aún / todavía no*, etc.

  Esta tarde he visto a Manolo en la biblioteca.

  Hoy hemos empezado a estudiar el subjuntivo.

  He terminado el trabajo hace cinco minutos.

  –¿Has oído el último disco de Alejandro Sanz? –Sí, ya lo he oído.

  Todavía no he estado en Buenos Aires. Tengo que ir.

- Sirve para hablar de experiencias pasadas sin indicar el tiempo en el que se realizaron.

  Hemos estado en París y nos ha encantado.

  He hablado con Pedro en varias ocasiones.

- Sirve para valorar acontecimientos relacionados con el presente del hablante.

  La película ha sido muy aburrida. No tenía acción.

  La clase ha sido interesantísima.

- Sirve para excusarse o justificarse por sucesos pasados que tienen consecuencias en el presente.

  Siento llegar tarde, pero es que he tenido que llevar a mi abuela a urgencias.

PRETÉRITO INDEFINIDO

1 FORMA

1. Verbos regulares

	1.ª Conjugación Am-ar	2.ª Conjugación Beb-er	3.ª Conjugación Escrib-ir
Yo	am-**é**	beb-**í**	escrib-**í**
Tú	am-**aste**	beb-**iste**	escrib-**iste**
Él / ella / usted	am-**ó**	beb-**ió**	escrib-**ió**
Nosotros / nosotras	am-**amos**	beb-**imos**	escrib-**imos**
Vosotros / vosotras	am-**asteis**	beb-**isteis**	escrib-**isteis**
Ellos / ellas / ustedes	am-**aron**	beb-**ieron**	escrib-**ieron**

2. Verbos irregulares

2.1. Tienen la misma forma los verbos *ser* e *ir*

	Ser - Ir
Yo	fui
Tú	fuiste
Él / ella / usted	fue
Nosotros / nosotras	fuimos
Vosotros / vosotras	fuisteis
Ellos / ellas / ustedes	fueron

2.2. Verbos frecuentes con raíz y terminaciones irregulares

TERMINACIONES	U		I		J	
-e	andar	**anduv-**	hacer	**hic- / hiz-**	conducir	**conduj-**
-iste	estar	**estuv-**	querer	**quis-**	decir	**dij-**
-o	poder	**pud-**	venir	**vin-**	traer	**traj-**
-imos	poner	**pus-**			(La terminación de la 3.ª persona plural es	
-isteis	saber	**sup-**			**-eron)**	
-ieron / eron	tener	**tuv-**				

2.3. Verbos que tienen cambio vocálico en su raíz solo en las 3.ªˢ personas

TERMINACIONES	O - U *dormir, morir*	E - I Verbos en *ir* *pedir, repetir*, etc.	Y Verbos terminados en vocal + *er* / *ir* *leer, oír*, etc.
-í	dormí	pedí	leí
-iste	dormiste	pediste	leíste
-ió / ó	du**rmió**	p**idió**	le**yó**
-imos	dormimos	pedimos	leímos
-isteis	dormisteis	pedisteis	leísteis
-ieron / eron	du**rmieron**	p**idieron**	le**yeron**

2.4. Verbo *dar*

	Dar
Yo	di
Tú	diste
Él / ella / usted	dio
Nosotros / nosotras	dimos
Vosotros / vosotras	disteis
Ellos / ellas / ustedes	dieron

2 USOS

- Sirve para contar sucesos del pasado que no tienen relación con el presente del hablante. Suele aparecer con marcadores temporales del tipo: *ayer, el año pasado, la semana pasada, el 7 de octubre de 1966, ese día, aquella tarde, en 1982, hace dos años*, etc.

  Ayer fui a tu casa.

  El año pasado estuvo de vacaciones en Suecia.

La semana pasada comí con mi familia.

Aurora nació el 7 de octubre de 1966.

Aquella tarde de primavera me enamoré de él.

En 1982 se celebró en España el Mundial de fútbol.

Se casaron hace dos años.

- Dentro de un relato, suele aparecer con conectores del tipo:

Primero	¿Qué hiciste ayer?
	Primero comí con Luis y Ana,
Luego, después, más tarde	**luego** hice algunas compras;
Por último	**por último**, me fui al cine y
Al final	**al final** llegué a casa agotada.

3 CONTRASTE PRETÉRITO PERFECTO E INDEFINIDO

- Los dos tiempos sirven para contar sucesos pasados terminados.

- Se usa el pretérito perfecto cuando los sucesos pasados tienen relación con el presente del hablante (*hoy, esta semana, hace diez minutos*, etc.) y el indefinido se usa cuando las acciones pasadas no tienen relación con el presente (*ayer, el año pasado, en 1960*, etc.).

  Ayer se acostó muy tarde y **hoy no ha ido** a la clase de español.

PRETÉRITO IMPERFECTO

1 FORMA

1. VERBOS REGULARES

	1.ª Conjugación Am-ar	2.ª Conjugación Beb-er	3.ª Conjugación Escrib-ir
Yo	am-**aba**	beb-**ía**	escrib-**ía**
Tú	am-**abas**	beb-**ías**	escrib-**ías**
Él / ella / usted	am-**aba**	beb-**ía**	escrib-**ía**
Nosotros / nosotras	am-**ábamos**	beb-**íamos**	escrib-**íamos**
Vosotros / vosotras	am-**abais**	beb-**íais**	escrib-**íais**
Ellos / ellas / ustedes	am-**aban**	beb-**ían**	escrib-**ían**

2. VERBOS IRREGULARES

	Ir	Ser	Ver
Yo	iba	era	veía
Tú	ibas	eras	veías
Él / ella / usted	iba	era	veía
Nosotros / nosotras	íbamos	éramos	veíamos
Vosotros / vosotras	ibais	erais	veíais
Ellos / ellas / ustedes	iban	eran	veían

2 USOS

- Sirve para hablar de costumbres y hábitos en el pasado. Suele aparecer con marcadores temporales del tipo: *todos los días, a menudo, frecuentemente, muchas veces, pocas veces, algunas veces, (casi) siempre, (casi) nunca*, etc.

  El año pasado iba al gimnasio todos los días.

  Cuando era pequeña, pocas veces salía de casa porque frecuentemente estaba enferma.

  Mi abuelo siempre nos compraba regalos.

- Sirve para describir a personas y cosas.

  Mi tía era una mujer muy guapa, tenía el pelo largo y moreno, siempre llevaba falda corta y zapatos sin tacón.

La casa era muy pequeña, solo tenía un dormitorio. La cocina era la habitación más grande, pero no tenía ventana.

- Sirve para describir las situaciones o los contextos de las acciones. Suele aparecer con marcadores temporales del tipo: *antes, entonces, cuando, de joven, de pequeño*, etc.

  Cuando estaba en la Universidad, iba a clase todos los días.

  Antes las mujeres no fumaban mucho.

  De joven, salía siempre por la noche.

LA EXPRESIÓN DEL FUTURO

1 FUTURO DE INDICATIVO

1. VERBOS REGULARES

	1.ª Conjugación Am-ar	2.ª Conjugación Beb-er	3.ª Conjugación Escrib-ir
Yo	amar-**é**	beber-**é**	escribir-**é**
Tú	amar-**ás**	beber-**ás**	escribir-**ás**
Él / ella / usted	amar-**á**	beber-**á**	escribir-**á**
Nosotros / nosotras	amar-**emos**	beber-**emos**	escribir-**emos**
Vosotros / vosotras	amar**éis**	beber-**éis**	escribir-**éis**
Ellos / ellas / ustedes	amar-**án**	beber-**án**	escribir-**án**

2. VERBOS IRREGULARES

- *Decir:* diré, dirás, dirá, diremos, diréis, dirán
- *Haber:* habré, habrás, habrá, habremos, habréis, habrán
- *Hacer:* haré, harás, hará, haremos, haréis, harán
- *Poder:* podré, podrás, podrá, podremos, podréis, podrán
- *Poner:* pondré, pondrás, pondrá, pondremos, pondréis, pondrán

- *Querer:* querré, querrás, querrá, querremos, querréis, querrán
- *Saber:* sabré, sabrás, sabrá, sabremos, sabréis, sabrán
- *Salir:* saldré, saldrás, saldrá, saldremos, saldréis, saldrán
- *Tener:* tendré, tendrás, tendrá, tendremos, tendréis, tendrán
- *Valer:* valdré, valdrás, valdrá, valdremos, valdréis, valdrán
- *Venir:* vendré, vendrás, vendrá, vendremos, vendréis, vendrán

2 PERÍFRASIS QUE EXPRESAN FUTURO

- *Ir a* + infinitivo

  Cuando termine mis estudios universitarios, voy a buscar trabajo.

- *Quiero* + infinitivo

  ¿Qué vas a hacer durante las vacaciones?

  Quiero terminar mi tesis doctoral.

- *Pienso* + infinitivo

  En cuanto aprenda a conducir, pienso comprarme un coche.

3 USOS: CONTRASTE

FUTURO SIMPLE	IR A + INFINITIVO

• Predicciones
  – Sobre circunstancias ajenas:
  Durante el fin de semana hará sol y subirán las temperaturas.
  El precio de la gasolina bajará la semana que viene.
  – Sobre nosotros mismos:
  Encontrarás un buen trabajo y tendrás mucho éxito.
• Hablar de una acción futura con idea de inseguridad y de lejanía.
  –¿Cuándo terminarás el trabajo?
  –No sé, pero creo que lo terminaré mañana.
 	
¡ojo!
No sé si
Supongo que
Creo que   +   futuro
Probablemente
Tal vez
	• Intención: planes y proyectos.
	  El verano que viene voy a comprarme un coche nuevo.
	• Hablar de una acción futura con idea de seguridad y de inmediatez.
	  –¿Qué vas a hacer esta tarde?
	  –Voy a ir al cine con Margarita.

CONDICIONAL

1. VERBOS REGULARES

	-Ar	-Er	-Ir
Yo	comprar-**ía**	vender-**ía**	pedir-**ía**
Tú	comprar-**ías**	vender-**ías**	pedir-**ías**
Él / ella / usted	comprar-**ía**	vender-**ía**	pedir-**ía**
Nosotros / nosotras	comprar-**íamos**	vender-**íamos**	pedir-**íamos**
Vosotros / vosotras	comprar-**íais**	vender-**íais**	pedir-**íais**
Ellos / ellas / ustedes	comprar-**ían**	vender-**ían**	pedir-**ían**

2. VERBOS IRREGULARES

– *decir:* diría, dirías, diría, diríamos, diríais, dirían
– *haber:* habría, habrías, habría, habríamos, habríais, habrían
– *hacer:* haría, harías, haría, haríamos, haríais, harían
– *poder:* podría, podrías, podría, podríamos, podríais, podrían
– *poner:* pondría, pondrías, pondría, pondríamos, pondríais, pondrían

– *querer:* querría, querrías, querría, querríamos, querríais, querrían
– *saber:* sabría, sabrías, sabría, sabríamos, sabríais, sabrían
– *salir:* saldría, saldrías, saldría, saldríamos, saldríais, saldrían
– *tener:* tendría, tendrías, tendría, tendríamos, tendríais, tendrían
– *venir:* vendría, vendrías, vendría, vendríamos, vendríais, vendrían

SER / ESTAR

1 FORMA

	SER / ESTAR			
	Presente	Pretérito Perfecto	Indefinido	Imperfecto
Yo	soy / estoy	he sido / he estado	fui / estuve	era / estaba
Tú	eres / estás	has sido / has estado	fuiste / estuviste	eras / estabas
Él / ella / usted	es / está	ha sido / ha estado	fue / estuvo	era / estaba
Nosotros / nosotras	somos / estamos	hemos sido / hemos estado	fuimos / estuvimos	éramos / estábamos
Vosotros / vosotras	sois / estáis	habéis sido / habéis estado	fuisteis / estuvisteis	erais / estabais
Ellos / ellas / ustedes	son / están	han sido / han estado	fueron / estuvieron	eran / estaban

2 USOS: CONTRASTE

SER	ESTAR
• Definir, clasificar, describir: ESENCIA. – Identidad: *¡Hola! Soy Celia Méndez.* – Origen, nacionalidad: *Somos mexicanos.* – Profesión: *Andrés es fontanero.* – Descripción física de personas, objetos y lugares: *Mi madre es morena.* – Descripción del carácter: *Es un niño muy tímido.* – Valoración general de hechos, actividades: *Es bueno beber mucha agua.* • Tiempo: – Hora: *Son las 10 de la noche.* – Fecha: *Hoy es miércoles; es 3 de marzo.* – Periodo de tiempo: *Es de noche. Es primavera.* • Cantidad: *Es poco / mucho / demasiado.* *Son 15 euros.* • Posesión: *Este libro es mío.* *El coche es de mi primo.* • Materia: *La mesa es de madera.* *Mis ventanas son de aluminio.*	• Hablar de cómo se encuentran las personas, las cosas, los hechos: ESTADOS. – Estados físicos de personas o animales: *He trabajado todo el día. Estoy agotado.* – Estados psíquicos de personas: *Hoy Juan está muy contento.* – Estados civiles: *Estamos solteros.* – Circunstancias y estados de objetos y lugares: *Mi amiga está de viaje.* *La panadería ya está abierta.* – Valoración de objetos, cosas y hechos: *La ensalada estaba un poco salada.* • Expresar el lugar de las cosas, las personas, los objetos: *Carlos está en la biblioteca.* • Acción en desarrollo (*estar* + gerundio): *Estoy estudiando para el examen de mañana.*

3 CONTRASTE *SER / ESTAR* + CUALIDADES

SER + adjetivo de cualidad	ESTAR + adjetivo de cualidad
• Expresa *cualidades inherentes.* • Cualidades que forman parte de la naturaleza de la persona, la cosa, el objeto. • Define y clasifica. *Mi abuelo es muy viejo.* *Este jugador de baloncesto es muy alto.* *La nieve es blanca; el cielo es azul.*	• Expresa el *resultado de un proceso.* • Cualidades que presenta una persona, animal o cosa en el momento de hablar de él o ella. • Explica cómo se encuentra (estado). *Tu hermano está muy viejo.* *Pedrito está muy alto.* *La nieve está negra; el cielo está gris.*

4 *SER / ESTAR* + *BUENO, MALO, BIEN, MAL*

	Ser				Estar			
	Bueno	Bien	Malo	Mal	Bueno	Bien	Malo	Mal
con persona	bondadoso		malvado		guapo sano	contento sano	enfermo	enfermo triste
con cosa	de buena calidad		de mala calidad, perjudicial		buen sabor	correcto acertado	mal sabor, en mal estado	incorrecto

PRESENTE DE SUBJUNTIVO

1 FORMA

1. VERBOS REGULARES

	1.ª Conjugación Am-ar	2.ª Conjugación Beb-er	3.ª Conjugación Sub-ir
Yo	am-**e**	beb-**a**	sub-**a**
Tú	am-**es**	beb-**as**	sub-**as**
Él / ella / usted	am-**e**	beb-**a**	sub-**a**
Nosotros / nosotras	am-**emos**	beb-**amos**	sub-**amos**
Vosotros / vosotras	am-**éis**	beb-**áis**	sub-**áis**
Ellos / ellas / ustedes	am-**en**	beb-**an**	sub-**an**

2. VERBOS IRREGULARES

2.1. Verbos *ser / estar / ir*

	Ser	Estar	Ir
Yo	sea	esté	vaya
Tú	seas	estés	vayas
Él / ella / usted	sea	esté	vaya
Nosotros / nosotras	seamos	estemos	vayamos
Vosotros / vosotras	seáis	estéis	vayáis
Ellos / ellas / ustedes	sean	esten	vayan

2.2. Verbos con irregularidades vocálicas en todas las personas excepto en la 1.ª y en la 2.ª persona del plural

Tienen la misma irregularidad que en presente de indicativo. Para formar este tiempo verbal, se unen las desinencias del presente de subjuntivo a la raíz del presente de indicativo.

	E ⟶ IE Querer	O ⟶ UE Poder	U ⟶ UE Jugar	E ⟶ I Pedir
Yo	qu**ie**r-a	p**ue**d-a	j**ue**gu-e	p**i**d-a
Tú	qu**ie**r-as	p**ue**d-as	j**ue**gu-es	p**i**d-as
Él / ella / usted	qu**ie**r-a	p**ue**d-a	j**ue**gu-e	p**i**d-a
Nosotros / nosotras	quer-amos	pod-amos	jugu-emos	p**i**d-amos
Vosotros / vosotras	quer-áis	pod-áis	jugu-éis	p**i**d-áis
Ellos / ellas / ustedes	qu**ie**r-an	p**ue**d-an	j**ue**gu-en	p**i**d-an

2.3. Verbos con cambios consonánticos en la raíz

	C ⟶ ZC Conocer	U ⟶ UY Concluir	OTROS CAMBIOS Hacer	OTROS CAMBIOS Salir	OTROS CAMBIOS Poner	OTROS CAMBIOS Traer
Yo	cono**zc**-a	conclu**y**-a	ha**g**-a	sal**g**-a	pon**g**-a	trai**g**-a
Tú	cono**zc**-as	conclu**y**-as	ha**g**-as	sal**g**-as	pon**g**-as	trai**g**-as
Él / ella / usted	cono**zc**-a	conclu**y**-a	ha**g**-a	sal**g**-a	pon**g**-a	trai**g**-a
Nosotros / nosotras	cono**zc**-amos	conclu**y**-amos	ha**g**-amos	sal**g**-amos	pon**g**-amos	trai**g**-amos
Vosotros / vosotras	cono**zc**-áis	conclu**y**-áis	ha**g**-áis	sal**g**-áis	pon**g**-áis	trai**g**-áis
Ellos / ellas / ustedes	cono**zc**-an	conclu**y**-an	ha**g**-an	sal**g**-an	pon**g**-an	trai**g**-an

Recuerda: en presente de indicativo, todos estos verbos solo tienen cambio vocálico en la primera persona del singular.

2 USOS

- En oraciones independientes, para expresar deseos.
  Ojalá apruebes el examen; Que seáis muy felices.

- En oraciones subordinadas.
  - Para expresar una orden, deseo o mandato.
    Quiero que me devuelvan mi dinero; Les ruego que vengan lo antes posible;
    Te pido que me ayudes.

  - Con verbos y expresiones de sentimiento, cuando los sujetos son distintos.
    Me gusta que la gente me hable y me salude; Odio que el autobús se retrase.

    ¡ojo! Si los sujetos de los dos verbos son iguales o se hacen generalizaciones se utiliza infinitivo.
    Me gusta hablar con la gente; Odio llegar tarde.

  - Con verbos de pensamiento negativos.
    Yo no creo que esto perjudique a la salud; A mí no me parece que sea bueno:

    ¡ojo! Si los verbos van en afirmativo, se utiliza indicativo.
    Yo creo que esto perjudica a la salud.
    A mí me parece que es bueno.

  - Con *ser* + adjetivo de valoración: *bueno, malo, importante, necesario, lógico... + que.*
    Es bueno que cuidemos de la naturaleza.
    Es importante que los gobiernos ayuden a los países necesitados.

    ¡ojo! Para hacer generalizaciones se utiliza el infinitivo.
    Es bueno cuidar de la naturaleza.
    Es importante ayudar a los países necesitados.

ORACIONES CONDICIONALES

Las oraciones subordinadas condicionales expresan una condición para que se cumpla la acción del verbo principal.

SI + pasado + pasado		Condición en el pasado: *Si hacía buen tiempo íbamos a la playa.*
SI + presente +	presente	Condición atemporal: *Cuando llueve utilizo el paraguas.*
	imperativo	Orden: *Si llegas pronto, prepara la comida.*
	futuro	Condición para el futuro: *Si tengo dinero, iré a París.*
CUANDO +	pasado + pasado	Condición en el pasado: *Cuando hacía buen tiempo iba a la playa.*
	presente + presente	Condición atemporal: *Cuando llueve utilizo el paraguas.*

Condición en el pasado	– SI + pasado + pasado: *Si hacía buen tiempo íbamos a la playa.*
	– CUANDO + pasado + pasado: *Cuando hacía buen tiempo íbamos a la playa.*
Condición para que se cumpla	SI + presente + presente: *Si llueve utilizo el paraguas.*
Una acción atemporal	CUANDO + presente + presente: *Cuando llueve utilizo el paraguas.*
Condición en el futuro	SI + presente + futuro: *Si tengo dinero, iré a París.*
Condición para una orden	SI + presente + imperativo: *Si llegas pronto, prepara la comida.*

En estos casos, el conector CUANDO expresa al mismo tiempo la condición y el momento.
Cuando hacía sol bajábamos a la playa.

Y significa:
– 'Si hacía sol bajábamos a la playa'.
– 'En los momentos en los que hacía sol bajábamos a la playa'.

ORACIONES DE RELATIVO

$$\boxed{\textbf{V1} + \textbf{antecedente} + \textit{QUE} + \textbf{V2}}$$

Busco un piso que tenga dos habitaciones; Tengo un libro que trata sobre la historia de España.

1 USO Y CONTRASTE DE INDICATIVO / SUBJUNTIVO

Regla: antecedente conocido / antecedente desconocido

– Si el antecedente es conocido para el hablante (= sabe que existe), el V2 va en indicativo:

Quiero el libro que está sobre la mesa.

– Si el antecedende es desconocido para el hablante (= no sabe si existe), el V2 va en subjuntivo:

Necesitamos una secretaria que sepa inglés.

¡ojo!

– *No hay / No existe*

– *Antecedente = nada / ningún / nadie*

$\left. \right\}$ V2 → subjuntivo

No hay nadie que pueda ayudarme.
No hace nada que me guste.

---

2 PRONOMBRE RELATIVO: *QUE*

– Forma invariable: es igual para el masculino y el femenino, el singular y el plural.

– Se refiere tanto a personas y animales como a cosas:

He visto al chico que conocimos ayer (→ que = chico).

He visto las casas que ha comprado tu padre (→ que = casas).

– Antecedente + *QUE*

He comprado un libro que tiene muchas fotografías de Madrid.

– Antecedente + preposición + artículo + *QUE*

*Iremos a la ciudad **en (la) que** nació Cervantes.*

*Quiero un amigo **con el que** hablar.*

*El asunto **d(el) que** te hablé ya está resuelto.*

*Se casó con Eva, **a la que** conoció solo dos meses antes.*

*El lugar **por el que** había pasado estaba cubierto de nieve.*

¡ojo!

En el que = donde   *La casa donde / en la que nací tenía un gran patio.*

El lugar en el que = donde   *El lugar en el que / donde yo nací está al norte.*

ORACIONES SUSTANTIVAS: INDICATIVO / SUBJUNTIVO

1. Regla de los sujetos	2. Regla del afirmativo / negativo
Verbos de sentimiento, voluntad, deseo, orden y consejo (*gustar, encantar, preferir, odiar, esperar, desear, querer, pedir, aconsejar, recomendar...*):	Verbos de lengua, pensamiento y percepción (*contar, decir, comentar, explicar, pensar, opinar, creer, ver, escuchar, oír...*):
• Sujeto V1 = Sujeto V2 ⟶ V2 infinitivo	V1 afirmativo ⟶ V2 indicativo
Quiero comprar un coche nuevo.	*Me dijo que estaba de vacaciones.*
• Sujeto V1 = Sujeto V2 ⟶ V2 subjuntivo	V2 negativo ⟶ V2 subjuntivo
Quiero que me compres un coche nuevo.	*No me dijo que estuviera de vacaciones.*

Glosario
y
Expresiones

Español
Inglés
Francés
Alemán
Italiano
Portugués

A

Español	Inglés	Francés	Alemán	Italiano	Portugués
abandonar	leave	abandonner	verlassen	abbandonare	abandonar
abrigo (el)	coat	manteau	Mantel	capotto	casaco
abuelo (el)	grandfather	grand-père	Großvater	nonno	avô
acceder (a)	gain access (to)	accéder (a)	Zugang haben	accettare	acessar, ter acesso a
achuchar	press (to)	bousculer	drängen, hetzen	schiacciare	apertar com força carinhosamente
acompañante (el, la)	companion	accompagnateur, accompagnatrice	Begleiter/-in	accompagnatore	acompanhante
acordarse (de)	remember (sth)	se rappeler (de), se souvenir (de)	sich erinnern (an)	ricordarsi	lembrar-se
acoso (el)	harassment	harcèlement	Verfolgung, Belästigung	perseguitare qualcuno	assédio
adaptarse	adapt oneself (to)	s'adapter	sich anpassen	adattarsi	adaptar-se
adecuadamente	appropriately	convenablement	entsprechend, passend	giustamente, adeguato	adequadamente
adelgazar	lose weight (to)	maigrir	abnehmen	dimagrire	emagrecer
adhesión (la)	adhesion	adhésion	Anschluss, Beitritt	adesione	adesão
administrativo	clerk	administratif	Verwaltungs	amministrativo	auxiliar administrativo
admitir	admit	admettre	zugeben	ammettere	admitir
afortunado	fortunate	chanceux	glücklich	fortunato	afortunado, felizardo
agasajar	welcome warmly (to)	accueillir chaleureusement	liebenswürdig empfangen	festeggiare	acolher, receber calorosamente
agente (el, la)	agent	agent	Agent	agente	agente, representante
agotado	exhausted	épuisé	erschöpft	esausto	esgotado, cansado
agradecer	thank (to)	remercier	danken	ringraziare	agradecer
ahorro (el)	saving	épargne	Ersparnis, Sparen	risparmio	poupança, economia
ajuar (el)	trousseau	trousseau	Aussteuer	corredo	enxoval
alergia (la)	hay fever	allergie	Allergie	allergia	alergia
alérgico	allergic	allergique	allergisch	allergico	alérgico
algodón (el)	cotton	coton	Baumwolle	cottone	algodão
alimentación (la)	food	alimentation	Verpflegung, Nahrung	alimentazione	alimentação
almacén (el)	store	entrepôt	Lager	magazzino	armazém
alojamiento (el)	accommodatio	logement	Unterkunft	alloggio	alojamento, hospedagem
alpinismo (el)	mountaineering	alpinisme	Alpinismus	alpinismo	alpinismo
alto	tall	haut, grand	groß	alto	alto
amamantar	breast-feed (to)	donner le sein	stillen, säugen	allattare	amamentar
amante (el, la)	lover	amant, amante	Liebhaber/-in	amante	amante
ámbito (el)	scope	domaine	Feld, Sektor	ambito	âmbito
americana (la)	blazer	veste, blazer	Sakko	giacca	paletó, casaco
amplio	broad	ample, large	geräumig	ampio	amplo
análisis (el)	analysis	analyse	Analyse	analisi	análise, exame
andar	walk (to)	marcher	gehen	camminare	andar
anillo (el)	ring	bague	Ring	anello	anel
anoche	last night	hier soir	gestern Nacht	ieri sera/notte	ontem à noite
antigüedades (las)	antiques	antiquités	Antiquitäten	antichità	antiguidades
antipático	unpleasant	antipathique	unsympathisch	antipatico	antipático
apelar	appeal (to)	appeler	Berufung einlegen	appellare/ricorrere a	apelar
aprendizaje (el)	learning	apprentissage	Lernen	apprendistato	aprendizagem
apuesto	handsome	beau, élégant	gut aussehend	elegante	de boa aparência
archivador (el)	file	classeur	Aktenschrank	classificatore	arquivo
armonía (la)	harmony	harmonie	Harmonie	armonia	harmonia
arreglar	fix (to)	arranger	reparieren	riparare	arrumar, consertar
arte (el)	art	art	Kunst	arte	arte
artesanía (la)	crafts	artisanat	Kunsthandwerk	artigianato	artesanato
asco (el)	disgust	dégoût	Ekel	schifo	nojo, asco

Español	Inglés	Francés	Alemán	Italiano	Portugués
así	like that	ainsi	so	così	assim
asociación (la)	association	association	Vereinigung	associazione	associação
asustar	frighten (to)	effrayer	jn. erschrecken	spaventare	assustar
asustarse	get frighten (to)	avoir peur	sich erschrecken	spaventarsi	assustar-se
atrasado	behind schedule	en retard	verspätet	in ritardo	atrasado
atrevido	daring	osé, audacieux	gewagt	coraggioso, sfacciato	atrevido, ousado
atropellar	run over (to)	renverser	überfahren	atterrare, calpestare	atropelar
aula (el)	class	salle de classe	Klassenzimmer	aula	sala de aula, classe
autorizar	authorize (to)	autoriser	genehmigen	autorizzare, permettere	autorizar
aventura (la)	adventure	aventure	Abenteuer	avventura	aventura
ayer	yesterday	hier	gestern	ieri	ontem

B

Español	Inglés	Francés	Alemán	Italiano	Portugués
bajo	short	bas, petit	klein (gewachsen)	basso	baixo
balneario (el)	spa	station balnéaire	Heilbad, Kurort	stabilimento balneare	balneário
banquete (el)	banquet	banquet	Bankett	banchetto	banquete
bañarse	bathe (to)	se baigner	baden	fare il bagno	banhar-se, tomar banho
barato	cheap	bon marché	billig	economico	barato
barrio (el)	district	quartier	Bezirk, Stadtteil	quartiere	bairro
bebé (el)	baby	bébé	Baby	bimbo	bebê
beis	beige	beige	beige	beige	bege
biblioteca (la)	library	bibliothèque	Bibliothek	biblioteca	biblioteca
bikini (el)	bikini	bikini	Bikini	bikini	biquíni
bisabuelo (el)	great-grandfather	arrière-grand-père	Urgroßvater	bisnonno	bisavô
bisnieto (el)	great-grandson	arrière-petit-fils	Urenkel	pronipote	bisneto
boca (la)	mouth	bouche	Mund	bocca	boca
boda (la)	wedding	mariage	Hochzeit	matrimonio	casamento
bolígrafo (el)	pen	stylo	Kugelschreiber	penna	caneta esferográfica
bolsillo (el)	pocket	poche	Hosentasche	tasca	bolso
bolso (el)	purse	sac à main	Handtasche	borsa	bolsa
bombón (el)	candy	chocolat	Praline	cioccolatino	bombom
bordar	embroider (to)	broder	sticken	ricamare	bordar
bosque (el)	forest	forêt	Wald	bosco	bosque, floresta
botas (las)	boots	bottes	Stiefel	stivali	botas
botón (el)	button	bouton	Knopf	bottone	botão
bragueta (la)	zipper	braguette	Hosenschlitz	braghetta	braguilha
bravo	bravo	bravo	mutig	bravo	bravo
brazo (el)	arm	bras	Arm	braccio	braço
bruja (la)	witch	sorcière	Hexe	strega	bruxa
buceo (el)	diving	plongée	Tauchen	immersione	mergulho
buhardilla (la)	attic	mansarde	Dachboden	soffitta	sótão; água-furtada

C

Español	Inglés	Francés	Alemán	Italiano	Portugués
caballo (el)	horse	cheval	Pferd	cavallo	cavalo
cabeza (la)	head	tête	Kopf	testa	cabeça
cadera (la)	hip	hanche	Hüfte	anca	quadril, cadeiras
calabozo (el)	dungeon	cachot, geôle	Knast	cella	calabouço

Español	Inglés	Francés	Alemán	Italiano	Portugués
calidad (la)	quality	qualité	Qualitätt	qualità	qualidade
calzado (el)	footwear	chaussures	Schuhwerk	calzatura	calçado
camarote (el)	cabin	cabine	Kabine	cabina	camarote
camisa (la)	shirt	chemise	Hemd	camicia	camisa
camiseta (la)	T-shirt	tee-shirt	T-Shirt	maglia	camiseta
cansado	tired	fatigué	müde	stanco	cansado
cantante (el, la)	singer	chanteur, chanteuse	Sänger/in	cantante	cantor, cantora
cara (la)	face	visage	Gesicht	faccia	cara, rosto
caro	expensive	cher	teuer	caro	caro
carpeta (la)	folder	pochette	Ordner	cartella	pasta (para papéis)
casado	married	marié	verheiratet	sposato	casado
casarse (con)	marry (someone)	se marier	jn. heiraten	sposarsi (con)	casar-se
CD (el)	CD	CD	CD	CD	CD
celebración (la)	celebration	célébration	Feier	celebrazione	celebração, comemoração
celo (el)	scotch tape	zèle	Eifersucht	zelo, fregola	fita adesiva ("durex")
cerdo (el)	pig	porc	Schwein	maiale	porco
cerebro (el)	brain	cerveau	Gehirn	cervello	cérebro
ceremonia (la)	ceremony	cérémonie	Zeremonie	cirimonia	cerimônia
chándal (el)	jogging suit	survêtement	Trainingsanzug	tuta (sportiva)	roupa de jogging
chaquetón (el)	three-quarter length coat	veste, vareuse	Winterjacke	giaccone	casaco
charla (la)	chat	bavardage, causette	Plauderei	chiaccierata	conversa informal, papo
charlar	chat (to)	discuter	plaudern	chiacchierare	conversar, bater papo
chicle (el)	bubble-gum	chewing-gum	Kaugummi	chewing-gum	chiclete
chuchería (la)	sweet	friandise	Leckerei	bagattella	guloseima, doce
ciencia (la)	science	science	Wissenschaft	scienza	ciência
cintura (la)	waist	taille	Taille	vita	cintura
clásico	classical	classique	klassisch	classico	clássico
clip (el)	clip	trombone	Büroklammer	clip	clipe
codo (el)	elbow	coude	Ellenbogen	gomito	cotovelo
collar (el)	necklace	collier	Halskette	collana	colar
coloquio (el)	discussion	colloque	Kolloquium	colloquio	colóquio
colorido (el)	colouring	couleur	Färbung	colorito	colorido, conjunto de cores
comercial	salesperson	commercial	Handels-	commerciale	comercial
comercio (el)	trade	commerce	Handel	commercio	comércio
comisaría (la)	police station	commissariat	Polizeiwache	commissariato	delegacia
cómodo	comfortable	pratique	bequem	confortevole	cômodo, confortável
compatriota (el, la)	fellow countryman	compatriote	Landsmann	compatriota	compatriota
complementos (los)	accessories	accessoires	Ergänzung, Accessoire	complementi	acessórios, complementos
completo (hotel)	full (hotel)	complet	komplett	completo	lotado
comportarse	behave (to)	se comporter	sich benehmen	agire, comportarsi	comportar-se
composición (la)	composition	composition	Komposition	composizione	composição
compromiso (el)	commitment	engagement, compromis	Verpflichtung	compromesso, fidanzamento	compromisso
conceder	grant (to)	accorder	verleihen, gewähren	concedere	conceder
concierto (el)	concert	concert	Konzert	concerto	concerto
concurso (el)	competition	concours, jeu	Wettbewerb	concorso	concurso
confundir (a alguien con otra persona)	mistake (sb for sb) (to)	confondre	jdn. verwechseln (mit)	confondere	confundir
confuso	confusing	confus	verwirrt	confuso	confuso
conocer	know (to)	connaître	kennen	conoscere	conhecer
construir	build (to)	construire	bauen	costruire	construir
consulta (la)	consultation	consultation, cabinet (médical)	Sprechstunde	consultazione, studio	consultório; consulta

Español	Inglés	Francés	Alemán	Italiano	Portugués
consumidor (el)	consumer	consommateur	Konsument	consumatore	consumidor
contabilidad (la)	accounts	comptabilité	Buchhaltung	contabilità	contabilidade
contento	happy	content	froh	contento	contente
contraindicaciones (médicas) (las)	contraindications (medical)	contre-indications	Gegenanzeige	controindicazioni	contra-indicações
convertirse (en)	become (to)	devenir	sich verwandeln (in)	diventare	converter-se, tornar-se
convivencia (la)	cohabitation	cohabitation	Zusammenleben	convivenza	convivência
corazón (el)	heart	coeur	Herz	cuore	coração
corbata (la)	tie	cravate	Krawatte	cravatta	gravata
cortés	courteous	poli	höflich	cortese	cortês
cortesía (la)	courtesy	politesse	Höflichkeit	cortesia	cortesia
cortocircuito (el)	short circuit	court-circuit	Kurzschluss	cortocircuito	curto-circuito
costura (la)	seam	couture	Naht	cucitura	costura
creativo	creative	créatif	kreativ	creativo	criativo
cremallera (la)	zipper	fermeture à glissière	Reißverschluß	cerniera lampo	zíper, fecho ecler
cristalería (la)	glassware	service de verre	Glaswaren	cristalleria	cristaleria, vidraçaria
crucero (el)	cruise ship	croisière	Kreuzfahrt	crociera	cruzeiro
cuaderno (el)	notebook	cahier, carnet	Heft	quaderno	caderno
cuadro (el)	painting	tableau	Rechteck, Bild	quadro	quadro
cuello (el)	neck	cou, col	Hals, Kragen	collo	pescoço
cuero (el)	leather	cuir	Leder	cuoro	couro
cuerpo (el)	body	corps	Körper	corpo	corpo
cueva (la)	cave)	grotte	Höhle	caverna, grotta	cova; gruta; caverna
cuidar	take care of (to)	soigner, s'occuper de	pflegen	avere cura di	cuidar
cumpleaños (el)	birthday	anniversaire	Geburtstag	compleanno	aniversário
cumplir	fulfill (to)	accomplir, respecter	einhalten	compiere	cumprir, fazer (anos)
cuñado (el)	brother-in-law	beau-frère	Schwager	cognato	cunhado
curso (el)	course	cours	Kurs	corso	curso

D

Español	Inglés	Francés	Alemán	Italiano	Portugués
dar	give (to)	donner	geben	dare	dar
decálogo (el)	decalogue	décalogue	Zehn Gebote	decalogo	decálogo
decidir	decide (to)	décider	entscheiden	decidere	decidir
dedicar	devote (to)	consacrer	widmen	dedicare	dedicar
dedo (el)	finger	doigt	Finger, Zehe	dito	dedo
defecto (el)	defect	défaut	Mangel	difetto	defeito
defectuoso	defective	défectueux	mangelhaft	difettoso	defeituoso
defensa (la)	defence	défense	Verteidigung	difesa	defesa
dejar	lend, let (to)	laisser	lassen	lasciare / prestare / permettere	deixar
delgado	thin	mince	schlank	magro	magro
demanda (la)	demand	demande, requête	Nachfrage	domanda/richiesta	demanda
denegar	refuse (to)	refuser	verweigern	rifiutare	recusar
deportivas (las)	sneakers	tennis	Sportschuhe	scarpe da ginnastica	ênis
desafortunado	unfortunate	malchanceux	unglücklich	sfortunato	desafortunado, infeliz
desalojar	evacuate (to)	déloger	räumen	sfrattare	despejar; desocupar
desarrollar	develop (to)	développer	entwickeln	sviluppare	desenvolver
desastre (el)	disaster	désastre	Katastrophe	disastro	desastre
descanso (el)	rest	repos	Erholung	riposo	descanso
descubrir	discover (to)	découvrir	entdecken	scoprire	descobrir
descuento (el)	discount	remise	Rabatt	sconto	desconto
desembarcar	disembark (to)	débarquer	ausschiffen	sbarcare	desembarcar

Español	Inglés	Francés	Alemán	Italiano	Portugués
deshacer	undo (to)	défaire	auflösen	disfare	desfazer
desierto (el)	desert	désert	Wüste	deserto	deserto
desordenado	untidy	désordonné	unordentlich	disordinato	desordenado
despedida (la)	farewell	adieu, adieux	Abschied	addio	despedida
despistado	absent-minded	distrait	unkonzentriert, abgelenkt	disorientato	distraído
después	after	après	danach, nach	dopo	depois
desteñir	fade (to)	déteindre	abfärben	stingere	desbotar, descolorir
destruir	destroy (to)	détruire	zerstören	distruggere	destruir
desventaja (la)	disadvantage	désavantage	Nachteil	svantaggio	desvantagem
detener (en el sentido de ser detenido)	arrest (to)	arrêter	festnehmen	arrestare, fermare	deter, prender
devolución (la)	return	remboursement	Rückgabe	restituzione	devolução
diario (en el sentido de escribir un diario)	diary	journal intime	Tagebuch	diario (scrivere un diario)	diário
diccionario (el)	dictionary	dictionnaire	Wörterbuch	dizionario	dicionário
dictaminar	pass judgment (to)	opiner, estimer	erlassen	giudicare	dar parecer, opinião
diente (el)	tooth	dent	Zahn	dente	dente
dieta (la)	diet	régime	Diät	dieta	dieta
dirección (la)	address	adresse, direction	Adresse, Richtung	indirizzo	endereço, direção
director (el)	director	directeur	Direktor	direttore	diretor
disco (el)	record	disque	Platte	disco, CD	disco
discoteca (la)	discotheque	discothèque, boîte de nuit	Diskothek	discoteca	discoteca
discusión (la)	discussion	discussion, dispute	Diskussion	discussione	discussão
discutir	discuss (to)	discuter, se disputer	diskutieren	discuttere	discutir
disminuir	decrease (to)	diminuer	verringern	diminuire	diminuir
diversión (la)	fun	divertissement	Vergnügen	diversione	diversão
divertido	funny	amusant	lustig	divertente	divertido
divorciado	divorced	divorcé	geschieden	divorziato	divorciado
divorciarse (de)	divorce (someone) (to)	divorcer	sich scheiden lassen (von)	divorziare da	divorciar-se
divorcio (el)	divorce	divorcer	Scheidung	divorzio	divórcio
doler	hurt (to)	faire mal	schmerzen	avere male di	doer
dolor (el)	painting	douleur	Schmerz	dolore	dor
domingo (el)	Sunday	dimanche	Sonntag	domenica	domingo
duna (la)	dune	dune	Düne	duna	duna

E

Español	Inglés	Francés	Alemán	Italiano	Portugués
echar (a alguien de un trabajo)	fire (someone from work) (to)	licencier	feuern	licenziare	despedir, demitir
educar	educate (to)	éduquer, élever	erziehen	aducare	educar
egoísta	selfish person	égoïste	Egoist	egoista	egoísta
ejército (el)	army	armée	Armee	esercito	exército
elegante	elegant	élégant	elegant	elegante	elegante
elitismo (el)	elitism	élitisme	Elitismus	elitario	elitismo
elogiar	praise (to)	faire l'éloge de, louer	loben	elogiare, encomiare	elogiar
embarcar	embark (to)	embarquer	einschiffen, einchecken	imbarcare	embarcar
emigrar	emigrate (to)	émigrer	auswandern	emigrare	emigrar
emocionado	moved	ému	bewegt	emozionato	emocionado
emocionarse	be moved (to)	s'émouvoir	sich seinen Gefühlen hingeben	emozionarsi	emocionar-se
enamoradizo	fall in love easily (to)	qui tombe facilement amoureux	sich leicht verlieben	persona che si innamora con facilità	namorador
encantado	delighted	enchanté	erfreut	incantato, incantevole	encantado

Español	Inglés	Francés	Alemán	Italiano	Portugués
encoger	shrink (to)	rétrécir	einlaufen, schrumpfen	contrarre	encolher
enfadado	angry	fâché	verärgert	arrabbiato	bravo, zangado
enfrentamiento (el)	confrontation	affrontement	Konfrontation	confronto, contesa	confronto, enfrentamento
enfrentarse (a)	confront (someone) (to)	affronter	sich stellen, die Stirn bieten	sffrontarsi, incontrarsi	enfrentar-se
enriquecedor	enriching	enrichissant	bereichernd	arrichente	enriquecedor
enterrar	bury (to)	enterrer	beerdigen	seppellire, sotterrare	enterrar
entonces	then	alors	dann	allora	então
entrada (fecha de) (la)	entry (date of)	entrée (date d')	Eigangsdatum	entrata (data di)	entrada
entrañable	pleasant	intime, profond	innig, herzlich	caro, intimo	afetuoso, terno
enviudar	become a widower (to)	devenir veuf, devenir veuve	verwitwen	restare vedovo	enviuvar
equipaje (el)	luggage	bagages	Gepäck	bagaglio	bagagem
esbozar	outline (to)	ébaucher	skizzieren	sbozzare	esboçar
escala (la)	stopover	échelle	Zwischenlandung	scala, scalo	escala
escalar	climb (to)	escalader	klettern	scalare	escalar
escándalo (el)	scandal	scandale	Skandal	scandalo	escândalo
escandinavos	Scandinavians	scandinaves	skandinavisch	scandinavi	escandinavos
escaparate (el)	shop window	vitrine	Schaufenster	vetrina	vitrina, vitrine
escaso	scarce	rare	knapp	scarso	escasso
espabilar	wake up (to)	dégourdir, se remuer	sich beeilen, munter machen	svegliare	despertar, avivar
espacioso	spacious	spacieux	geräumig	ampio, spazioso	espaçoso
especializarse	specialize (to)	se spécialiser	sich spezialisieren	specializzarsi	especializar-se
establecer	establish (to)	établir	errichten	istituire, stabilire	estabelecer
establecimiento (el)	establishment, shopping centre	établissement	Einrichtung, Geschäft	istituzione, negozio	estabelecimento
estómago (el)	stomach	estomac	Bauch	stomaco	estômago
estrecho	narrow	étroit	eng, schmal	stretto	estreito
estrella (hoteles) (la)	star (hotels)	étoile	Stern	stella	estrela
estreno (el)	premiere	première	Uraufführung, Premiere	prima (rarappresentazione)	estréia
estropearse	break down (to)	s'abîmer	kaputtgehen	rovinarsi	estragar-se, quebrar
estuche (el)	case	étui	Etui	astuccio	estojo
etiqueta (la)	label	étiquette	Etikett	etichetta	etiqueta, rótulo
evasiva (la)	excuse	excuse, échappatoire	Ausflucht, Ausrede	evasiva	evasiva
exclusiva (la)	exclusive	exclusivité	Exklusivrechte	esclusiva	notícia exclusiva, exclusividade
exótico	exotic	exotique	exotisch	esotico	exótico
explotar	explote (to)	exploiter, exploser	ausnutzen	esplorare	explodir, explorar
exponer	exhibit (to)	exposer	ausstellen	esporre	expor
exposición (la)	exhibition	exposition	Ausstellung	esposizione	exposição
exquisito	exquisite	exquis	köstlich	squisito	excelente; delicioso; primoroso
extrovertido	extrovert	extroverti	extrovertiert	estroverso	extrovertido

F

falda (la)	skirt	jupe	Rock	gonna	saia
faltar	lack (to)	manquer	fehlen	mancare	faltar
fascinado	fascinated	fasciné	fasziniert	afascinato	fascinado, deslumbrado
feliz	happy	heureux	glücklich	felice	feliz
feminismo (el)	feminism	féminisme	Feminismus	femminismo	feminismo

Español	Inglés	Francés	Alemán	Italiano	Portugués
fiel	faithful	fidèle	treu	fedele	fiel
fiero	fierce	féroce, cruel	wild, brutal	fiero	feroz
fiesta (la)	festival	fête	Fest, Feier	festa	festa
filmar	film (to)	filmer	filmen	filmare	filmar
finalmente	finally	finalement	schließlich	finalmente	finalmente
flan (el)	caramel custard	flan	Karamellpudding	budino	flã
folio (el)	sheet (paper)	feuille, feuillet	Blatt	foglio	folha (de papel)
formal	formal	formel, sérieux	formell	formale	formal
fórmula (la)	formula	formule	Formel	formula	fórmula
formular	formulate (to)	formuler	formulieren	formulare	formular
fucsia	fuchsia	fuchsia	pink	rosa fucsia	fúcsia

G

Español	Inglés	Francés	Alemán	Italiano	Portugués
galletas (la)	biscuits	biscuits	Keks	biscotti	bolachas
gallina (la)	hen	poule	Henne	gallina	galinha
gallo (el)	cockerel	coq	Hahn	gallo	galo
ganar	earn, win (to)	gagner	verdienen, gewinnen	vincere, guadagnare	ganhar
garantía (la)	guarantee	garantie	Garantie	garanzia	garantia
garganta (la)	throat	gorge	Kehle, Hals	gola	garganta
gastar	spend (to)	dépenser	ausgeben	spendere	gastar
gastronomía (la)	cooking	gastronomie	Gastronomie	gastronomia	gastronomia
gato (el)	cat	chat	Kater	gatto	gato
gemido (el)	groan	gémissement	Stöhnen	gemito	gemido
generosidad (la)	generosity	générosité	Großzügigkeit	generosità	generosidade
generoso	generous	généreux	großzügig	generoso	generoso
gerente (el)	manager	gérant	Verwalter	amministratore	gerente
goloso	sweet-toothed	gourmand	naschhaft	ghiotto	guloso
golpe (el)	knock	coup	Schlag	colpo	golpe, pancada
goma (la)	eraser	gomme	Gummi	gomma (da cancellare)	borracha
gordo	fat	gros	dick	grasso	gordo
grabación (la)	recording	enregistrement	Aufzeichnung	registrazione	gravação
grabar	record (to)	enregistrer	aufzeichnen, aufnehmen	registrare	gravar
gracia (la)	funny	grâce	Spaß, Anmut	grazia	graça
gracioso	funny	rigolo, drôle	lustig, witzig	buffo	engraçado
grafiti (el)	graffiti	graffiti	Graffiti	graffitti	grafite
granate	deep-red	grenat	granatrot	granata	grená
grapa (la)	staple	agrafe	Heftklammer	graffetta	grampo (para papéis)
grapadora (la)	stapler	agrafeuse	Tacker	pinzatrice	grampeador
guateque (el)	party	surprise-partie	Ball	festa, riunione	festa feita numa casa
guerra (la)	war	guerre	Krieg	guerra	guerra

H

Español	Inglés	Francés	Alemán	Italiano	Portugués
hábito (el)	habit	habitude	(An)gewohnheit	abitudine	hábito
hipermercado (el)	supermarket	hypermarché	Großmarkt	ipermercato	hipermercado
hipoteca (la)	mortgage	hypothèque	Hypothek	ipoteca	hipoteca
hombro (el)	shoulder	épaule	Schulter	spalla	ombro
horario (el)	schedule	horaire	Öffnungs-, Arbeitszeiten	orario	horário
hueso (el)	bone	os	Knochen	osso	osso

Español	Inglés	Francés	Alemán	Italiano	Portugués

I

Español	Inglés	Francés	Alemán	Italiano	Portugués
identidad (la)	identity	identité	Identität	identità	identidade
impacto (el)	impact	impact	sehr starker Einfluss	impatto	impacto
impartir	impart (to)	enseigner	erteilen	impartire	dar (aulas, ordens)
impensable	unthinkable	impensable	undenkbar	impensabile	impensável
importar	import (to)	importer	importieren	importare	importar
inauguración (la)	opening	inauguration, vernissage	Einweihung	inaugurazione	inauguração
incendio (el)	fire	incendie	Brand	incencio	incêndio
incómodo	uncomfortable	mal à l'aise, inconfortable	unbequem, ungemütlich	scomodo	incômodo, desconfortável
indemnización (la)	compensation	indemnité, indemnisation	Entschädigung, Abfindung	indenizzo	indenização
independencia (la)	independence	indépendance	Unabhängigkeit	indipendenza	independência
independiente	independent	indépendant	unabhängig	indipendente	independente
independizarse	become independent (to)	prendre son indépendance	sich selbständig machen	diventare indipendente	tornar-se independente
indicaciones (médicas) (las)	instructions (medical)	indications	Indikation, Anweisung	prescrizioni	indicações
infidelidad (la)	infidelity	infidélité	Untreue	infedeltà	infidelidade
ingresar	deposit (to)	rentrer à, être admis à	eintreten, einzahlen	riscuotere	depositar; internar
iniciar	start (to)	commencer	beginnen	iniziare	iniciar
insecto (el)	insect	insecte	Insekt	insetto	inseto
insistentemente	insistently	avec insistance	nachdrücklich	insistentemente	insistentemente
instalarse	settle (to)	s'installer	sich niederlassen	stabilirsi	instalar-se
integración (la)	integration	intégration	Integration	integrazione	integração
interculturalidad (la)	interculturality	nature interculturelle	Interkulturalität	interculturalità	interculturalidade
interpretar	interpret (to)	interpréter	interpretieren, auslegen	interpretare	interpretar
intimista	intimist	intimiste	intimistisch	intimista	intimista
inventar	invent (to)	inventer	erfinden	inventare	inventar
invitación (la)	invitation	invitation	Einladung	invito	convite
involucrar	involve (to)	mélanger	betroffen	coinvolgere	envolver
inyección (la)	injection	piqûre	Injektion	iniezione	injeção

J

Español	Inglés	Francés	Alemán	Italiano	Portugués
jarabe (el)	syrup	sirop	Hustensaft	sciroppo	xarope
jersey (el)	sweater	pull-over	Pullover	pullover	suéter, malha de lã
jueves (el)	Thursday	jeudi	Donnerstag	giovedì	quinta-feira
jugoso	juicy	juteux	saftig	succoso	suculento
justificar	justify (to)	justifier	rechtfertigen	giustificare	justificar

L

Español	Inglés	Francés	Alemán	Italiano	Portugués
ladrar	bark (to)	aboyer	bellen	abbaiare	latir
lago (el)	lake	lac	See	lago	lago
lana (la)	wool	laine	Wolle	lana	lã
lánguido	weak	languissant	matt, kraftlos	languido	lânguido
lápiz (el)	pencil	crayon	Bleistift	matita	lápis
león (el)	lion	lion	Löwe	leone	leão
librería (la)	bookshop	librairie	Buchhandlung	librería	livraria, estante
llamativo	showy	criard, voyant	auffällig	vistoso	chamativo

Español	Inglés	Francés	Alemán	Italiano	Portugués
llevar	carry, wear (to)	porter	mitnehmen, tragen	portare	levar
llover	rain (to)	pleuvoir	regnen	piovere	chover
lluvia (la)	rain	pluie	Regen	pioggia	chuva
local (el)	premises	local, établissement	Lokal	locale	negócio, loja, local ou sala comercial
luego	later	ensuite	später	dopo/poi	logo, depois
lujoso	luxurious	luxueux	luxuriös	lussuoso	luxuoso
luminoso	luminous	lumineux	leuchtend	luminoso	luminoso
lunes (el)	Monday	lundi	Montag	lunedì	segunda-feira

M

Español	Inglés	Francés	Alemán	Italiano	Portugués
madre (la)	mother	mère	Mutter	madre	mãe
malgastar	waste (to)	gaspiller	verschwenden	sprecare	desperdiçar
malva	mauve	mauve	lila	malva	malva
malvado	wicked	méchant, scélérat	ruchlos	malvagio	malvado
mancha (la)	stain	tache	Fleck	macchia	mancha
manga (la)	sleeve	manche	Ärmel	manica	manga
manía (la)	mania	manie	Manie, Wahn	mania	mania
manifestación (la)	demonstration	manifestation	Äußerung, Demonstration	manifestazione	manifestação; passeata
manjar (el)	dish	mets	Delikatesse	piatto speciale	manjar
mano (la)	hand	main	Hand	mano	mão
mansión (la)	mansion	manoir	Villa	dimora, residenza	mansão
mantener	support (to)	maintenir	beibehalten. Aufrechterhalten	mantenere	manter
mar (el, la)	sea	mer	Meer	mare	mar
marearse	feel sick (to)	avoir des vertiges	seekrank werden	avere nausea, svenire	sentir enjôo, tontura
mareo (el)	dizziness	vertige	Schwindelgefühl	nausea, vertigine	enjôo, tontura
marisco (el)	seafood	fruits de mer	Meeresfrüchte	frutti di mare	marisco, fruto do mar
martes (el)	Tuesday	mardi	Dienstag	martedì	erça-feira
matrimonio (el)	marriage	mariage	Ehepaar	matrimonio, sposi	matrimônio, casal
medicamento (el)	medicine	médicament	Medikament	medicina	medicamento, remédio
medicina (la)	medicine	médecine	Medizin	medicina	medicina; remédio
mejilla (la)	cheek	joue	Wange	guancia	bochecha
mercadillo (el)	street market	marché aux puces	Flohmarkt	mercatino	feira
mercado (el)	market	marché	Markt	mercato	mercado, feira livre
mezcla (la)	mixture	mélange	Mischung	mischia	mistura
miedo (el)	fear	peur	Angst	paura	medo
miércoles (el)	Wednesday	mercredi	Mittwoch	mercoledì	quarta-feira
minifalda (la)	miniskirt	minijupe	Minirock	minigonna	minissaia
mochila (la)	backpack	sac à dos	Rucksack	zaino	mochila
modelo (el, la)	model	modèle, top model	Modell	modello/modella	modelo
moderno	modern	moderne	modern	moderno	moderno
monopatín (el)	skateboard	skate-board	Skateboard	monopattino	skate
monótono	monotonous	monotone	monoton	monotono	monótono
montaje (de una noticia para la prensa) (el)	setup	montage	Montage	montaggio (di una notizia di stampa)	montagem
montaña (la)	mountain	montagne	Berg	montagna	montanha
moralidad (la)	morality	moralité	Sittlichkeit	moralità	moralidade
morder	bite (to)	mordre	beißen	mordere	morder
moreno	dark-haired	brun	dunkelhäutig, braunhaarig	bruno	moreno
morir	die (to)	mourir	sterben	morire	morrer

Español	Inglés	Francés	Alemán	Italiano	Portugués
movilidad (la)	mobility	mobilité	Beweglichkeit	mobilità	mobilidade
muela (la)	molar	molaire	Backenzahn	mola	molar, dente molar
multiculturalidad (la)	multiculturality	nature multiculturelle	Multikulturalität	multiculturalità	multiculturalidade

N

Español	Inglés	Francés	Alemán	Italiano	Portugués
nacer	be born (to)	naître	geboren werden	nascere	nascer
nacimiento (el)	birth	naissance	Geburt	nascita	nascimento
nariz (la)	nose	nez	Nase	naso	nariz
naturaleza (la)	nature	nature	Natur	natura	natureza
nave (la)	ship	hangar	Segelschiff	nave	navio; nave
nervioso	nervous	nerveux	nervös	nervoso	nervoso
nevar	snow (to)	neiger	schneien	nevicare	nevar
nieto (el)	grandson	petit-fils	Enkel	nipote di nonno	neto
nieve (la)	snow	neige	Schnee	neve	neve
norma (la)	rule	norme	Norm	norma	norma
nostálgico	nostalgic	nostalgique	nostalgisch	nostalgico	nostálgico
noviazgo (el)	relationship (before marriage)	fiançailles	Beziehung	fidanzati	noivado
nuera (la)	daughter-in-law	belle-fille	Schwiegertochter	nuora	nora

O

Español	Inglés	Francés	Alemán	Italiano	Portugués
obligar	oblige (to)	obliger	verpflichten	costringere	obrigar
obsesionado	obsessed	obsédé	besessen	ossessionato	obcecado
obtener	obtain (to)	obtenir	erhalten	ottenere	obter
ocasionar	cause (to)	provoquer, donner lieu à	verursachen	occasionare	ocasionar
ofenderse	take offence (to)	s'offenser, se vexer	beleidigt sein	offendersi	ofender-se
oferta (la)	offer	offre	Angebot	offerta	oferta
ofrecimiento (el)	offer	offre, proposition	Angebot	offerta	oferecimento
ojo (el)	eye	oeil	Auge	occhio	olho
ola (la)	wave	vague	Welle	onda	onda
ombligo (el)	navel	nombril	Bauchnabel	ombelico	umbigo
ONG (la)	ONG	ONG	NGO	ONG	ONG
ordenado	tidy	ordonné	aufgeräumt	ordinato	ordenado
oreja (la)	ear	oreille	Ohr	orecchio	orelha
organismo (el)	organization	organisme	Organismus	organismo	organismo
oscuro	dark	sombre	dunkel	scuro	escuro
oso (el)	bear	ours	Bär	orso	urso

P

Español	Inglés	Francés	Alemán	Italiano	Portugués
padre (el)	father	père	Vater	padre	pai
paisaje (el)	landscape	paysage	Landschaft	paesaggio	paisagem
pantalón (el)	pants	pantalon	Hose	pantalone	calça
paracaidismo (el)	parachuting	parachutisme	Fallschirmspringen	paracadutismo	pára-quedismo
parapente (el)	paragliding	parapente	Paragliding	parapendio	parapente
parecerse a	look like (to)	ressembler à	sich ähneln	assomigliare a	parecer(-se) com

Español	Inglés	Francés	Alemán	Italiano	Portugués
pareja (la)	couple	couple, partenaire	Ehe-, Liebespaar	coppia	casal
participativo	participative	participatif	teilnehmend	partecipativo	participativo
parto (el)	birth	accouchement	Geburt	parto	parto
pasar	pass (to)	passer	verbringen	passare	passar
pastel (el)	cake	gâteau	Kuchen	torta	bolo
pastilla (la)	tablet	cachet	Tablette	pastiglia	comprimido, pastilha
patinar	skate (to)	patiner	skaten	pattinare	patinar
patio (el)	courtyard	cour, patio	Innenhof	cortile	pátio, quintal
pato (el)	duck	canard	Ente	anatra	pato
paz (la)	peace	paix	Frieden	pace	paz
pecera (la)	fishtank	aquarium	Aquarium	acquario	aquário
pecho (el)	chest	poitrine, sein	Brust	petto	peito
pegamento (el)	glue	colle	Klebstoff	colla	cola
pelea (la)	fight	bagarre	Ringen	lotta	briga
película (la)	film	film	Film	film	filme
pelirrojo	red-haired	roux	rothaarig	coi capelli rossi	ruivo
pelo (el)	hair	cheveu, poil	Haar	capelli	cabelo; pêlo
pena (la)	pity	peine	Mühe	pena	pena
perderse	get lost (to)	se perdre	sich verlaufen, sich verirren	perdersi	perder-se
perezoso	lazy	paresseux	faul	pigro	preguiçoso
perfumería (la)	perfume store	parfumerie	Parfümerie	profumeria	perfumaria
periodista (el, la)	journalist	journaliste	Journalist	giornalista	jornalista
permitir	allow (to)	permettre	erlauben	permettere	permitir
perro (el)	dog	chien	Hund	cane	cachorro
personal	personal	personnel	persönlich	personale	pessoal
peseta (la)	peseta	peseta	Pesete	peseta	peseta
pez (el)	fish	poisson	Fisch	pesce	peixe
pie (el)	foot	pied	Fuß	piede	pé
piel (la)	skin	peau	Haut	pelle	pele
pierna (la)	leg	jambe	Bein	gamba	perna
pilotar	pilot (to)	piloter	steuern	pilotare	pilotar
pintor (el)	painter	peintre	Maler	pittore	pintor
pintura (la)	painting	peinture	Malerei	pittura	pintura
piragüismo (el)	canoeing	canoë-kayak	Kanusport	canottaggio	canoagem
piso (el)	flat	appartement	Wohnung	appartamento	apartamento, piso
playa (la)	beach	plage	Strand	spiaggia	praia
policía (el, la)	policeman, police	policier	Polizist, Polizei	poliziotto, polizia	policial, guarda
pomada (la)	ointment	pommade	Pomade, Gel	pomata, ungüento	pomada
poner	put (to)	mettre	stellen, legen	mettere	pôr
posguerra (la)	post-war	après-guerre	Nachkriegszeit	postbellico	pós-guerra
posología (la)	dosage	posologie	Dosierung	posologia	posologia
predecir	predict (to)	prédire	vorhersagen	predire	predizer, prever
prestar	lend (to)	prêter	leihen	prestare	emprestar
primo (el)	cousin	cousin	Cousin	cugino	primo
probar	try (to)	essayer, goûter	probieren	assaggiare, provare	provar; experimentar
producción (la)	production	production	Produktion	produzione	produção
producir	produce (to)	produire	herstellen, produzieren	produrre	produzir
producto (el)	product	produit	Produkt	prodotto	produto
profesión (la)	profession	profession	Beruf	professione	profissão
profesor (el)	teacher	professeur	Lehrer	professore	professor
progre	liberal	progressiste, soixante-huitard attardé	fortschrittlich, progressiv	"progressista"	progressista
prohibir	prohibit (to)	interdire	verbieten	proibire, vietare	proibir
propio	own	propre	eigen	proprio	próprio

Español	Inglés	Francés	Alemán	Italiano	Portugués
prospecto (el)	prospectus	prospectus	Prospekt	prospetto	prospecto, folheto, bula
puerto (el)	door	port	Hafen	porto	porto
pues	well	puisque	also, dann	dunque/quindi	pois
pulmón (el)	lung	poumon	Lunge	pulmone	pulmão
pulsera (la)	bracelet	bracelet	Armband	braccialetto	pulseira

Q

Español	Inglés	Francés	Alemán	Italiano	Portugués
querer	want (to)	vouloir, aimer	lieben, mögen	volere	querer

R

Español	Inglés	Francés	Alemán	Italiano	Portugués
rascacielos (el)	skyscraper	gratte-ciel	Wolkenkratzer	grattacieli	arranha-céu
raya (la)	ray	raie, rayure	Strich	linea, riga	traço; risca, listra; raia
raza (la)	race	race	Rasse	razza	raça
reaccionar	react (to)	réagir	reagieren	reagire	reagir
realista	realistic	réaliste	realistisch	realista	realista
rebajas (las)	sales	soldes	Preisnachlass, Ausverkauf	sconti	liquidação
recepción (la)	reception	réception	Annahme, Empfang	accoglienza	recepção
receta (la)	prescription	recette (cuisine), ordonnance (médicale)	Rezept	ricetta	receita
recetar	prescribe (to)	prescrire	verschreiben	prescrivere, ricettare	receitar
rechazar	reject (to)	refuser	ablehnen	rifiutare	recusar, rejeitar
reclamación (la)	claim	réclamation	Reklamation	reclamazione	reclamação
reconducir	reconduct (to)	reconduire, prolonger	neu ausrichten	riportare	reconduzir
redada (la)	raid	rafle, coup de filet	Razzia	retata	batida (policial)
reformado	reformed	réformé	reformiert	riformato	reformado
regalo (el)	present	cadeau	Geschenk	regalo	presente
regresar	return (to)	revenir, rentrer	zurückkehren	ritornare	regressar, voltar
rehacer	redo (to)	refaire	wiederherstellen	rifare	refazer
reportaje (el)	report	reportage	Reportage, Bericht	intervista	reportagem
representante (el)	representative	représentant, manager	Vertreter	rappresentante	representante
reproducir	reproduce (to)	reproduire	reproduzieren	riprodurre	reproduzir
reserva (de hotel) (la)	booking (of a hotel)	réservation	Reservierung	prenotazione (dell'alloggio)	reserva
reservar (habitación)	book (a room) (to)	réserver	reservieren	prenotare (una camera)	reservar
residencial	residential	résidentiel	Wohn-	residenziale	residencial
respetar	respect (to)	respecter	respektieren	rispettare	respeitar
respeto (el)	respect	respect	Respekt, Achtung	rispetto	respeito
resultar	turn out (to)	résulter	ergeben	risultare	decorrer, resultar
retener	keep back (to)	retenir	behalten, zurückhalten	trattenere	reter
retirar	retire (to)	retirer, ôter	zurückziehen	prelevare, ritirare	retirar
retraso	delay	retard	Verspätung	ritardo	atraso
río (el)	river	fleuve, rivière	Fluss	fiume	rio
robar	rob, steal (to)	voler	rauben	rubare	roubar
robo (el)	robbery	vol	Raub	furto	roubo
rodilla (la)	knee	genou	Knie	ginocchio	joelho
romántico	romantic	romantique	romantisch	romantico	romântico
ropa (la)	clothes	vêtements	Kleidung	abbigliamento	roupa
rotulador (el)	marker	feutre	Filzstift	pennarello	marcador

Español	Inglés	Francés	Alemán	Italiano	Portugués
rubio	blond-haired	blond	blond	biondo	loiro, louro
ruido (el)	noise	bruit	Lärm	rumore	ruído, barulho
ruidoso	noisy	bruyant	laut	rumoroso	barulhento

S

Español	Inglés	Francés	Alemán	Italiano	Portugués
sábado (el)	Saturday	samedi	Samstag	sabato	sábado
sacapuntas (el)	pencil sharpener	taille-crayons	Spitzer	temperamatite	apontador de lápis
saldo (el)	balance	solde	Guthaben	saldo	saldo
salero (el)	salt-cellar	salière	Salzstreuer	saliera	saleiro
salida (fecha de) (la)	departure (date of)	départ	Abfahrtsdatum	partenza (data di)	saída
salud (la)	health	santé	Gesundheit	salute	saúde
saludable	healthy	bon pour la santé	gesundheitsfördernd	sano	saudável
saludo (el)	greeting	salut	Gruß	saluto	saudação, cumprimento
salvar (la vida a alguien)	save (to)	sauver	jdm. das Leben retten	salvare	salvar
sangre (la)	blood	sang	Blut	sangue	sangue
sano	healthy	sain	gesund	sano	são, sadio
sección (la)	section	section	Abteilung	sezione	seção
secretaria (la)	secretary	secrétaire	Sekretärin	segretaria	secretária
secretaría (la)	secretariat	secrétariat	Sekretariat	segreteria	secretaria
sede (la)	headquarters	siège	Sitz	domicilio, sede	sede
seducir	seduce (to)	séduire	verführen	sedurre	seduzir
senderismo (el)	trekking	randonnée	Wandern	sentierismo, trekking	trekking
sensibilidad (la)	sensitivity	sensibilité	Sensibilität	sensibilità	sensibilidade
sentar (la ropa)	look (to)	bien aller, mal aller	eingehen	stare bene / male (l'abbigliamento)	ficar, combinar
sentencia (la)	sentence	jugement, verdict	Urteil	sentenza	sentença
separación (la)	separation	séparation	Trennung	separazione	separação
separado	separated	séparé	getrennt	separato	separado
separarse	separate (to)	se séparer	sich trennen	separarsi	separar-se
serio	serious	sérieux	ernst	serio	sério
servicio (el)	service	service, toilettes	Service	bagno/servizio	serviço
servicio médico (el)	medical service	service médical	ärztliche Versorgung	servizio medico	serviço médico
servicios (turísticos) (los)	services (tourist)	services	Touristen-Service	servizi turistici	serviços
sierra (la)	saw	montagne	Gebirge	montagna, sega	serra
simpático	nice	sympathique	sympathisch	simpatico	simpático
sintético	synthetic	synthétique	synthetisch	sintetico	sintético
sobre (el)	envelope	enveloppe	Umschlag	busta	envelope
sobrino (el)	nephew	neveu	Neffe	nipote di zio	sobrinho
solidario	solidary	solidaire	solidarisch	solidale	solidário
soltero	single	célibataire	unverheiratet	celibe/nubile	solteiro
sorber	sip (to)	gober, absorber	schlürfen	succhiare	sorver, sugar
sorprendente	surprising	surprenant	überraschend	sorprendente	surpreendente
sorpresa (la)	surprise	surprise	Überraschung	sorpresa	surpresa
sótano (el)	basement	cave, sous-sol	Keller	cantina	porão
subirse	climb up (to)	monter	steigen	salire	subir
suceder	happen (to)	arriver, se produire	folgen, sich ereignen	succedere	suceder, acontecer
suegro (el)	father-in-law	beau-père	Schwiegervater	suocero	sogro
suela (la)	sole	semelle	Schuhsohle	suola	sola
sufrir	suffer (to)	souffrir	leiden	soffrire	sofrer
suponer	suppose (to)	supposer	annehmen	suporre	supor
surgir	rise (to)	surgir	auftauchen	sorgere	surgir
surrealista	surrealistic	surréaliste	surrealistisch	surrealista	surrealista

Español	Inglés	Francés	Alemán	Italiano	Portugués

T

Español	Inglés	Francés	Alemán	Italiano	Portugués
tacón (el)	heel	talon	Absatz	tacco	salto
tango (el)	tango	tango	Tango	tango	tango
tecnología (la)	technology	technologie	Technologie	tecnologia	tecnologia
tembloroso	shaking	tremblant	zittrig	tremante	trêmulo
tendero (el)	shopkeeper	commerçant	Ladenbesitzer	negoziante	comerciante; lojista
tenebrista	sinister	ténébriste	tenebristisch	tenebrista	tenebrista
terminantemente	categorically	absolument	völlig	categoricamente	terminantemente
tigre (el)	tiger	tigre	Tiger	tigre	tigre
tigresa (la)	tigress	tigresse	Tigerin	tigra	tigresa
tijeras (las)	scissors	ciseaux	Schere	forbici	tesoura
tímido	shy	timide	schüchtern	timido	tímido
tío (el)	uncle	oncle	Onkel	zio	tio
tiza (la)	chalk	craie	Kreide	gesso	giz
tolerancia (la)	tolerance	tolérance	Toleranz	tolleranza	tolerância
toro (el)	bull	taureau	Stier	toro	touro
trabajador	hard-working	travailleur	fleißig	attivo, lavoratore	trabalhador
traducir	translate (to)	traduire	übersetzen	tradurre	traduzir
traer	bring (to)	apporter	bringen, mitbringen	portare	trazer
traficante (el)	dealer	trafiquant	Händler	trafficante	traficante
traje de baño (el)	bathing suit	costume de bain	Badeanzug	costume da bagno	traje de banho
tranquilo	quiet	tranquille	ruhig	tranquillo	tranqüilo
trasladarse	move (to)	se déplacer, déménager	umziehen	trasferirsi	mudar-se, deslocar-se
tribunal (el)	court	tribunal, cour	Gericht	tribunale	tribunal
tripa (la)	belly	ventre	Darm	pancia	barriga; ventre; tripa
triste	sad	triste	traurig	triste	triste
tristeza (la)	sadness	tristesse	Traurigkeit	tristezza	tristeza
turismo (el)	tourism	tourisme	Tourismus	turismo	turismo
turista (el, la)	tourist	touriste	Tourist	turista	turista
turquesa	turquoise	turquoise	türkis	blu turchese	turquesa

V

Español	Inglés	Francés	Alemán	Italiano	Portugués
vaca (la)	cow	vache	Kuh	vacca	vaca
vacunarse	get a vaccination (to)	se faire vacciner	sich impfen lassen	vaccinare	vacinar-se
vajilla (la)	dishes	vaisselle	Geschirr	vasellame	louça, baixela
valiente	brave	courageux	mutig	coraggioso	valente
valle (el)	valley	vallée	Tal	valle	vale
vaqueros (los)	jeans	jeans	Jeans	jeans	calça jeans
veloz	fast	rapide	schnell	veloce	veloz
vendedor (el)	salesperson	vendeur	Verkäufer	venditore	vendedor
ventaja (la)	advantage	avantage	Vorteil	vantaggio	vantagem
vergüenza (la)	embarrassment	honte	Scham	vergogna	vergonha
vestido (el)	dress	robe	Kleid	vestito	vestido
viajero (el)	traveler	voyageur	Reisende/r	viaggiatore	viajante
viento (el)	wind	vent	Wind	vento	vento
viernes (el)	Friday	vendredi	Freitag	venerdì	sexta-feira
visitar	visit (to)	visiter	besuchen	visitare	visitar
vital	full of life, vital	vital	vital, lebensnotwendig	vitale	vital
viudo (el)	widower	veuf	Witwer	vedovo	viúvo
vivienda (la)	home	logement	Wohnung	abitazione	moradia, casa
volcán (el)	volcano	volcan	Vulkan	vulcano	vulcão

Español	Inglés	Francés	Alemán	Italiano	Portugués

Y

yegua (la)	mare	jument	Stute	cavalla	égua
yerno (el)	son-in-law	gendre	Schwiegersohn	genero	genro

Z

zapatería (la)	shoe store	magasin de chaussures	Schuhgeschäft	calzoleria	sapataria
zapatillas (las)	slippers	chaussons	Sport-, Hausschuhe	scaptette/pantofole	chinelos, tênis
zapatos (los)	shoes	chaussures	Schuhe	scatole	sapatos

Expresiones

Lección 1 Quién es quién

Encargado de almacén	Warehouse manager	Responsable de magasin	Lagerverwalter	Incaricato di magazzino	Encarregado de armazém
Jefe de contabilidad	Head of the accounting department	Chef comptable	Hauptbuchhalter	Capo di contabilità	Chefe de contabilidade
Jefe de estudios	Director of studies	Chef d'études	Studienleiter	Preside	Chefe de estudos
Responsable de ventas	Sales manager	Responsable des ventes	Verkaufsleiter	Responsabile di vendite	Responsável de vendas
Sala de informática	Computer room	Salle d'informatique	Informatikraum	Sala d'informatica	Sala de informática
Sala de profesores	Staff room	Salle des professeurs	Lehrerzimmer	Sala professori	Sala de professores

Lección 3 La boda de mi prima

Boda civil	Civil marriage	Mariage civil	Standesamtliche Heirat	Matrimonio civile	Casamento civil
Boda religiosa	Religious marriage	Mariage religieux	Kirchliche Hochzeit	Matrimonio religioso	Casamento religioso
Día de la madre	Mother's Day	Fête des mères	Muttertag	Giorno della madre	Dias das Mães
Día de los enamorados	Valentine's Day	Saint Valentin	Valentinstag	Giorno degli innamorati	Dia dos Namorados
Día del padre	Father's Day	Fête des pères	Vatertag	Giorno del padre	Dia dos Pais
Equipo de música	Sound system	Chaîne hi-fi	Musikanlage	Stereo	Aparelho de som
Ramo de flores	Bouquet	Bouquet de fleurs	Blumenstrauß	Mazzo di fiori	Buquê, ramalhete
Teléfono móvil	Cell phone	Téléphone portable	Mobiltelefon	Cellulare	Telefone celular

Lección 4 Fotos para el recuerdo

Contraer matrimonio	Marry (to)	Se marier	Heiraten	Sposarsi	Contrair matrimônio, casar
Luna de miel	Honeymoon	Lune de miel	Flitterwochen	Luna di miele	Lua-de-mel
Viaje de novios	Honeymoon	Voyage de noces	Hochzeitsreise	Viaggio di nozze	Viagem de núpcias

Español	Inglés	Francés	Alemán	Italiano	Portugués

Lección 5 De compras en las rebajas

Español	Inglés	Francés	Alemán	Italiano	Portugués
Centro comercial	Shopping centre	Centre commercial	Einkaufszentrum	Centro commerciale	Shopping center
De cuadros	Checked	À carreaux	Kariert	A cuadri	Xadrez, quadriculado
De manga corta	Short-sleeved	À manches courtes	Kurzärmelig	A manica corta	De manga curta
De manga larga	Long-sleeved	À manches longues	Langärmelig	A manica lunga	De manga comprida
De rayas	Striped	À rayures	Gestreift	A righe	Listrado
Quedar bien / mal una ropa	Look good / bad	Aller bien / mal (un vêtement)	Gut / schlecht stehen	Stare bene / male	Ficar bem / mal uma roupa
Tienda tradicional	Traditional shop	Commerce traditionnel	Tante Emma Laden	Negozio	Loja tradicional
Traje de chaqueta	Suit	Tailleur	Jackenkleid	Completo / tailleur	Conjunto social feminino, tailleur

Lección 7 Viaje al pasado

Español	Inglés	Francés	Alemán	Italiano	Portugués
Antes de anoche	The night before last	Avant-hier soir	Vorvorgestern Nacht	Avantieri notte	Anteontem à noite
Antes de ayer	The day before yesterday	Avant-hier	Vorgestern	Avantieri	Anteontem
El año / mes pasado	Last year/month	L'année passée / le mois passé	Vergangenes Jahr, vergangenen Monat	L'anno/mese scorso	O (No) ano / mês passado
El último mes / año	The last month/year	Le mois dernier / l'année dernière	Letzten Monat/letztes Jahr	L'ultimo mese/anno	O (No) último mês/ano
Entablar conversación	Start a conversation (to)	Entamer la conversation	Ein Gespräch anfangen	Intavolare / iniziare conversazione	Começar uma conversa
Hace tiempo	A long time ago	Il y a longtemps	Seit langem	Tempo fa	Faz tempo
Hace un (dos, tres, etc.) mes / año / día	A (two, three, etc.) month/year/day ago	Il y a un (deux, trois, etc.) mois / an / jour	Vor einem, zwei, drei, etc. Monat/en, Jahr/en, Tag/en	Un/due/tre… mese-i/ giorno-i / anno / i fa	Faz um (dois, três, etc.) mês / ano / dia
La semana pasada	Last week	La semaine dernière	Vergangene Woche	La settimana scorsa	A (Na) semana passada
La última semana	The last week	La dernière semaine	Letzte Woche	L'ultima settimana	A (Na) última semana

Lección 8 Cuando salí de Cuba, dejé mi vida, dejé mi amor…

Español	Inglés	Francés	Alemán	Italiano	Portugués
Acuerdo económico	Financial arrangement	Accord financier	Wirtschaftliche Einigung	Accordo economico	Acordo econômico
Al margen	Apart from	En marge	Am Rande, abseits	In margine	À margem, de fora
Avances tecnológicos	Technological progress	Avancées technologiques	Technologischer Fortschritt	Avanzamento tecnologico	Avanços tecnológicos
Concepción filosófica	Philosophical conception	Concept philosophique	Philosophische Anschauung	Concezione filosofica	Concepção filosófica
Conflicto bélico	Armed conflict	Conflit belliqueux	Kriegerische Auseinandersetzung	Conflitto bellico	Conflito bélico
De esta / esa manera (o modo)	This / that way	Ainsi, de cette manière	Auf diese Art und Weise	In questo modo	Desta/dessa maneira (ou modo)
Desigualdades sociales	Social inequalities	Inégalités sociales	Soziale Ungleichheit	Diferenze sociali	Desigualdades sociais
En (esta / esa / aquella) época / semana / año…	At this / that time / week / year…	À cette époque-là / Cette semaine-là / Cette année-là	In diesem (dieser)/ in jenem (jener) Zeitraum/ Woche/Jahr	In questa / quella epoca/ settimana/anno	Nesta / nessa / naquela época / semana / ano…
En parte	Partly	En partie	Zum Teil	In parte	Em parte
En suma	In short	En somme	Zusammenfassend	Insomma	Em suma
En un primer momento	At first	Dans un premier temps	Anfänglich	Al primo momento	Num primeiro momento
Hace mucho tiempo	A long time ago	Il y a longtemps	Vor langer Zeit	Molto tempo fa	Faz muito tempo
Hubo una vez	There was a time	Il y eut une fois	Es kam einmal vor	C'è stata una volta	Houve/Teve uma vez
Movimientos artísticos	Artistic movements	Mouvements artistiques	Künstlerische Tendenzen	Movimenti artistici	Movimentos artísticos
Movimientos migratorios	Migratory movements	Mouvements migratoires	Wanderbewegungen	Movimenti migratori	Movimentos migratórios
No obstante	Nevertheless	Toutefois, malgré tout	Dennoch	Nonostante	Não obstante, contudo
Por otro lado	On the other hand	D'autre part	Andererseits	Dall'altra parte	Por outro lado
Por un lado	On the one hand	D'une part	Einerseits	Da una parte	Por um lado
Proyecto de futuro	Future plan	Projet d'avenir	Zukunftsprojekt	Progetto di futuro	Projeto de futuro
Sin embargo	However	Cependant	Jedoch	Però	No entanto
Vivir felices y comer perdices	Live happily ever after (to)	Être heureux et avoir beaucoup d'enfants	Und wenn sie nicht gestorben sind, dann leben sie noch heute	Vivere felici e contenti	Viver felizes para sempre

Español	Inglés	Francés	Alemán	Italiano	Portugués

Lección 9   ¡Qué experiencia!

Español	Inglés	Francés	Alemán	Italiano	Portugués
A comienzos de	At the beginning of	Au début de	Anfangs	All'inizio di	No começo de
A finales de	At the end of	À la fin de	Ende	Alla fine	No final de
A oscuras	In darkness	Dans l'obscurité	Im Dunkeln	Al buio	No escuro
Aterrizaje de emergencia / forzoso	Emergency / forced landing	Atterrissage d'urgence / forcé	Notlandung	Atterraggio di emergenza	Aterrissagem / Pouso de emergência / forçada(o)
Enamorarse a primera vista	Fall in love at first sight (to)	Avoir le coup de foudre	Liebe auf den ersten Blick	Colpo di fulmine	Apaixonar-se à primeira vista
Tener buena / mala suerte	Be lucky / unlucky	Avoir de la chance / Ne pas avoir de chance	Glück / Pech haben	Avere buona / mala fortuna	Ter boa / má sorte

Lección 10   ¡No me digas!

Español	Inglés	Francés	Alemán	Italiano	Portugués
Bufete de abogados	Lawyer's office	Cabinet d'avocats	Anwaltskanzlei	Studio di avvocati	Escritório de advocacia / advogados
Cambio de imagen	Change of look	Changement d'image	Imageänderung	Cambio d'immagine	Mudança de imagem
Cena de gala	Gala dinner	Dîner de gala	Galadiner	Cena di gala	Jantar de gala
Crisis matrimonial	Marriage crisis	Crise conjugale	Ehekrise	Crisi matrimoniale	Crise matrimonial
Entrega de premios	Awards ceremony	Remise de prix	Preisverleihung	Consegna di premi	Entrega de prêmios
Operación estética	Cosmetic surgery	Opération de chirurgie esthétique	Schönheitsoperation	Intervento di estetica	Operação plástica
Prensa rosa / del corazón	Tabloid / yellow press	Presse à scandales / du cœur	Regenbogenpress	Stampa rosa	Imprensa especializada em fofocas
Tribunal Constitucional	Constitutional court	Conseil Constitutionnel	Verfassungsgericht	Tribunale Costituzionale	Tribunal Constitucional
Tribunal de Derechos Humanos	Court of human rights	Cour des Droits de l'Homme	Tribunal für Menschenrechte	Tribunale dei Diritti Umani	Tribunal de Direitos Humanos
Vida privada	Private life	Vie privée	Privatleben	Vita privata	Vida privada/particular

Lección 11   Me duele la cabeza

Español	Inglés	Francés	Alemán	Italiano	Portugués
Estar afónico	To be hoarse	Être aphone	Heiser sein	Essere afono	Estar afônico
Estar mal del estómago	To have a sore stomach	Avoir mal à l'estomac	Bauchschmerzen haben	Avere mal di stomaco	Estar/Sentir-se mal do estômago
Estar pálido	To be pale	Être pâle	Bleich sein	Essere pallido	Estar pálido
Tener alergia	To be allergic	Être allergique	Eine Allergie haben	Avere l'allergia	Estar com/Ter alergia
Tener congestión nasal	To have a runny nose	Avoir le nez bouché	Ein verstopfte Nase haben	Avere congestione nasale	Estar com/Ter congestão nasal
Tener un constipado / un catarro	To have a cold	Avoir un rhume	Eine Erkältung haben	Avere un raffreddore	Estar com/Ter um resfriado
Tener diarrea	To have diarrhoea	Avoir la diarrhée	Durchfall haben	Avere diarrea	Estar com/Ter diarréia
Tener fiebre	To have a fever	Avoir de la fièvre	Fieber haben	Avere la febbre	Estar com/Ter febre
Tener la gripe	To have 'flu	Avoir la grippe	Grippe haben	Avere l'influenza	Estar com/Ter gripe
Tener mareo(s)	To feel dizzy	Avoir des vertiges	Schwindelgefühle haben	Avere la nausea, svenire	Estar com/Ter enjôos; tontura
Tener náuseas	To feel sick	Avoir des nausées	Es ist einem übel	Avere la nausea	Estar com/Ter náuseas
Tener picor	To be itchy	Avoir des démangeaisons	Es juckt einem	Pizzicare, prudere	Estar com/Ter coceira
Tener tos	To have a cough	Tousser	Husten haben	Avere la tosse	Estar com/Ter tosse
Vaso sanguíneo	Blood vessel	Vaisseau sanguin	Blutgefäß	Vasi sanguigni	Vaso sanguíneo

Español	Inglés	Francés	Alemán	Italiano	Portugués

Lección 12 En el médico

Español	Inglés	Francés	Alemán	Italiano	Portugués
Análisis de sangre	Blood test	Prise de sang	Blutuntersuchung	Analisi del sangue	Exame de sangue
Centro de salud	Health centre	Centre médical	Ärztezentrum	Centro di salute, ambulatorio	Centro de saúde
Comida basura	Junk food	Malbouffe	Fastfood	Cibi spazzatura	Fast food, comida de pouco valor nutritivo
Donar sangre	Donate blood	Donner son sang	Blut spenden	Donare il sangue	Doar sangue
Pedir cita	Make an appointment	Prendre rendez-vous	Sich einen Termin geben lassen	Chiedere appuntamento	Pedir horário/Marcar hora (para consulta)
Ser donante	To be a donor	Être donneur	Spender sein	Essere donatore	Ser doador
Vía oral	By the mouth	Voie orale	Einnehmen	Via orale	Via oral

Lección 13 Así éramos entonces

Español	Inglés	Francés	Alemán	Italiano	Portugués
Cine de verano	Summer movies	Cinéma en plein air	Sommerkino	Cinema all'aperto	Cinema com sessões ao ar livre durante o verão
Películas de vaqueros	Cowboy films	Westerns	Western	Western	Filmes de cowboys
Tomar el sol	To sunbathe	Prendre le soleil / se faire bronzer	Sich sonnen	Prendere il sole	Tomar sol

Lección 14 ¿Qué te parecen los cambios?

Español	Inglés	Francés	Alemán	Italiano	Portugués
Ayuda al Tercer Mundo	Third World Aid	Aide au Tiers Monde	Hilfe für die Dritte Welt	Aiuto al terzo mondo	Ajuda para o Terceiro Mundo
Baja por maternidad	Maternity leave	Congé de maternité	Mutterschaftsurlaub	Maternità (congedo retribuito)	Licença-maternidade
Carrera espacial	Space race	Course de l'espace	Weltraumreise	Carriera spaziale	Corrida espacial
Derecho al voto	Right to vote	Droit de vote	Stimmrecht	Diritto di voto	Direito ao voto
Piso compartido	Shared flat	Appartement en colocation	Wohngemeinschaft	Appartamento condiviso	Apartamento dividido (com outras pessoas)

Lección 15 De vacaciones a la playa

Español	Inglés	Francés	Alemán	Italiano	Portugués
Alojamiento y desayuno	Bed and breakfast	Logement et petit déjeuner	Übernachtung mit Frühstück	Alloggio e colazione	Alojamento e café da manhã
Estar nublado	To be cloudy	Être nuageux	Bewölkt sein	Essere nuvoloso	Estar nublado
Habitación de matrimonio	Matrimonial room	Chambre matrimoniale	Zimmer mit Doppelbett	Camera matrimoniale	Quarto de casal
Habitación doble	Double room	Chambre double	Doppelzimmer	Camera doppia	Quarto duplo
Habitación individual	Single room	Chambre individuelle	Einzelzimmer	Camera singola	Quarto individual
Hacer buen tiempo	The weather (be) good	Faire beau temps	Es ist schönes Wetter	Fare bel tempo	Fazer tempo bom/Estar o tempo bom
Hacer buena temperatura	The temperature (be) nice	Faire une température agréable	Die Temperatur ist angenem	Fare buona temperatura	Fazer temperatura boa/Estar a temperatura boa
Hacer calor	To be hot	Faire chaud	Es ist heiß	Fare caldo	Fazer/Estar calor
Hacer fresco	To be chilly	Faire frais	Es ist frisch	Fare fresco	Estar fresco
Hacer frío	To be cold	Faire froid	Es ist kalt	Fare freddo	Fazer/Estar frio
Hacer mal tiempo	The weather (be) bad	Faire mauvais temps	Das Wetter ist schlecht	Fare brutto tempo	Fazer mau tempo
Hacer sol	To be sunny	Faire soleil	Die Sonne scheint	Esserci sole	Fazer/Estar sol
Media pensión	Half board	Demi pension	Halbpension	Mezza pensione	Meia pensão
Pensión completa	Full board	Pension complète	Vollpension	Pensione completa	Pensão completa
Régimen de alojamiento	Accommodation regime	Régime de logement	Unterkunftsart	Regime di alloggio	Regime de alojamento

Español	Inglés	Francés	Alemán	Italiano	Portugués

Lección 16 · El viaje de mis sueños

Español	Inglés	Francés	Alemán	Italiano	Portugués
A bordo	On board	À bord	An Bord	A bordo	A bordo
Complejo turístico	Tourist resort	Complexe touristique	Ferienanlage	Complesso turistico	Complexo turístico
Con tarjeta	By credit card	Par carte	Mit Kreditkarte	Con carta di credito	Com cartão
Destino turístico	Tourist destination	Destination touristique	Touristenziel	Destinazione turistica	Destino turístico
En efectivo	In cash	En liquide	In bar	In contanti	Em dinheiro
Libre de impuestos	Tax-free	Hors taxes	Zollfrei	Libero di tasse	Isento de impostos
Seguro de viaje	Travel insurance	Assurance de voyage	Reiseversicherung	Assicurazione sul viaggio	Seguro de viagem
Tradiciones populares	Local traditions	Traditions populaires	Volksbräuche	Tradizioni popolari	Tradições populares
Tratamiento de belleza	Beauty treatment	Traitement esthétique	Schönheitsbehandlung	Cura di bellezza	Tratamento de beleza
Vida nocturna	Night-life	Vie nocturne	Nachtleben	Vita di notte/ notturna	Vida noturna

Lección 17 · Juntos, pero no revueltos

Español	Inglés	Francés	Alemán	Italiano	Portugués
¡Ah, se siente!	Oh, I'm sorry!	Ah ! Désolé !	Da führt kein Weg dran vorbei!	Ah, mi dispiace!	Ah, sinto muito!
¡Caradura!	Rascal!	Tu es gonflé !	Unverschämter Typ	Faccia tosta	Cara-de-pau!
¡Qué fresco!	How cheeky!	Tu as du toupet !	Du bist ganz schön frech!	Che sfacciato!	Que insolente/ descarado!
Bueno	Well	Bon, gentil	Gut	Bello/buono	Bom
Caer bien / mal	To like/ dislike	Bien aimer / ne pas aimer // Sembler sympathique / antipathique	Sympathisch, unsympathisch sein	Piacere/non piacere qualcuno	agradável/ antipático,desagradável
De papel (mantel, servilletas)	Paper (table-cover, napkins)	En papier	Aus Papier (Tischdecke, Servietten)	Di carta (tovaglia, tovaglioli)	De papel (toalha, guardanapo)
De plástico (vasos, platos, cubiertos)	Plastic (cops, plates, cutlery)	En plastique	Aus Plastik (Gläser, Teller, Besteck)	Di plastica (bicchieri, piatti, posate)	De plástico (copos, pratos, talheres)
Fruto seco	Dried fruit	Fruit sec	Trockenfrucht	Frutti secchi	Fruto seco
Irse de marcha	To go partying	Sortir faire la fête	Ausgehen	Andare a spasso	Sair para se divertir
Marcharse sin más	To just leave	Partir un point c'est tout	Einfach weggehen	Andarsene all'improvviso	Ir embora sem dar maiores explicações
Meterse en un lío	To get in trouble	Se mettre dans de beaux draps	Sich in Schwierigkeiten bringen	Cacciarsi in un imbroglio	Meter-se numa confusão
Ni hablar	No way	Hors de question	Das kommt gar nicht in Frage	Neanche per sogno!	Nem pensar
Pero ¿qué te has creído?	But who do you think you are?	Mais, qu'est-ce que tu croyais ? / Mais, pour qui tu te prends ?	Aber was hast du dir bloß dabei gedacht?	Ma, che ti sei creduto!	O que é que você estava pensando /achando?
Por si acaso	Just in case	Au cas où	Für den Fall aller Fälle	Se per caso	Por via das dúvidas; para o caso de; caso
Quedar con alguien	To arrange to meet someone	Avoir rendez-vous avec quelqu'un	Sich verabreden	Darsi appuntamento	Marcar/Combinar com alguém
Responder con evasivas	To answer with excuses	Chercher des excuses	Ausweichen	Rispondere con le evasive/eludere	Responder com evasivas
Rotundamente no	Absolutely not	Non catégorique	Ein klares Nein	Assolutamente no	Terminantemente não
Salir con alguien	To go out with someone	Sortir avec quelqu'un	Mit jemandem ausgehen	Frequentare qualcuno/a	Sair com alguém
Ser "sagrado"	To be "sacred"	Être « sacré »	Heilig sein	Essere proibito/vietato	Ser "sagrado"
Ser un bien escaso	To be a scarce resource	Être un bien rare	Ein seltenes Gut	Essere un bene scarso	Ser um bem escasso
Tajantemente no	Definitely not	Un non catégorique	Ein deutliches Nein	Assolutamente no	Taxativamente não
Te toca	Your turn	C'est à toi de… / C'est ton tour de…	Du bist dran	Tocca a te	É a sua vez
Tendencia política	Political leaning	Tendance politique	Politische Tendenz	Tendenza politica	Tendência política
Tú puedes	You can do it	Tu peux le faire	Du kannst das	Tu puoi	Você pode

Español	Inglés	Francés	Alemán	Italiano	Portugués

Lección 18 ¡Solos no, juntos podemos!

Español	Inglés	Francés	Alemán	Italiano	Portugués
A saber	Let's see	À savoir / Va savoir	Man weiß es nicht so genau	Cioè/chi lo sa	A saber
Así, sin más	Just like that	Comme ça, sans plus	Einfach so	Così, direttamente	Assim, sem motivos
Gafas de sol	Sunglasses	Lunettes de soleil	Sonnenbrille	Occhiali da sole	Óculos de sol
Llamar la atención	To stand out	Attirer l'attention	Die Aufmerksamkeit erwecken	Farsi vedere	Chamar a atenção
Mantener la distancia	To stay back	Garder ses distances	Auf Distanz bleiben	Tenere a distanza	Manter a distância
Me cuesta madrugar	It's hard for me to get up early	J'ai du mal à me lever tôt le matin	Es fällt mir schwer früh aufzustehen	Non mi piace alzarmi presto	Para mim é difícil madrugar
Sitio cerrado	Closed place	Lieu fermé	Geschlossener Ort	Posto chiuso	Lugar fechado
Tener una pinta excelente, horrible…	To look great, horrible…	Avoir très bonne mine, très mauvaise mine…	Sehr gut, fürchterlich aussehen	Avere un'aspetto ottimo, pessimo	Ter uma aparência, um aspecto excelente/ horrível
Uy, perdona	Oh, excuse me	Oh ! Pardon !	Ach, es tut mir leid	Uffa, scusa	Ai, desculpe
Yo paso	I'm not interested	Je m'en fous	Ich habe da keine Lust drauf	Non c'entro/ non me ne frega	"Não estou nem aí", não me interessa

Lección 19 Pintar el mundo

Español	Inglés	Francés	Alemán	Italiano	Portugués
Espíritu crítico	Critical mind	Esprit critique	Kritischer Geist	Spirito critico	Espírito crítico
Estar abierto	To be open	Être ouvert	Offen/geöffnet sein	Essere aperto	Estar aberto
Estar atento	To pay attention	Être attentif	Aufmerksam sein	Essere attento	Estar/Ficar atento, alerta
Estar bueno	To be nice	Être bon	Gut sein, gut aussehen	Essere bello	Estar gostoso; bom
Estar claro	To be clear	Être clair	Klar sein	Essere chiaro	Estar claro
Estar delicado	To be touchy	Être délicat	In einem kritischen Zustand sein	Essere delicato	Em estado delicado (de saúde)
Estar despierto	To be awake	Être réveillé	Wach sein	Essere sveglio	Estar acordado
Estar listo	To be ready	Être prêt	Fertig sein	Essere pronto	Estar pronto
Estar malo (alimento)	To be off / unpleasant	Être malade	Sich unwohl fühlen, verdorben sein	Essere malato	Estar doente (pessoa); estar ruim, estragado
Estar rico	To be tasty	Être délicieux	Gut schmecken	Essere buono	Estar gostoso
Estar verde	To look green	Ne pas être mûr	Unerfahren sein	Essere verde (di)	Estar verde; no começo
Ser abierto	To be open-minded	Être ouvert	Aufgeschlossen sein	Essere aperto	Ser aberto
Ser atento	To be attentive	Être attentionné	Zuvorkommend sein	Essere attento	Ser atencioso, gentil
Ser bueno	To be good	Être gentil	Ein guter Mensch sein	Essere buono	Ser bom
Ser claro	To be transparent	Être clair	Klar und offen sein	Essere chiaro	Ser claro
Ser delicado	To be delicate	Être délicat	Wohlerzogen sein	Essere delicato	Ser delicado
Ser despierto	To be bright	Être éveillé	Aufgeweckt sein	Essere sveglio	Ser vivo, esperto
Ser listo	To be smart	Être intelligent	Intelligent sein	Essere furbo/sveglio	Ser esperto
Ser malo	To be bad	Être méchant	Bösartig sein	Essere cattivo	Ser mau
Ser rico	To be rich	Être riche	Reich sein	Essére ricco	Ser rico
Ser verde	To be green	Être vert	Grün sein	Essere verde	Ser verde

Lección 20 Un espacio para el arte

Español	Inglés	Francés	Alemán	Italiano	Portugués
Centro cultural	Arts centre	Centre culturel	Kulturzentrum	Centro culturale	Centro cultural
Foro cultural	Arts forum	Forum culturel	Kulturelles Forum	Gruppo culturale	Fórum cultural